新时代济南

现代化强省会建设实录

（第四辑）

中共济南市委党史研究院（济南市地方史志研究院）编

济南出版社

图书在版编目（CIP）数据

新时代济南现代化强省会建设实录．第四辑 / 中共济南市委党史研究院（济南市地方史志研究院）编．济南：济南出版社，2024. 12. — ISBN 978-7-5488-6996-2

Ⅰ．D619.521-53

中国国家版本馆 CIP 数据核字第 20245PU898 号

新时代济南现代化强省会建设实录（第四辑）

XINSHIDAI JINAN XIANDAIHUA QIANGSHENGHUI JIANSHE SHILU DISIJI

中共济南市委党史研究院（济南市地方史志研究院） 编

出 版 人　谢金岭
责任编辑　朱　琦　代莹莹
封面设计　山东黄氏印务
封面摄影　邢可锋

出版发行　济南出版社
地　　址　济南市市中区二环南路 1 号（250002）
总 编 室　0531-86131715
印　　刷　山东黄氏印务有限公司
版　　次　2024 年 12 月第 1 版
印　　次　2024 年 12 月第 1 次印刷
开　　本　185mm × 260mm　16 开
印　　张　20.75
字　　数　272 千字
书　　号　ISBN 978-7-5488-6996-2
定　　价　79.00 元

如有印装质量问题 请与出版社出版部联系调换
电话：0531-86131736

中共济南市委党的文献编审委员会

主　任　陈　阳

副主任　李旭东　高　冰　史宏捷

成　员　王玉跃　赵　民　任芳芳　李兴家　赵云霞
　　　　张海波　孙夕良

《新时代济南现代化强省会建设实录》（第四辑）编纂委员会

主　审　陈　阳

主　编　史宏捷

副主编　牛继兴　王　音　吴春国　毕泗国　纪福道
　　　　李贞锋　曹　智

编　委　吕治锋　李文山　王爱军　高　毅　方宪海
　　　　房志明　逯　蓉　王四彦　孙启东　陈建新
　　　　于瑞东　张国庆

编　辑　董殿勋　王　琳　孟　斌　王月月

目录

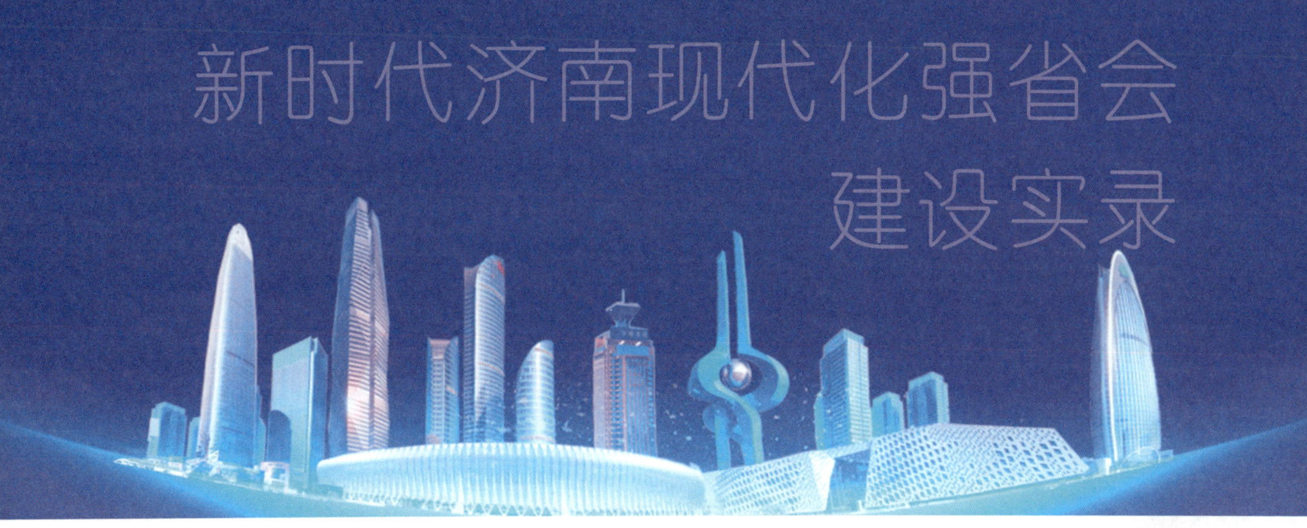

综述

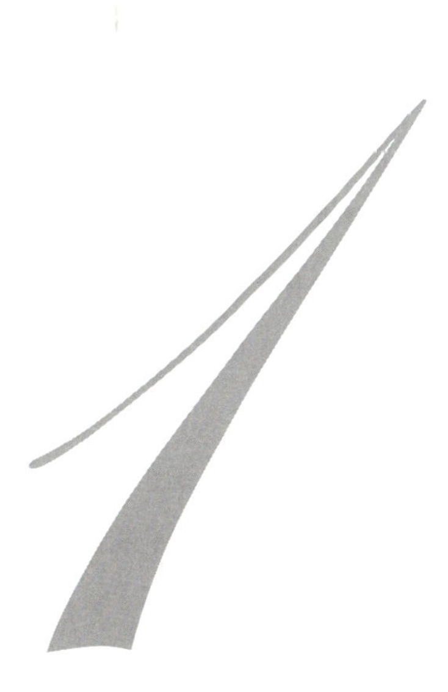

凝心聚力　砥砺前行
奋力开创新时代现代化强省会建设新局面

2023年，是济南发展进程中极不寻常、极为关键的一年。面对艰巨繁重的改革发展稳定任务，我们坚持以习近平新时代中国特色社会主义思想为指导，深入学习贯彻党的二十大和二十届二中全会精神，坚决落实习近平总书记对山东、对济南工作的重要指示要求，按照省委、省政府决策部署，锚定“走在前、开新局”，在市委坚强领导下，以开展主题教育为动力，聚焦聚力“项目突破年”，全力稳增长、促改革、调结构、惠民生、防风险、保稳定，较好完成了全年任务，超出了年初计划，“强新优富美高”新时代社会主义现代化强省会建设迈出坚实步伐。

一、项目为王，全面塑强，经济社会发展持续向好

（一）省会发展势能加快集聚

深入实施黄河流域生态保护和高质量发展战略，严格贯彻《黄河保护法》，白云湖湿地保护、鹊山水库除险加固、东部城区四库连通等重点工程基本完成，黄河安澜保障水平明显提升，节水型社会建设实现区县全覆盖。济南新旧动能转换起步区建设加力提速，比亚迪新能源汽车生产突破24万辆，爱旭太阳能电池项目成功落地，新引进高端优质项目26个、总投资946亿元，中科新经济科创园等产业载体集聚效应明显增强，示范区电视塔、市博物馆新馆等一批地标建筑启动建设，山大二院北院区、大桥水厂等重要基础设施建设完成。奋力在山东绿色低碳高质量发展先行区建设中当引领作示范，纵深推进“三年行动计划”和年度重点任务，5个区县、8个园区、18家

企业入选全省试点名单。高起点推进济南都市圈规划建设，米字型高铁网、“二环一联十六射”高速公路网加快成型，圈内城市在交通互联、产业互补、资源互通等方面联系合作更加紧密。科创金融改革试验区建设成效显著，评定首批科技支行10家、科技金融特色机构9家，预计科创企业贷款余额突破1700亿元，中央科创区获评省创业投资集聚区。数字济南建设取得突破性进展，“1+4+N”建设体系全面定型，整体智治框架搭建完成，机关内部系统实现优化整合，政务云一体化安全运营中心投入使用，基本建成全市通用共享的“数据湖”，数字经济核心产业规模突破6000亿元，增加值占地区生产总值比重预计达到19%以上，新增1个国家级工业互联网双跨平台，入选全国首批中小企业数字化转型试点城市，华为区域总部等重点项目加速落地，成功打造数智警务等17个重点专项应用场景，国家医疗健康大数据中心（北方）实现全国首个健康医疗领域场内交易和数据知识产权突破，丽阳神州发布全国首个家庭服务业AI大模型，济南跻身数字生态总指数全国十强。

中科新经济科创园

（二）经济向好态势加快巩固

坚决在全省经济高质量发展中扛起省会担当、贡献省会力量，全市经济克难前行，持续向好、量质齐升，发展韧性和活力进一步显现，地区生产总值达 12757.4 亿元，地区生产总值增长 6% 左右，完成一般公共预算收入 1060.8 亿元、增长 6%，税收占比 75.22%、列全省第 1 位。“项目突破年”成果丰硕，绿色低碳高质量发展重大项目由年初的 1301 个调增至 2413 个，产业项目提速强劲，省内首个“零碳工厂”主体完工，弗迪动力电池二期建成投产，邦德激光全球总部等项目开工建设，全年固定资产投资增长 2% 左右。招商引资成效明显，积极开展招商引资“九大行动”，成功举办承办第三届儒商大会、中国企业论坛、民营企业 500 强峰会、中日产业创新发展交流大会、中德（欧）中小企业合作交流大会等重大活动，新设德国、日本国际投资促进联络站，引进世界 500 强、中国制造业企业 500 强项目 56 个。消费市场持续回暖，举办“泉城购”等系列促消费活动 500 余场，发放置业、家居、文旅、汽车等消费券 2.22 亿元，带动消费超 180 亿元，引进商业品牌首店 102 家，槐荫区凤凰街入选全国夜间经济示范街，“印象济南·泉世界”获评国家

2023 年 3 月 29 日，举办第三届儒商大会新旧动能转换高质量发展论坛暨济南城市推介会，济南共 50 个重点项目实现签约

级旅游休闲街区，莱芜区跻身首批全国县域商业“领跑县”，预计全年社会消费品零售总额增长 6.5% 左右。外贸主体稳步增加，全年新增进出口实绩企业超过 1500 家，预计完成进出口总额 2189 亿元，成功创建国家对外文化贸易基地。全力支持民营经济发展壮大，开展民营企业攀登行动，新增减税退税降费超过 150 亿元，“泉融通”融资服务平台上线运行，发放“济担—纾困贷”100 亿元、“济担—攀登贷”27 亿元，新培育营业收入过百亿元企业 2 家、过十亿元企业 10 家，4 家企业入选 2023 年中国民营企业 500 强。扎实开展上规入库工作，净增达标入库规模以上单位 2057 家。

（三）新旧动能转换加快推进

工业强市势头强劲，集成电路、空天信息等六大产业共同体加速壮大，十大标志性产业链群能级提升，四大主导产业规模达到 1.6 万亿元，中国算谷产业园、明湖国际细胞产业园等高能级园区建设全面提速，济钢卫星总装测试基地开工建设，精密锻件产业集群入选国家级中小企业特色产业集群，全市首个国家 1 类创新药伊鲁阿克片获批上市，新培育独角兽企业 1 家、专精特新“小巨人”企业 50 家，全市规模以上工业增加值增长 12% 以上。服务业发展提质增效，新认定总部企业 19 家，获批省级现代服务业集聚区 2 个、服务业创新中心 4 个，规上服务业营业收入突破 4000 亿元。推进国家综合货运枢纽补链强链，国家骨干冷链物流基地配套二期投入使用，济南获评中国快递示范城市。“荷尖行动”启动实施，新增上市及过会企业 8 家，居全省首位。黄河流域发展产业投资基金等各类基金集聚成势，总规模突破千亿，有力支撑扶持了一批科技成果转化和高端高质产业项目。金融机构本外币存贷款余额分别达到 2.76 万亿元、2.86 万亿元，金融业增加值超过 1100 亿元。新电商、新会展、泛航空等新兴业态蓬勃发展。深入实施创新驱动发展战略，中科院济南科创城加快建设，电磁橇轨道、放射性药物转化平台相继建成，首家国家实验室济南基地正式获批，新增全国重点实验室 6 家、国家企业技术中心2家，欧美同学会海归小镇顺利通过第一轮专家综合评审，全社会研发经费投入占比达到2.88%。科技成果转化倍增行动扎实开展，新增省级以上科技企业孵化器8家、加速器2家、众创空间16家，新增高新技术企业超1100家，全市技术合同成交额达到916亿元，居全省首位。济青人才集聚平台建设成效凸显，成功举办首届海右人才节，第六届中国（济南）新动能创新创业大赛引进院士团队12个，全市新增国家级、省级重点人才97人，人才资源总量达到273万人，获评2023中国年度最佳引才城市。

（四）发展内生动力加快释放

重点领域改革纵深推进，实施市属国有企业创新驱动高质量发展八大专项行动，济南产发集团入选全国国企改革“双百企业”，14家市属一级国有企业建立总审计师制度。开发区管理制度改革不断深入，沿黄省级经济开发区完成扩区调区。金融改革创新持续深化，获批国家资本市场金融科技创新试点，数字人民币总交易额突破63亿元。农村“三变”改革覆盖1523个村，“万人下乡、千村提升”工程深入实施，“一村一业、一村一策”扎实推进，村集体年收入20万元以上的村达到79%。持续打造一流营商环境，上线国内首个政务服务云大厅，309项高频服务事项实现智慧受理、在线帮办，全市经营主体超过154万户，获评2023国际化营商环境建设标杆城市。制度型开放水平加快提升，自贸试验区济南片区形成制度创新成果60个，在全国率先推广“首席标准官”制度，清河电子高端芯片载板等重点项目落户综合保税区。中欧班列济南集结中心加快建设，年开行班列突破1000列。柬埔寨驻济南总领事馆正式开馆，国际友好（合作）城市增至87个。

（五）宜居宜业水平加快提升

重点片区建设提质增效，中央商务区北区建设顺利启动，明府城、上新街、老商埠、洪家楼等传统特色街区保护性提升全面铺开，国际医学中心引进落地“国家医学攻关产教融合创新平台”等多个高能级平台载体，山东省质子中心投入使用，重离子项目开工建设，南部山区 EOD 项目入围省级试点。省会综合立体交通网日趋完善，国际机场二期改扩建加快推进，济郑高铁、济潍高速建成通车，济枣高铁、高新东区云巴开工建设，济滨高铁、轨道交通二期 6 条线路进展顺利，小清河复航工程完成重载试航。统筹供水供气供热建设，新建改造供水管网 107 公里、燃气管网 61 公里，石热入济项目顺利完工，全市新增集中供热面积 2000 万平方米。加快实施城中村、老旧小区、棚户区改造等 175 个城市更新项目，完成投资 497.3 亿元。城市管理科学化、精细化、智能化水平不断提升，高标准完成 41 万件城市家具保洁任务。文化济南魅力彰显，与北京大学合作成立济南城市软实力研究院，齐长城遗址博物馆开工建设，明水古城开业试运营，书博会、文旅博览会、韩美林艺术展等重大文旅活动成功举办，超然楼、百花洲成为网红打卡地，济南荣获“2023 年度活力城市”。加快打造乡村振兴齐鲁样板，新建高标准农田 23.4 万亩，粮食生产实现“二十连丰”，粮食总产量达到 300.5 万吨，高油酸大豆获得全国首个植物基因编辑安全证书，商河建成全国电子商务进农村综合示范县。我市设置脱贫帮扶公益岗做法入选全球减贫最佳案例。积极稳妥推进碳达峰碳中和，完成新一轮“四减四增”三年行动，获得国家低碳城市试点评估优良等次，明水经济技术开发区获批国家级绿色工业园区。全市新能源汽车保有量达到 16.9 万辆，获批全国首批公共领域车辆全面电动化先行区试点城市。污染防治扎实推进，PM2.5 浓度在全省 7 个传输通道城市中最优，国控断面水质全部达到优良等级，土壤污染风险得到有效管控，中心城区雨污合流管网改造和城市内涝治理累计开工点位 2235 处、完工 967 处，完成投资 90 亿元。完成造林 1.2 万亩，新建各类公园 100 处，重点泉群保持 20 年连续喷涌，蓝天白云、水清岸绿成为泉城生活新常态。

（六）群众幸福指数加快提高

18 件民生实事全部完成，财政民生支出 1093.6 亿元，占比达到 80.1%。

出台稳定和扩大就业25条政策，预计新增城镇就业17.5万人。城乡居民人均可支配收入稳步增长。开工新建改扩建中小学幼儿园60所，义务教育“双减”持续巩固，历城二中女子足球队夺得世界冠军。市疾控中心等公共卫生六大中心全部建成，宣武医院济南医院获批国家区域医疗中心，每千人口医疗卫生机构床位数达到8.11张。居民医保财政补助标准提高至730元。累计建成各类养老服务设施4142处，新增护理型床位1736张，社区养老服务设施配建达标率100%。入选建设国家儿童友好城市名单，“泉心托”成为全国首个托育城市品牌。城乡低保标准分别提高到每人每月1045元、814元，退休人员基本养老金连年提高。筹集保障性租赁住房3.56万套（间），在全国首次创新推出二手房“带押过户”登记新模式，获批全国灵活就业人员缴存使用公积金试点城市，“保交楼”工作有序推进。新建基层综合性文化服务中心70家、泉城书房8家，成功举办全国游泳锦标赛、泉城马拉松。加强食品药品安全全链条监管，再次获评国家食品安全示范城市。坚持和发展新时代“枫桥经验”“浦江经验”，高标准推进平安济南建设，“八五”普法深入实施，信访积案化解工作成效明显，成为全国唯一连续13年命案全破的省会城市，获评首批全国社会治安防控体系建设示范城市。常态化开展安全生产“审计式”监督检查服务，生产安全事故起数、死亡人数分别下降24%和21.2%。扎实开展东西部协作和对口支援工作。国防动员、双拥共建、民族宗教、档案史志、广播电视、地震气象、妇女儿童、慈善、红十字、残疾人、仲裁等工作都取得新进步。

（七）政务服务效能加快升级

深入开展学习贯彻习近平新时代中国特色社会主义思想主题教育，集中力量开展专项整治，努力把主题教育成果转化为解难题、促发展、惠民生的实绩实效。加强与市人大、市政协常态化沟通联络，自觉接受市人大及其常委会监督、市政协民主监督和社会舆论监督，办理市人大代表建议331件、政协提案457件。聚力“高效办成一件事”，完善全链条工作推进体系，全面提升政府工作效能。全国法治政府建设示范市创建取得阶段性成效。深入开展“建章立制月”活动，健全完善各类制度规范流程4530项。政务公开广度不断扩大，政民互动进一步加强。数字机关建设成效明显，“山东通”应用系统功能得到更好发挥，全市一体化大数据平台基本建成。政府与企业常态化沟通交流机制更加健全，亲清政商关系加快构建。12345市民服务热线智能化水平不断提升，全年为民服务1015万件次。扎实推进巡视巡察和各类专项督察反馈问题整改，行政执法监督、审计监督更加有力有效。坚持政府带头过紧日子，节约型机关建设持续深化，市直预算单位公用经费定额标准压减20%。纵深推进党风廉政建设和反腐败工作，严格落实中央八项规定及其实施细则精神，坚决不打糊涂仗、不搞花架子、不当太平官，政府系统作风形象明显提升。

二、汇聚势能，激发活力，发展综合优势累积发力

坚持以“项目突破年”为总牵引，积极推进重点领域和关键环节改革，加快建设“强新优富美高”新时代社会主义现代化强省会。2023年总体来讲，济南发展的十大优势更加凸显。

（一）政策红利日益凸显

黄河重大国家战略为济南带来了千载难逢的发展机会。围绕黄河重大国家战略、济南新旧动能转换区等战略交汇叠加契机，济南市委市政府进一步明确了“勇当排头兵，建设强省会”的思路目标和工作推进体系。2023年，深入实施黄河重大国家战略，全面启动济南新旧动能转换起步区城市副中心示范区建设。

济南新旧动能转换起步区作为继雄安新区起步区之后全国第二个起步区，全国唯一以“新旧动能转换”为主题的新区，肩负引领区域高质量发展的重要使命。济南新旧动能转换起步区享受“自由贸易试验区”“国家自主创

新示范区”“国家级新区”“全面创新改革试验区”四区政策叠加的优势以及政策红利，必将带动更多重大布局、重大项目、重大政策落地见效。

黄河国际会展中心

（二）交通服务不断完善

2023年，全年共实施交通重点项目224个，累计完成交通投资832.6亿元，同比增长24.8%，高于全市固定资产投资增速22.7个百分点，在全省交通投资考核中位列第一。

济南交通网络四通八达优势日益明显，“米”字形高铁网加快形成。济潍高速建成通车，是全国首个基础设施网、运输服务网、信息网、能源网“四网融合”的零碳智慧高速公路，济郑高铁开通运营，鲁豫两省实现高铁快速通达，济枣高铁、济滨高铁项目建设加快推进，德商高铁、莱临高铁等项目前期工作取得积极进展。

全年地铁线网累计运送乘客9620万人次，总行驶里程达760万列公里，列车运行图兑现率99.99%，正点率99.98%；轨道交通二期6条线路及低运量轨道交通高新东区环线工程均已开工建设，创新推出爱心预约、强弱冷车厢等 20 余项惠民举措，服务更加暖民心、贴民意。

除此之外，遥墙机场二期改扩建工程加快建设；小清河复航工程及济南港（主城港区、章丘港区）工程建设完成；省道 103 旅游公路主体工程完工，新开及优化公交线路 60 余条，填补公交空白 92 公里；全市共有 106 个城市道路建设项目，累计完成投资 157.98 亿元，24 个项目获得山东省工程建设泰山杯奖。

（三）创新驱动成果丰硕

作为创新性省会城市，济南市大力实施创新驱动发展战略，持续强化战略科技力量。2023 年，全市全社会研发投入达到 346.8 亿元，较上年增长 40.1 亿元，同比增长 13.1%，研发经费占生产总值比重达到 2.89%，较上年增长 0.2 个百分点，实现多年连续提升。

2023 年度，济南在全球科研城市榜单中居第 32 位，较上年提升 4 位；在国家创新型城市中排名第 15 位，在全国城市创新能力百强榜中排名第 15 位；全市高新技术产业产值累计占规模以上工业产值比重 59.08%，同比增长 11.27%，高于全省平均水平 7.73 个百分点。全市技术合同成交额 916.14 亿元，连续五年居全省首位。此外，量子国家实验室济南基地正式获批，新获批全国重点实验室 6 家，总数达到 11 家；新增 2 家国家级科技企业孵化器、6 家市级科技企业孵化器、20 家市级众创空间，2023 年，济南市综合科技创新水平指数连续五年全省第一。

（四）数字经济优势明显

2023 年，数字济南建设取得突破性进展，“1+4+N”建设体系全面定型，“数字济南”总门户上线运行，全市智算算力升至全国第 7 位。建设信息基础设施、推进产业数字化转型工作获国务院督查激励，入选国家首批中小企业数字化转型试点城市；新增国家级人工智能典型应用场景 6 个、省级 38 个，数量均居全省首位；新增国家级“双跨”工业互联网平台 1 家、省级工业互联网平台 11 家；累计建设 5G 基站 4.7 万处，居全省首位。

城市综合感知预警网络工程等 80 余个政务信息化项目开工建设，数字黄河链公积金跨域无证明通办新模式获评黄河流域自贸试验区联盟第一批最佳实践案例；“网上政府”排名列省会城市第 2 位，开放数林指数列全国第 4 位，跻身数字生态总指数全国前 10 位。打造全国首家数字化“政务服务沉浸式体验馆”，上线国内首个政务服务“云大厅”，入选全国政务服务效能提升典型案例；扎实开展数字人民币试点工作，政企收费、缴税退税等 16 大类应用场景成功落地。

（五）引育人才质效提升

济南市委、市政府深入实施人才强省会战略，全方位培养引进用好人才，加快建设黄河流域人才集聚高地。2023 年，我市连续六年举办中国（济南）新动能创新创业大赛，累计落地项目 468 个，引进院士团队 22 个，集聚各类人才 2600 余人；新入选国家级、泰山系列人才计划分别为 65 人、59 人，均创历史新高；打造“天下泉城、人来无忧”服务品牌，建设全国首个人才大数据智慧中心，建立 270 余万份人才电子信用档案，发放购房补贴 3.83 亿元、生活和租房补贴 3.1 亿元、人才服务金卡 1200 余张，人才净流入态势持续增强。

（六）金融服务优势突出

认真落实稳金融各项工作措施，扎实推进服务实体经济，防控金融风险，深化金融改革重点任务，各项金融指标保持有力增长，金融业发展稳健良好。

截至 2023 年末，全市社会融资规模余额 44493.7 亿元，同比增长 12.3%，分别高于全国、全省 2.7 个和 0.3 个百分点；全市实现金融业增加值 1081.7 亿元，同比增长 6.5%，高于全市 GDP 增速 0.4 个百分点，金融业增加值占 GDP 的比重为 8.5%，分别高于全国、全省 0.5 个、2.5 个百分点；全市金融机构本外币存款余额 27952.7 亿元，居全省首位，占全省的比重为 17.5%，同比增长 7.8%，全市金融机构本外币贷款余额 28756.6 亿元，占全省（138667.25 亿元）的比重为 20.7%，同比增长 10.1%；保险业实现保费收入 694.8 亿元，同比增长 9.9%，分别高于全国、全省 0.8 个、3.3 个百分点。数字人民币试点工作扎实开展。2023 年共举办数币对接会 20 余场。全力探索数字人民币应用的新技术、新模式、新场景，至 2023 年末，全市累计开立数字人民币钱包 264.34 万个，累计实现交易 74.24 亿元，支持数字人民币结算商户门店累计达 34.7 万个。

（七）营商环境持续优化

2023 年，全市以“九大行动”为牵引，坚持“1253”招商工作思路，优化引资结构。全市实际使用外资 24.78 亿美元，高技术产业实际使用外资占比 25.7%，较 2022 年增长 13.14 个百分点，新设外商投资企业 267 家，同比增长 6.37%。全市内资招商引资项目当年形成固定资产投资，占全市固定资产投资总额比重为 22.57%。

2023 年，全市市场主体增至 154.8 万户，比上年增长 3.3%。民营市场主体 153.3 万户，占全部市场主体的 98.6%。营商环境持续优化，深化“一件事一次办”，61 个行业推行“一业一证”，85 项“一件事”上线全国一体化政务服务平台；获评 2023 国际化营商环境建设标杆城市。

（八）城市生态日益改善

2023 年，济南市积极推进绿色低碳高质量发展，生态环境质量持续改善。空气质量综合指数为 4.59，细颗粒物（PM2.5）浓度为 38 微克 / 立方米，为省内 7 个通道城市第一名，首次与全省平均浓度持平。国省控地表水断面和城镇饮用水水源地水质全部达标，全市水质指数为 4.59。全市土壤环境质量总体保持稳定，重点建设用地安全利用得到有效保障；济南市所有国、省控断面和城镇饮用水水源地水质连续五年实现 100% 达标；小清河辛丰庄出境断面水质达到地表水Ⅲ类标准以上。

2023年，济南市优良天数比例为62.6%（剔除沙尘），重污染天数为6天，二氧化硫（SO_2）浓度为9微克/立方米，二氧化氮（NO_2）浓度为33微克/立方米，可吸入颗粒物（PM10）浓度为73微克/立方米，一氧化碳（CO）浓度为1.1毫克/立方米，臭氧（O_3）浓度为193微克/立方米；空气质量优良204天；城市交通声环境昼间平均等效声级为67.2分贝，噪声强度为一级，道路交通声环境质量为“好”。新建各类公园100处，建成绿道110公里、森林步道100公里。

（九）历史文化弘扬传播

济南市是国务院公布的历史文化名城、有名的“东亚文化之都”，拥有“山泉湖河城”的自然禀赋。2023年，济南市荣登携程“五一”最强周边游吸金力榜单第一名、“端午”全国最火周边游城市、“十一”全国十大周边游目的地。成功创建国家对外文化贸易基地，3个文化旅游项目荣获山东省文化创新奖，数量全省最多。“济南产”电视剧《大道薪火》、原创大戏《天才少年》走向全国，举办演唱会、音乐节等演艺活动1200余场次，《红楼梦》《惊梦》《孔雀》等“现象级”演出亮相济南。

2023年济南市新建和提升基层综合性文化服务中心218家，新建成泉城书房8家，打造泉城文化驿站43家。章丘老县委旧址修缮保护工程（一期）获评首届山东省优秀革命文物保护工程，6个村入选第三批山东省红色文化特色村。

（十）消费市场稳步扩大

济南市人口规模巨大，截至2023年末，全市常住人口943.67万人，比上年末增长0.2%。2023年，全市共发放各类政府消费券2.2亿元，引进商业品牌首店102家，实现社会消费品零售总额5199.0亿元，比上年增长6.6%。按经营单位所在地分，城镇消费品零售额4561.6亿元，增长6.5%；乡村消费品零售额637.4亿元，增长7.5%。按消费类型分，餐饮收入762.3亿元，增长 11.5%；商品零售 4436.7 亿元，增长 5.8%。基本生活类商品销售稳定增长，限额以上单位服装、鞋帽、针纺织品类，粮油、食品类商品零售额分别增长 10.8%、3.6%。升级类商品销售较快增长，限额以上单位金银珠宝类，通信器材类，体育、娱乐用品类商品零售额分别增长 12.8%、11.6%、4.0%。网上零售等线上消费热度不减，全市限额以上单位网上零售额 429.2 亿元，增长 24.3%，增速快于限上零售额 18 个百分点。

三、奋勇争先，春山可望，强省会发展建设未来可期

2024 年是新中国成立 75 周年，是全面贯彻落实党的二十大精神的关键之年，是实施“十四五”规划的攻坚之年，也是加快建设“强新优富美高”新时代社会主义现代化强省会的重要一年。做好新一年的工作意义重大，影响深远。奋进新征程、建功新时代，必须紧紧围绕加快“强新优富美高”新时代社会主义现代化强省会建设，坚决当好执行者、行动派、实干家，努力做到各项工作让人民更加满意。

（一）强化政治建设，进一步锤炼忠诚品格

持续巩固提升主题教育成果，坚持不懈用习近平新时代中国特色社会主义思想凝心铸魂，用党的创新理论统一思想、统一意志、统一行动。坚定拥护“两个确立”，坚决做到“两个维护”，不断提高政治判断力、政治领悟力、政治执行力，始终在思想上政治上行动上同以习近平同志为核心的党中央保持高度一致。坚持把党的全面领导贯穿各领域全过程，始终牢记“国之大者”，健全完善抓工作落实的全链条闭环机制，确保党中央各项决策部署在济南见行见效。

（二）聚焦项目建设，进一步推进高质量发展

2024 年 1 月 2 日，济南召开市委经济工作会议暨 2024 年“项目深化年”工作动员大会，争取发展胜势、全力推进项目谋划建设提速。新的一年我市按照“更加突出落地导向，更加突出产业导向，更加突出对投资支撑力”的

思路，继续谋划实施深化新旧动能转换推动绿色低碳高质量发展重大项目库，共安排重大项目2000个，总投资2.66万亿元。其中，建设类项目1663个，总投资2.09万亿元，2024年计划投资3488亿元；准备类项目337个，总投资5724.6亿元。力争全年新谋划投资过50亿元项目20个以上、过100亿元项目7个以上；力争全市生产性服务业增加值达到4900亿元。将按照会议精神，不断推动产业能级提升、区域功能优化和城市位势跃升，加快绿色低碳高质量发展。

（三）着眼实体经济，进一步发展新兴产业

始终将发展经济的着力点放在实体经济上，坚定不移实施工业强市战略，加快推进新型工业化。塑强主导产业新优势，加快标志性产业链群、产业共同体建设，实施优质企业攀登倍增行动，抢占新兴产业制高点，加快发展空天信息、新能源、绿色环保等新兴产业，培育建设专业产业园区，持续做优布局、做大规模、做高能级、做强竞争力，打造一批千亿级产业集群；构建优质高效服务业新体系，提升金融服务实体经济质效；深化数字人民币新试点；积极打造区域性物流中心，促进生产性服务业跨越发展，全面培育、发展新质生产力。

（四）深化改革创新，进一步增强经济活力

坚持深层次改革和高水平开放互促共进，坚持教育、科技、人才“三位一体”协同融合发展，加快聚集更多高端高质创新资源，以改革增动力，以开放添活力。深化重点领域改革。积极创新发展模式，推进新一轮财税体制改革与新一轮财税体制改革；打造一流营商环境，积极争创全国营商环境创新试点城市；大力发展民营经济，深入实施民营企业攀登行动，实施大中小企业“携手行动”，用好“泉融通”平台，做优“济担—攀登贷”“信心提振贷”等贷款产品，持续推进“荷尖行动”，发挥好海右路演平台作用，全面落实企业家参与涉企重大政策制定制度。打造人才集聚高地。全力推进济青人才集聚平台建设，深化“海右”系列重点人才工程，持续办好新动能创新创业大赛、海右人才节等重大活动，靶向引进“高精尖缺”人才；高标准建设国家级人才资源服务产业园，围绕产业链打造人才链；提升高层次人才服务质效，完善全生命周期人才服务体系，用真心实意、真金白银、事业舞台吸引留住更多人才。巩固塑造数字经济优势。深入推动数字产业化、产业数字化、算网一体化；扎实推进国家中小企业数字化转型试点城市建设；持续用力，加快数字技术与各领域深度融合，推动经济社会发展全方位数字化转型。

（五）加快民生建设，进一步增进民生福祉

全力促进就业创业。突出就业优先导向，打好减负、稳岗、扩就业、促增收组合拳。着力保障重点群体就业，优化创业担保贷款政策，多渠道增加居民财产性收入；健全社会保障体系。实施“全民参保计划”，鼓励引导新就业高校毕业生、新业态从业人员等参加社会保险，力争应保尽保。推进医保参保扩面提质，优化困难群众救助长效机制，大力发展公益慈善事业，加大保障性住房建设和供给力度，筹集建设保障性租赁住房，完善公共卫生体系，实现疾控中心标准化建设全面达标。加快推进宣武医院济南医院、广安门医院济南医院 2 个国家区域医疗中心建设，全面推动“互联网 + 医疗健康”示范市建设。完善提升基层医疗卫生服务体系，实现公办社区卫生服务中心街道全覆盖。启用市中医医院东院区，打造“扁鹊故里·康养济南”中医药文化名片。完善“一老一小”服务体系，打造一批示范性养老服务机构，积极发展银发经济。高标准建设婴幼儿照护服务示范城市，竭尽全力推进落实民生实事候选项目，真正让民生愿景成为幸福实景。

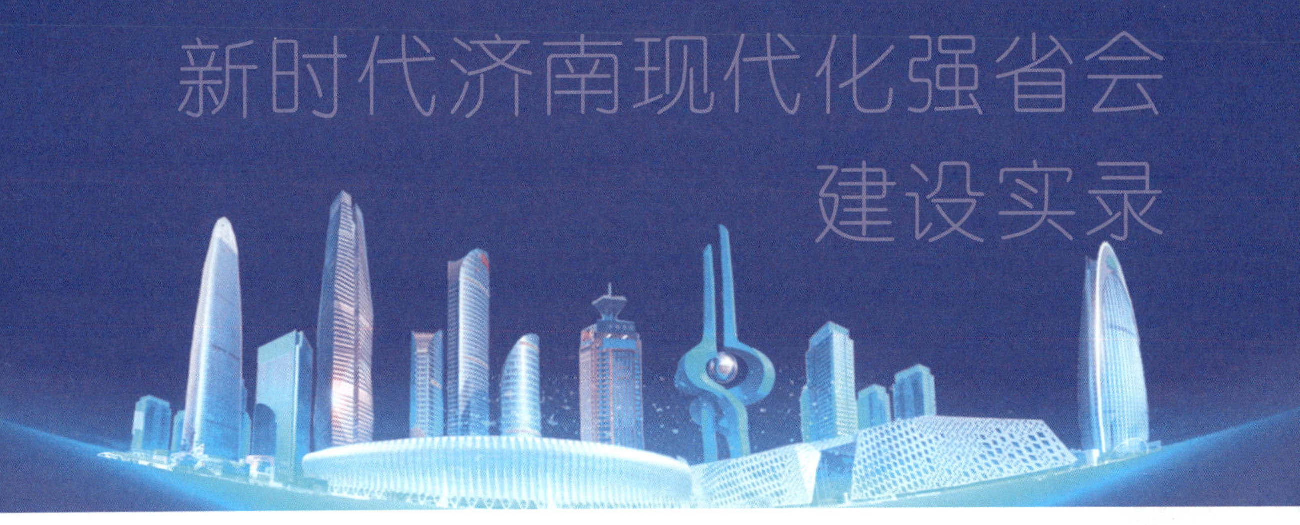

大事记

2023年大事记

1月

3日　省委书记林武深入济南新旧动能转换起步区和部分企业、园区调研，强调要全面贯彻党的二十大精神和习近平总书记对山东工作重要指示要求，发挥优势，加强创新，推动高质量发展迈出新步伐。

4日　市委常委会召开会议，学习贯彻习近平总书记在全国政协新年茶话会上的重要讲话精神以及二〇二三年新年贺词、致经济日报创刊40周年贺信，研究贯彻落实意见；研究审议有关文件。会议学习《地方党政领导干部安全生产责任制规定》，审议了《关于加快现代都市农业优势产业集群高质量发展的实施意见》《关于加快打造中国北方种业之都的若干政策措施》《济南市“十四五”时期优化营商环境规划》。

4日　全市廉洁文化建设推进会议暨警示教育大会召开。会议通报了全市廉洁文化建设推进情况，与会人员观看了警示教育片。

6日　全市促消费工作会议召开，围绕恢复和扩大消费进行专题部署。

6日　市委副书记、市长于海田会见兴投控股董事长李建、深圳联飞董事长田刚印、国联股份高级副总裁潘勇一行。

8日　市委常委会召开会议，研究部署一季度经济工作。会议学习了《关于新形势下党内政治生活的若干准则》。

10日　市委书记、济南疫情防治省市区一体化指挥部总指挥刘强先后到济南医院、济南市第一人民医院、济南市第四人民医院、济南市第五人民医院、济南市妇幼保健院，察看医院科室设置、发热门诊扩容、新院区选址建设、应急消防机制运行等情况。

11日　市委书记刘强深入济南市主要景区调研文旅市场和促进消费工作。刘强强调要深入学习贯彻党的二十大精神，贯彻落实中央经济工作会议和省委经济工作会议关于扩内需促消费的决策部署，进一步提升管理服务水平，营造良好环境氛围，确保广大市民度过一个欢乐祥和的春节。

13日　省委常委、市委书记刘强与出席省十四届人大一次会议的济南代表团代表一起审议省政府工作报告。

16日　济南市抢抓春节前后稳岗留工、返岗复工、学生返校等重要节点，制定出台《关于进一步做好企业用工保障服务工作的意见》，聚焦促进员工复工返岗、支持企业减负稳岗、保障企业用工需求、稳定企业劳动关系、提升就业服务质效等五个方面18条服务举措，全力保障春节前后员工复工、企业用工，确保春节前后全市就业形势总体稳定。

18日　市委书记刘强和市委副书记、市长于海田到山东重工集团调研。刘强、于海田指出，面对新形势新任务，山东重工集团要全面贯彻党的二十大精神，深入贯彻省委、省政府部署要求，充分发挥优势，主动积极作为，勇挑发展重担，进一步激发创造力和发展活力，加快高质量发展步伐，为新时代社会主义现代化强省会建设做出更大贡献。

18日　市政府办公厅印发《关于进一步优化营商环境降低市场主体制度性交易成本的实施意见》。济南将完善“线上＋线下”帮办运行机制，为省市重点项目配备“项目管家”。

19日　济南市收听收看全省统筹疫情防控和经济运行工作视频会议。随后，济南市接续召开统筹疫情防控和经济运行会议，对相关工作进行安排部署。

19日　天桥区被命名为2021—2025年度第二批全国科普示范区。

20 日　春节来临之际，省委书记林武在济南调研节日供电保障、交通出行、市场供应等工作，看望坚守岗位的一线干部职工，走访慰问老党员、困难群众，代表省委、省政府向全省各行各业、各条战线的广大干部群众致以新春祝福和美好祝愿。

20 日　市委书记刘强，市委副书记、市长于海田，市委副书记杨峰等市领导到驻济省部属医院走访调研。

21 日　市委书记刘强和市委副书记、市长于海田先后到济南能源集团综合指挥调度中心、济南公共交通集团、鲁商福瑞达国际颐养中心、东关保洁员公寓、泉城路派出所、市消防救援支队特勤大队二站，看望一线干部职工、走访慰问市民群众，代表市委、市政府向全市各行各业、各条战线的工作者和广大干部群众，致以新春祝福和美好祝愿。

23 日　省委副书记、省长周乃翔在济南先后深入山东省公共卫生临床中心、龙洞办事处社区卫生服务中心、漱玉平民大药房奥体全运村二店，走访并调研春节期间疫情防控工作，向坚守岗位的广大干部职工致以诚挚问候和新春祝福。

28 日　市委常委会召开会议，学习贯彻习近平总书记在二〇二三年春节团拜会上、春节前夕视频连线看望慰问基层干部群众时、春节前夕检查部队战备工作时的重要讲话精神和向拉美和加勒比国家共同体第七届峰会的致辞，研究贯彻落实意见。会议学习了《中国共产党党内监督条例》。

28 日　市委市政府召开全市 2023 年“项目突破年”工作动员大会。会上，市委市政府与区县（功能区）、市直部门和市属一级企业代表签订了 2023 年度重点目标责任书；印发了《济南市深化新旧动能转换推动绿色低碳高质量发展三年行动计划（2023—2025 年）》，明确十大领域第一批 1301 个重点项目，总投资超过 2.4 万亿元。

29 日　2022 年度市委常委会民主生活会暨省委巡视整改专题民主生活

会召开。

29 日　中国共产党济南市第十二届纪律检查委员会第二次全体会议举行。会议以习近平新时代中国特色社会主义思想为指导，全面贯彻党的二十大精神，认真学习贯彻二十届中央纪委二次全会、十二届省纪委二次全会精神，总结 2022 年济南市党风廉政建设和反腐败工作，分析当前形势，研究部署 2023 年全面从严治党工作。

29 日　市委书记刘强，市委副书记、市长于海田会见华为技术有限公司副董事长、轮值董事长徐直军一行。

31 日　市委书记刘强到中央驻鲁媒体和省主要新闻单位走访，代表济南市委市政府对中央驻鲁媒体和省主要新闻单位长期以来对济南的关心支持表示感谢，希望一如既往地关心济南的建设发展，为新时代社会主义现代化强省会建设提供更大的舆论支持。

31 日　市委书记刘强到长清区指导基层组织生活会、区委常委会民主生活会，反馈全面从严治党主体责任落实检查情况。

31 日　2022 年度市政府党组民主生活会暨省委巡视整改专题民主生活会召开。

2 月

3 日　济南古城（明府城片区）保护提升工作领导小组第一次会议召开，会议听取了保护提升有关工作情况和下一步打算汇报，听取了片区规划编制情况的汇报。

3 日　省委常委、省政府副省长曾赞荣先后到中国科学院空间应用技术济南研究院项目、临工重机股份有限公司、比亚迪新能源车及零部件配套产业园，到济南市调研督导工业经济运行工作。

4 日　山东未来畜禽种业国家现代农业产业园启动活动在钢城区举行。钢城区人民政府与山东省农业科学院签署战略合作框架协议，与山东和康源集团、山东凯锐思动物营养有限公司签署投资合作协议。

4 日　商河第 40 届鼓子秧歌会演在全民健身广场隆重举行。该届秧歌会演有 8 万市民现场观看，各直播平台浏览人数超过 600 万。

5 日　济南日报报道，济南开元寺入口生态景观提升工程前不久喜获中国建设工程鲁班奖，成为济南第二个获得鲁班奖的园林类项目。

6 日　北京大学济南市人民政府战略合作协议暨北京大学济南城市软实力研究院项目签约仪式在北京大学举行。双方签署《北京大学济南市人民政府战略合作协议》《北京大学济南市人民政府共建北京大学济南城市软实力研究院合作协议》。

7 日　市委副书记、市长于海田会见了住友商事株式会社专务执行董事、东亚总代表、中国住友商事集团 CEO 御子神大介一行。

7 日　市委副书记、市长于海田会见了北京辰安科技股份有限公司董事长郑家升，中国电信山东分公司党委书记、总经理文勇一行。

8 日　房地产业新发展模式济南研讨会举行。市委副书记、市长于海田出席并致辞。国务院发展研究中心市场经济研究所副所长邓郁松、中国房地产业协会副会长兼秘书长陈宜明、国是金融改革研究院院长刘胜军、万科董事会主席郁亮、中国海外发展有限公司执行董事兼行政总裁张智超、北京市建筑设计研究院有限公司总建筑师刘晓钟六名专家围绕研讨会主题进行了主旨演讲。

8 日　市委副书记、市长于海田会见了广州工控集团党委书记、董事长周千定一行。

8 日　全国首个政务服务沉浸式体验馆在济南正式上线，让企业群众在趣味模拟“任务”中快乐体验政务服务办事流程。

8日　济南国际投资促进联络站（日本）揭牌仪式暨济南—日本招商合作恳谈会在日本东京举行，成功落地济南市首家境外投资促进联络站。

9日　市委副书记、市长于海田主持召开市政府常务会议，研究2023年全面推进乡村振兴重点任务落实、市级重点项目安排等事项。会议听取了《关于抓好2023年全面推进乡村振兴重点任务落实的实施意见》《济南市“十四五”节能减排工作实施方案》《关于2022年法治政府建设情况的报告》《关于加快推进金融科技发展的实施意见》起草情况的汇报，听取了关于2023年度市级重点项目安排情况的汇报。

9日　济南市中心城区雨污合流管网改造和城市内涝治理PPP项目集中开工。

10日　市委副书记、市长于海田会见太平洋建设集团、苏商集团创始人，庄严智库理事长严介和一行。

10日　市委副书记、市长于海田会见中国移动通信集团山东有限公司党委书记、董事长、总经理朱汉武一行。

12日　市委常委会召开会议，学习贯彻习近平总书记在学习贯彻党的二十大精神研讨班开班式上、在中央政治局第二次集体学习时的重要讲话精神，研究贯彻落实意见；研究审议有关文件。会议学习了《中国共产党政治协商工作条例》，听取了关于全市基层党建引领基层治理重点工作推进落实情况及下一步工作思路措施的汇报，听取了《关于抓好2023年全面推进乡村振兴重点任务落实的实施意见》《市委农业农村委员会2023年工作要点》起草情况的汇报。

14日　全省高质量发展重大项目建设现场推进会在济南新旧动能转换起步区比亚迪智能车零部件配套产业园举行。济南市参加本次集中开工项目共77个，总投资1174亿元，2023年计划投资345亿元。

15日　全市组织部长、统战部长会议召开，深入学习贯彻党的二十大精神，贯彻落实全国、全省组织部长会议和统战部长会议精神，安排部署2023年组织工作和统战工作。会议印发了《市委统战部2023年工作要点（征求意见稿）》《市委统战部2023年重点工作安排》，宣读了表扬通报。

16日　市委书记刘强深入城子崖遗址博物馆，明水古城，章丘区博物馆，开心麻花山东总部基地，泉城书房，美育谷，上新街112号、108号院，万字会旧址，579百工集等，调研全市文物保护、文化事业和文化产业。

14日至16日　甘肃临夏州党政考察团到济南市对接东西部协作工作。其间，两地联合召开济南市·临夏州东西部协作党政联席会议。在济期间，双方还召开了临夏州赴济南市挂职干部人才座谈会、临夏州招商引资和文化旅游推介会暨企业家座谈会。

14日至16日　市委副书记、市长于海田率领济南市考察团到苏州市考察学习。

20日　2023年全市新旧动能转换重点项目现场观摩活动召开总结评议会议。

21日　济南市碳达峰碳中和工作领导小组会议召开，会议深入贯彻落实党中央、国务院关于碳达峰碳中和的重大决策部署，传达学习省有关文件精神，研究审议市碳达峰碳中和有关文件，听取部分成员单位工作汇报，对碳达峰碳中和工作进行再安排再部署。

21日　市委副书记、市长于海田会见中国铁建投资集团有限公司总经理、党委副书记李卫华一行。

20日至22日　济南市委书记刘强带队赴深圳市，走访企业洽谈招商合作项目，考察城市规划建设和产业发展情况。

22日　以“激发信动能　共谋新发展”为主题的历下区企业诚信联盟成立仪式举行。这是全省首个以诚信为纽带组建的企业联盟。

23日　市委农村工作会议召开。会议深入学习贯彻党的二十大精神和中央农村工作会议精神，贯彻落实省委农村工作会议安排部署，分析形势，研究谋划今年“三农”工作，加快推动现代农业强市建设。

23 日　章丘区文祖街道青野村“五音戏”被国家乡村振兴局公示为第一批“一县一品”特色文化艺术典型案例。五音戏又名周姑子戏，发源于章丘文祖街道青野村，兴起于明末清初，相传是明朝一宫女落难到青野村，结合当地边打鼓边唱歌的“秧歌腔”，融合宫廷戏曲发展起来的。2006 年，被列入国家级非物质文化遗产名录。

24 日　市委副书记、市长于海田主持召开市政府常务会议，研究加快软件名城提档升级三年行动计划、进一步促进区块链产业发展的若干措施等事项。会议听取了关于《济南市加快软件名城提档升级三年行动计划（2023—2025 年）》《关于进一步促进区块链产业发展的若干措施》《济南市科技成果转化“倍增计划”行动方案（2023—2025 年）》起草情况的汇报。

24 日　市委副书记、市长于海田会见胡润百富董事长兼首席调研官胡润一行。

25 日　济南智能传感器产业园首批企业入园活动举行。

27 日　交通拥堵综合治理工作专题会议召开，会议指出，治理交通拥堵，事关千家万户，事关发展大局。各级各有关部门要充分认识交通拥堵治理的重要性紧迫性，切实站在改善民生、服务发展的高度，齐抓共管、攻坚克难，强力推进交通拥堵综合治理，持续改善城区交通拥堵状况。

27 日　市委副书记、市长于海田会见中国光大环境（集团）有限公司执行董事、总裁栾祖盛一行。

27 日　市十八届人大常委会举行第六次会议。会议表决通过了有关人事事项，会议期间组织了集体学习，邀请省委党校专家以《坚持和完善人民代表大会制度》为题做了辅导授课。

28 日　全市安全生产工作会议召开，深入学习贯彻习近平总书记关于安全生产的重要论述和重要指示精神，认真落实全国、全省安全生产电视电话会议精神，全面总结2022年安全生产工作，科学分析当前形势任务，研究部署下一步重点工作，推动全市安全生产形势持续稳定向好。

3月

2日　市委常委会召开会议，学习贯彻党的二十届二中全会精神，学习贯彻习近平总书记在中央政治局第三次集体学习时的重要讲话精神和对内蒙古阿拉善左旗一露天煤矿坍塌事故、对深入开展学雷锋活动做出的重要指示精神，学习贯彻2月21日中央政治局会议精神和习近平总书记在中共中央民主协商会上的重要讲话精神，研究贯彻落实意见；研究审议有关文件。会议学习了《中国共产党处分违纪党员批准权限和程序规定》，传达学习了全国、全省审计工作会议和十二届省委审计委员会第二次会议精神，审议了《济南市2023年度审计项目计划》《济南市2021至2022年度市管领导干部经济责任审计情况报告》《济南市科技成果转化“倍增计划”行动方案（2023—2025年）》《济南市加快软件名城提档升级三年行动计划（2023—2025年）》，听取了关于市委审计委员会2022年度工作总结和2023年度工作要点情况的汇报。

2日　市委书记刘强会见日本驻青岛总领事井川原贤一行。

2日　济南市召开法治济南建设示范创建工作部署会。

4日　市委书记刘强到济阳区调研，强调要坚持高标定位、狠抓工作落实，推动党的二十大精神落地生根，确保省委和市委各项工作要求落到实处，推动济阳经济社会高质量发展迈上新台阶。

5日　市委书记刘强在调研文化产业并召开文化工作座谈会，强调，要全面贯彻落实党的二十大精神，深刻把握物质文明和精神文明相协调的现代化是中国式现代化的重要特征之一，坚持问题导向，拉升工作标杆，健全政策体系，推动文化事业和文化产业繁荣发展。

7日　市委党校（济南行政学院）、市社会主义学院举行2023年春季开学典礼。市委书记刘强出席活动并进行开班授课。

7日　济南市各界妇女纪念“三八”国际妇女节113周年暨“绿色低碳高质量发展巾帼行动”动员大会召开。会上，发布了《济南市绿色低碳高质量发展巾帼行动计划（2023—2025年）》，泉城优秀女性代表发起响应济南绿色低碳高质量发展巾帼行动倡议。会前，市委书记刘强会见济南市受全国妇联表彰的全国三八红旗手、全国巾帼建功标兵、全国巾帼建功先进集体、全国巾帼文明岗代表。

8日　市委书记刘强走访各民主党派市委会、市工商联机关，深入了解各民主党派历史沿革、发展历程和工作开展情况，看望干部职工。

9日　市委书记刘强到天桥区调研，在随后召开的座谈会上，刘强听取了天桥区经济社会发展情况及下一步工作打算汇报。

9日　全国政协委员、济南市政协主席雷杰将一份《关于支持济南“泉·城文化景观”申报世界文化遗产的提案》带到了全国两会。她建议，从国家层面加大政策、人才等方面支持力度，推动济南“泉·城文化景观”申遗早日实现。2019年，“济南泉·城文化景观”成功进入《中国世界文化遗产预备名单》，成为目前山东唯一进入该名单的文化景观。

10日　济南日报报道，近日，市政府办公厅印发了《济南市加快软件名城提档升级三年行动计划（2023—2025年）》。

10日　市委书记刘强到市中区调研。在随后召开的座谈会上，刘强听取了市中区经济社会发展情况及下一步工作打算汇报。

11日至12日　市委书记刘强到章丘区调研。在随后召开的座谈会上，刘强听取了章丘区经济社会发展情况及下一步工作打算汇报。

13 日　市委书记刘强到槐荫区调研。在随后召开的座谈会上，刘强听取了槐荫区经济社会发展情况和下一步工作打算汇报。

14 日　市委副书记、市长于海田主持召开市政府常务会议，研究当前全市安全生产工作、加快实施交通拥堵综合治理“十大行动”等事项。会议听取了关于当前全市安全生产工作情况的汇报，听取了《关于加快实施交通拥堵综合治理“十大行动”方案（2023—2025 年）》起草情况的汇报，听取了《关于深入推进城镇低效建设用地再开发工作的实施意见》修订情况。

15 日　市委常委会召开会议，学习贯彻习近平总书记在全国两会上的重要讲话和大会精神，学习贯彻习近平总书记在中央党校建校 90 周年庆祝大会暨 2023 年春季学期开学典礼上的重要讲话精神，研究贯彻落实意见。会议学习了《推进领导干部能上能下规定》。

15 日　市委副书记、市长于海田会见中铁十八局集团有限公司党委书记、董事长闫广天一行。

16 日　市委书记刘强到山东发展投资控股集团走访，与集团党委书记、董事长孟雷等座谈交流，共同见证《济南市人民政府山东发展投资控股集团有限公司战略合作框架协议》签署。

16 日　市委书记刘强会见费斯托集团董事会主席奥利弗一行。

16 日　全省稳就业工作电视会议召开，济南设分会场收听收看。随后，济南市召开全市稳就业工作会议，贯彻全省会议精神，对做好稳就业工作进行安排部署。

17 日　市委书记刘强到商河县宣讲党的二十大精神并开展调研。

17 日　市委副书记、市长于海田会见中国冶金科工集团有限公司党委书记、董事长陈建光一行。

18 日　市委副书记、市长于海田会见香港科技大学教授、广州南沙校区功能枢纽学院院长温维佳一行。

20日　济南市人民政府与中国铁塔股份有限公司山东省分公司签署深入推进“数字济南”建设合作协议。

19日至21日　济南市委书记刘强带队赴上海市，走访中国科学技术大学上海研究院、上海证券交易所、复星国际集团总部、上海丰树管理有限公司、斯凯孚（中国）有限公司等。

21日　百度智能云（济南）智算中心在济南揭牌。

22日　《广日股份华东数字化产业园项目投资协议》在龙奥大厦签署。市委书记刘强会见了广州工业投资控股集团有限公司党委副书记、副董事长、总经理景广军一行，并共同见证签约。

22日　市委副书记、市长于海田在山东大厦会见出席第七届中国特殊食品大会的嘉宾代表。

22日至23日　市委书记刘强到莱芜区调研，刘强在调研中听取了莱芜区经济社会发展情况及下一步工作打算汇报。

23日　2022国际短视频大赛“绽放之夜”暨2023“新时代·新视界”视听共享全球播映活动启动仪式在济南雪野湖国际会议中心举行。国家广播电视总局党组成员、副局长乐玉成，省委常委、宣传部部长白玉刚，副省长王桂英，国务院新闻办公室对外推广局一级巡视员、副局长李智慧，亚洲—太平洋广播联盟副主席、国家广播电视总局国际合作司司长闫成胜，省委宣传部分管日常工作的副部长、省文明办主任、省政府新闻办主任袭艳春，省政府办公厅一级巡视员于成河，省委宣传部副部长、省广播电视局党组书记、局长李建华，市委常委、宣传部部长戴龙成，副市长韩伟等出席大会。

23日　市委副书记、市长于海田在喜来登酒店会见柬埔寨王国驻济南总领事馆总领事山索峰一行。

23日　全国总工会党组书记、副主席、书记处第一书记徐留平带队到济南调研基层工会组织建设情况。徐留平一行全面了解工作开展情况，并对基层工会组织为职工办实事、办好事的举措给予充分肯定。

24日　市委理论学习中心组举行集体学习，深入学习贯彻习近平经济思想，深刻领会习近平总书记关于推动高质量发展的重要论述和党的二十大、中央经济工作会议、全国两会精神，坚持稳中求进工作总基调，完整、准确、全面贯彻新发展理念，主动服务和融入新发展格局，切实推动省会高质量发展，为全面建设社会主义现代化国家开好局起好步做出济南贡献。

24日　市委副书记、市长于海田主持召开市政府常务会议，研究森林防火能力建设总体规划、加强房屋建筑和市政基础设施工程招投标管理等事项。会议听取了关于《济南市森林防火能力建设总体规划（2023—2027年）》编制情况的汇报，听取了《关于进一步加强房屋建筑和市政基础设施工程招投标管理的实施意见》修订情况的汇报。

28日　全国人大常委会委员、监察和司法委员会副主任委员邱学强，率调研组到济南市针对生态环境和自然资源司法保护情况开展前期调研。

28日　市委书记刘强在喜来登酒店会见欧美同学会党组书记、秘书长王丕君一行。

29日　市委书记刘强到平阴县、长清区调研。刘强在调研中听取了平阴县、长清区经济社会发展情况及下一步工作打算汇报。

29日　第三届儒商大会新旧动能转换高质量发展论坛暨济南城市推介会举行，济南共50个重点项目实现签约。

29日　全市项目招引培育及推进情况调度会议召开，对全市产业项目招引和推进工作进行再调度再部署，进一步落实落细市委市政府"项目突破年"工作安排，推动项目建设提速加力、提质增效。

29日　济南市政府与中建三局集团有限公司签署战略合作协议。市委副书记、市长于海田在龙奥大厦会见中建三局集团有限公司党委书记、董事长，中建铁路投资建设集团有限公司党委书记、董事长陈卫国一行，共同见证相关签约并揭牌。济南市政府与中建三局签署战略合作框架协议，历下区政府与中建三局签署《中建三局云采科技有限公司入区协议》，历城区政府与中建铁投签署战略合作框架协议。中建三局云采科技有限公司、中建铁投开发建设有限公司揭牌。

30日　全市基层党建引领基层治理工作会议暨社区工作者大会召开，会议以习近平新时代中国特色社会主义思想为指导，深入学习贯彻党的二十大精神，认真落实全国、全省城市基层党建引领基层治理工作会议精神，总结交流经验，研究分析形势，安排部署工作。会上，宣读了首批市级“优秀社区书记工作室”名单。与会领导同志为15个首批市级“优秀社区书记工作室”授牌。

31日　市委书记刘强深入历下区燕山社区菜市场、甸新南路、历城区维尔康市场、历城区相公庄村，督导全国文明典范城市创建工作。

31日　市委书记刘强在智慧泉城运行管理中心召开森林防火工作调度会议。刘强强调，要以“时时放心不下”的责任感，落实落细各项措施，扎实做好森林防灭火工作，保护好人民群众生命和财产安全。

31日　第七届济南市人民政府教育督学换届暨全市教育督导工作会议召开。会上，汇报了全市教育督导工作情况，宣读了第七届市督学聘任通知，为第七届市督学代表颁发聘书，相关区县和市督学代表作发言。

31日　由中国孔子基金会、尼山世界儒学中心发起的“孝心工程·幸福食堂”公益项目首家试点落户槐荫区，槐荫辖区五个村被授予孔子学堂和幸福食堂牌子。

4月

2日　据济南日报报道，日前，经省政府同意，省政府办公厅印发《济南—临沂对口合作实施方案》。作为指导两市全面开展对口合作的行动纲领，该方案目标期至2026年，远期展望至2030年。

2日　济南日报报道，日前，工信部公布第二批5G应用安全创新推广中心名单，济南量子技术研究院参与的5G应用安全创新推广中心（山东）成功入选。这也是山东省入选的唯一项目。

3日　市委副书记、市长于海田主持召开市政府常务会议。会议听取了《济南市人民政府2023年立法计划》《加快建设交通强国山东示范区济南行动方案（2023—2025年）》起草情况的汇报，会议还研究了其他事项。

3日　市委副书记、市长于海田会见北京理工大学校长、中国工程院院士龙腾一行。

3日　市委书记刘强到历下区调研。

4日　济南日报报道，近期，济南市部署实施党建引领基层治理“双十”行动计划（2023—2025年）。

6日　市信访工作联席会议召开2023年第一次会议。会上，传达了全国信访局长会议和省信访工作联席会议2023年第一次全体会议精神，听取了2022年以来全市信访工作情况和今后一个时期工作打算汇报。

6日　柬埔寨驻济南总领馆开馆仪式在济南举行。山东省副省长邓云锋，外交部领事司司长吴玺，济南市委副书记、市长于海田，柬埔寨驻华大使凯·西索达，柬埔寨驻济南总领事山索峰出席活动并致辞。

6日　市委副书记、市长于海田会见中国建筑第五工程局有限公司党委书记、董事长田卫国一行。

6日　全市春季农业生产现场会议在商河县举行。会议传达学习全国、全省春季农业生产工作会议精神，安排部署济南市春季农业生产工作，努力为全年农业生产开好局、起好步。

7日　济南日报报道，近日，市政府办公厅印发了《济南市入河排污口核查与监督管理实施方案》。

7日　全国应急广播体系建设现场推进会在济南召开。国家广播电视总局副局长、党组成员朱咏雷，山东省副省长王桂英，济南市委副书记、市长于海田出席会议。会上，应急管理部、国家广播电视总局分别对国家应急管理信息化体系、国家应急广播体系推进情况作了介绍。

8日　由中央党校（国家行政学院）、山东省人民政府共同主办的第十七届中国电子政务论坛暨数字变革创新峰会在济南举行。本次论坛以“加快数字政府建设　驱动引领中国式现代化”为主题，旨在深入学习贯彻党的二十大精神，认真贯彻习近平总书记关于网络强国的重要思想，进一步深化部省合作、省际合作和政企合作，以数字政府建设驱动引领数字经济、数字社会、数字生态发展，为高质量发展注入强劲动力。

8日　历城黄河生态保护联防综治办公室揭牌，这也是全省首家黄河生态保护联防综治办公室。

9日　市委常委会召开会议，学习习近平总书记在学习贯彻习近平新时代中国特色社会主义思想主题教育工作会议上、在中央政治局第四次集体学习时的重要讲话、中央有关文件精神和3月30日中央政治局会议精神、习近平总书记在参加首都义务植树活动时的重要讲话精神，研究贯彻落实意见。会议传达学习了习近平总书记关于全面深化改革的重要论述，传达学习了省委全面深化改革委员会第十六次、第十七次会议精神，审议了《中共济南市委全面深化改革委员会2023年工作要点》《济南市关爱激励中小学（幼儿园）教师若干措施》等文件，听取了有关述职报告。

9日　市委副书记、市长于海田会见中国节能环保集团有限公司党委副书记、总经理，中节能铁汉生态环境股份有限公司党委书记、董事长刘家强一行。

10日　市委书记刘强到部分驻济金融机构走访。刘强希望广大驻济金融机构把握济南建设科创金融改革试验区的机遇，深化改革创新，强化金融服务，一如既往地支持济南经济社会发展。

13日　济南市学习贯彻习近平新时代中国特色社会主义思想主题教育工作会议召开。会议深入学习贯彻习近平总书记重要讲话精神，按照中央部署和省委工作安排，对济南市及济南新旧动能转换起步区开展学习贯彻习近平新时代中国特色社会主义思想主题教育进行安排部署。

13日　市委书记刘强会见前来出席2023济南科创金融论坛的嘉宾代表。刘强希望大家进一步深化交流，为深化科创金融改革探索、加快推动高质量发展提出真知灼见。

13日　富邦华一银行济南分行揭牌仪式在山东大厦举行。

13日　济南日报报道，日前，济南市人民政府《关于3家省级经济开发区扩区调区的请示》获省政府批复，同意调整济南新材料产业园区、济南临港经济开发区、济南经济开发区规划面积。

14日　2023济南科创金融论坛在山东大厦举行。全国政协常委、经济委员会副主任马建堂，中国科协副主席、中科院院士、中国科学院数学与系统科学研究院研究员袁亚湘出席并作主旨演讲。本次论坛活动还发布了2023中国城市科创金融指数，举行了“金融视角下的科创生态建设”“金融支持绿色科技创新之路”“科学家、投资家、企业家‘三家’论道科创蓝图”三场平行分论坛。

14日　济南市政府与兴业银行股份有限公司在山东大厦签订战略合作协议。

14日　2023济南科创金融论坛上，国内首份中国城市科创金融指数发布，济南科创金融景气度综合排名位居全国第10位。

16日　市委常委会召开会议，学习贯彻习近平总书记在广东考察和视察南部战区海军时的重要讲话精神，研究贯彻落实意见；研究调查研究工作等事项。会议学习了《中国共产党党内法规制定条例》，审议了《关于在全市大兴调查研究的实施方案》《市委常委会调查研究工作方案》。

16日至17日　济南市举行主题教育读书班。读书班第一专题围绕“把握好习近平新时代中国特色社会主义思想的世界观和方法论，坚持好、运用好贯穿其中的立场观点方法”，在市委党校（济南行政学院）进行集中学习研讨，推动学习贯彻习近平新时代中国特色社会主义思想走深走实，确保主题教育取得实效。

18日　市委副书记、市长于海田调研生物医药产业。于海田强调，要按照“紧盯前沿、龙头牵引、创新培育、打造生态、沿链谋划、集群发展”的思路，加快推动我市生物医药产业高质量发展。

18日　济南日报报道，近日，在四川绵阳召开的2023（第一届）全国产融合作大会上，国家产融合作试点城市典型案例公布，由济南市工业和信息化局与济南金融控股集团联合主办的济南市“专精特新”企业专项扶持行动——“云帆计划”成功入选第一届产融合作大会35个典型案例之一。

19日　全市审计工作会议召开。会议全面贯彻党的二十大精神，深入学习贯彻习近平总书记关于审计工作的重要指示要求，认真落实全国、全省审计工作会议精神，研究部署全市审计工作。

19日　市委书记刘强，市委副书记、市长于海田，市政协主席雷杰，市委副书记杨峰在舜耕山庄会见住港澳市政协委员和企业家经贸考察团一行。

20日　中国侨联党组书记、主席万立骏一行到济南新旧动能转换起步区调研。省人大常委会副主任范华平、市委副书记杨峰参加活动。万立骏详细了解济南新旧动能转换起步区区位优势、财政支持、项目规划、产业发展方向等情况，并就海外人才引进、服务新侨创新创业等工作听取了相关情况介绍。

20日　中国钢研科技集团与济南市钢城区人民政府在龙奥大厦签署《共建济南钢铁产业智能制造和战略新材料研究院落地合作协议》。

20日　济南市第一批学习贯彻习近平新时代中国特色社会主义思想主题教育已全面启动，112家单位全部完成动员部署。

21日　市委副书记、市长于海田主持召开市政府常务会议，研究一季度全市经济社会发展形势等事项。会议听取了《市政府领导班子成员2023年安全生产重点工作清单》起草情况、全市行政执法工作情况、《济南市人民政府2023年度重大行政决策事项目录》编制情况的汇报。会议还研究了其他事项。

23日　市委常委会召开会议，分析研究一季度经济社会发展形势，部署下一步工作。会议听取了一季度全市经济社会发展形势汇报和全市安全生产工作情况汇报。会议强调，做好二季度经济工作，要紧盯目标任务，全力以赴聚焦重点攻坚突破。

23日　济南市收听收看全省安全生产工作视频会议。随后，济南市接续召开全市安全生产工作视频会议，对当前及今后一个时期的安全生产工作进行安排部署。会议指出，要深入学习贯彻习近平总书记关于安全生产的重要指示批示精神，全面落实省委、省政府工作要求，牢固树立安全发展理念，坚持人民至上、生命至上，以“时时放心不下”的责任感，用更严更实更细的措施，毫不放松抓好安全生产各项工作，以高水平安全保障高质量发展。

24日　市委常委同志走进中共山东省工委旧址党性教育基地、济南市委党校大峰山现场教学基地，接受革命历史教育，推动学习贯彻习近平新时代中国特色社会主义思想走深走实。

25日　济南新旧动能转换起步区示范区全面启动建设暨重点项目集中开工活动举行。

25日　济南新旧动能转换起步区产业项目集中签约暨科技创新服务联盟成立仪式举行。市委书记刘强出席并为“济南新旧动能转换起步区科技创新服务联盟”揭牌，市委副书记、市长于海田，省国资委党委书记、主任满慎刚，齐鲁工业大学党委书记王英龙，省科创集团党委书记、董事长董火民致辞。活动现场，11 个重点项目进行集中签约，总投资超过 500 亿元，刘强、王英龙共同为“济南新旧动能转换起步区科技创新服务联盟”揭牌。

25 日　国家卫生健康委、国家发展改革委在北京联合召开全国托育服务工作推进会，总结推广全国婴幼儿照护服务示范城市创建经验，为济南市等 33 个首批全国婴幼儿照护服务示范城市授牌。

26 日　济南市举行庆祝“五一”国际劳动节大会，表扬各行各业先进，激励全市广大劳动者大力弘扬劳模精神、劳动精神、工匠精神，聚焦“项目突破年”各项任务，勇于担当、真抓实干，为建设“强新优富美高”新时代社会主义现代化强省会不懈奋斗。会上宣读了《关于表扬 2022 年建设强省会劳动竞赛先进集体和先进个人的通报》，获得劳动竞赛一等奖的 30 个单位获颁济南市五一劳动奖状、30 个班组获颁济南市工人先锋号、80 名职工获颁济南市五一劳动奖章。

26 日　全市国家卫生城市复审动员大会召开。会议深入贯彻落实习近平总书记关于爱国卫生运动的重要指示精神，坚持以人民为中心的发展思想，动员全市上下进一步统一思想、凝心聚力、扎实行动，持续巩固提升国家卫生城市创建成果，为加快建设“强新优富美高”新时代社会主义现代化强省会提供有力支撑。

26 日　市委副书记、市长于海田在喜来登酒店会见海尔集团党委书记、董事局主席、首席执行官周云杰一行。

27 日　市委常委会召开会议，学习贯彻习近平总书记在二十届中央全面深化改革委员会第一次会议上的重要讲话精神和习近平总书记致云南大学建校 100 周年、“中国式现代化与世界”蓝厅论坛、亚洲文化遗产保护联盟大会的贺信精神，研究贯彻落实意见。会议学习了《规范地方党委政策性文件制定工作规定》，听取了全国巡视工作会议暨二十届中央第一轮巡视动员部署会、全省巡视巡察工作会议暨十二届省委第三轮巡视动员部署会精神及济南市贯彻落实意见的汇报以及关于十二届市委第二轮巡察工作情况的汇报，审议了《关于开展攀登行动支持民营企业跨越发展的若干措施》，听取了关于全市医疗卫生服务体系提升工作分步推进有关情况的汇报。

27日　市委书记刘强，市委副书记、市长于海田到山东高速集团走访，与山东高速集团党委书记、董事长王其峰座谈，就进一步拓展双方合作深度和广度进行深入交流。

27日　2023年海峡两岸孔子文化春会在济南府学文庙启动。

27日　市委副书记、市长于海田会见盈科资本董事长钱明飞一行。

27日至28日　全国双拥工作领导小组成员兼办公室副主任、中央军委政治工作部群众工作局局长高翔率全国双拥模范城（县）创建工作调研组一行，到济南调研双拥模范城（县）创建工作。省委常委、市委书记刘强会见了调研组一行，省委常委、省军区政委王爱国，副省长、省公安厅厅长李伟，市委副书记、市长于海田参加有关活动。

28日　飞龙现代医药产业园项目签约仪式在北京举行。市委副书记、市长于海田出席并见证签约。在现场，济南莱芜高新区与沈阳飞龙医药控股集团有限公司共同签订《飞龙现代医药产业园项目合同书》。

28日　市委副书记、市长于海田在北京与步长集团董事局主席赵涛一行，就进一步深化合作进行座谈交流。

29日　市委书记刘强先后到趵突泉公园、泉城广场、银座购物广场泉城广场店、市交警支队指挥调度中心、千佛山景区，调研节日市场保供、景区运行和交通管理。

5月

3日　济南市收听收看全省安全生产工作专题视频会议。随后，济南市接续召开全市安全生产工作专题视频会议，要求从严从实从快贯彻落实省委、省政府决策部署，进一步知责明责、履职尽责，全面深入地推进安全风险隐患排查治理，坚决防范和遏制各类生产安全事故。

4日　山东省首张“二码合一”营业执照在济南高新区政务服务中心发出。

5日　市委副书记、市长于海田主持召开市政府常务会议，研究自然灾害救助应急预案、促进残疾人就业专项行动实施方案等事项。会议听取了关于《济南市自然灾害救助应急预案》编制情况、《济南市促进残疾人就业专项行动实施方案（2023—2024）》起草情况的汇报。会议还研究了其他事项。

5日　市委副书记、市长于海田会见华为技术有限公司高级副总裁、政务一网通军团CEO杨瑞凯一行。

6日　省委书记林武先后到山东天岳先进科技股份有限公司、济南弗迪动力电池有限公司项目等所联系的部分企业和项目现场，深入考察调研，研究新一代信息技术产业链发展等工作。他强调，要深入贯彻落实习近平总书记重要指示要求，结合正在开展的主题教育，大兴调查研究，解决实际问题，提振企业信心，加力项目建设，推动产业链创新链融合发展，促进高质量发展不断取得新成效。

6日　2023世界激光产业大会在济南开幕。中国国际贸易促进委员会党组成员、副会长于健龙出席大会并致辞，市委副书记、市长于海田致欢迎辞并宣布大会开幕。

6日　省政协主席葛慧君在济南市钢城区、莱芜区，先后到山东未来畜禽种业国家现代农业产业园、山钢新旧动能转换—数字智能炼钢项目、中国重汽智能网联（新能源）重卡项目、钢城区汶源街道金鼎社区、“莱商量”莱芜区行政审批服务局工作站，围绕绿色低碳高质量发展和政协工作等进行调研。

7日　市委书记刘强深入包挂联系企业和激光产业调研。刘强强调，要深入贯彻落实习近平总书记重要指示要求，扎实开展学习贯彻习近平新时代中国特色社会主义思想主题教育，大兴调查研究，不断解新题、破难题，进一步激发创新动力，实现绿色低碳高质量发展，推动企业做大做强、产业能级跃升。

8日　市委常委会召开会议，学习贯彻4月28日中央政治局会议、二十届中央财经委员会第一次会议精神和习近平总书记向中国与世界知识产权组织合作五十周年暨宣传周主场活动贺信、给中国农业大学科技小院学生回信、向全国广大劳动群众致以节日的祝贺和诚挚的慰问精神，研究贯彻落实意见；研究安全生产、学习贯彻习近平新时代中国特色社会主义思想主题教育等工作。会议学习了《中国共产党普通高等学校基层组织工作条例》，听取了关于全省安全生产工作专题视频会议精神、全市安全生产工作情况及下一步工作打算的汇报、关于全市学习贯彻习近平新时代中国特色社会主义思想主题教育开展情况及下一步工作安排的汇报。

8日　2023年济南市民营企业座谈会在山东大厦召开。市委书记刘强出席并讲话，市委副书记、市长于海田主持并讲话，市人大常委会主任韩金峰、市委副书记杨峰出席。座谈会上，介绍了济南市经济社会发展情况，解读了《关于开展攀登行动支持民营企业跨越发展的若干措施》。部分民营企业负责人，围绕优化营商环境、全周期为企服务、融资投资、项目建设、科技创新、产业发展、人才引育等方面提出了意见建议。

8日　市委书记刘强会见芬兰驻华大使孟蓝一行。

8日　济南日报报道，近日，中国经济体制改革研究会发布《2023年第一季度改革热度第三方评估报告》。报告显示，一季度，在直辖市和省会城市中，济南市以72.46分排名首位。

8日至10日　学习贯彻习近平新时代中国特色社会主义思想主题教育

读书班第二专题围绕“把党的伟大自我革命进行到底”，在市委党校（济南行政学院）进行集中学习研讨。

10日　国家统计局党组书记、局长康义率调研组到济南调研第五次全国经济普查工作。省委常委、省政府副省长曾赞荣，市委副书记、市长于海田参加活动。调研组一行到济南二机床集团有限公司，详细了解企业生产经营、科技研发、产业拓展等情况。在随后召开的座谈会上，调研组一行听取了企业有关经济普查和投入产出工作情况的介绍与演示，并征求了企业对经济普查工作的意见建议等。

10日至11日　全国人大财经委副主任委员于春生带领执法检查组到济南市就贯彻实施《中华人民共和国特种设备安全法》情况进行执法检查。

11日　威海市党政代表团到济南考察交流。

12日　省委副书记、省长周乃翔到济南二机床集团有限公司为党员干部职工讲专题党课。中央第九指导组副组长李萌出席。

13日　全市农村人居环境整治提升暨农村基础设施补短板工作推进会议召开。会议指出，农村人居环境整治是乡村振兴的一场硬仗，事关广大农民群众的获得感和幸福感。要认真贯彻落实党中央决策部署和省委、市委工作要求，全力以赴、攻坚克难，全面提升农村环境面貌，为打造乡村振兴齐鲁样板省会标杆、建设“强新优富美高”新时代社会主义现代化强省会做出积极贡献。

14日　市委常委会召开会议，学习贯彻习近平总书记在河北雄安新区考察并主持召开高标准高质量推进雄安新区建设座谈会时、在河北考察并主持召开深入推进京津冀协同发展座谈会时的重要讲话精神和给海军潜艇部队某艇员队全体官兵的回信精神，研究贯彻落实意见；研究统战工作等事项。会议学习了《中国共产党国有企业基层组织工作条例》，审议了《中共济南市委统一战线工作领导小组2023年工作要点》《济南市民族团结进步示范区示范单位命名管理办法》《济南市民族团结进步示范测评指标体系（试行）》等文件。

15日　市委书记刘强先后深入凤凰国际社区、黄金时代社区、燕子山社区调研城市基层党建引领基层治理工作。调研时他强调，要始终坚持党建引领，大兴调查研究之风，深入了解群众需求，切实解决群众关心关切问题，不断提升基层治理体系和治理能力现代化水平，努力让群众生活更美好、基层运转更高效、城市运行更安全有序。

17日　济南日报报道，近日，建设集团所属济南城建集团公司承建的济南市顺河快速路南延工程获评第二十届第一批中国土木工程詹天佑奖。

17日至18日　国家城乡社区嵌入式服务设施建设调研组到济南调研。

18日　市委副书记、市长于海田会见到访的德国前总理施罗德一行。

19日　济南市残疾人联合会第八次代表大会在市委党校会议中心召开。会议宣布了新当选的济南市残疾人联合会第八届主席团委员和济南市出席山东省残疾人联合会第八次代表大会的代表名单。通过《济南市残疾人联合会第八次代表大会关于第七届主席团工作报告的决议》。

19日　市委副书记、市长于海田主持召开市政府常务会议，研究市防汛抗旱应急预案、扶持星级饭店发展的若干措施等事项。会议听取了关于《济南市防汛抗旱应急预案》编制情况、《济南市扶持星级饭店发展的若干措施》起草情况、《济南市数字人民币试点工作实施方案》起草情况的汇报。

19日　市委副书记、市长于海田会见国家电投集团智慧能源投资有限公司（碳资产管理公司）董事长白利超一行。

19日　济南市召开深入推进抓党建促乡村振兴实施“万人下乡、千村提升”工程动员部署会议。会议通报了实施“万人下乡、千村提升”工程有关部署安排。

20日　山东中德技术转化与应用创新中心揭牌。市委副书记、市长于海田在山东大厦会见弗劳恩霍夫电子纳米系统研究所所长哈拉德·库恩一行，共同揭牌并见证相关签约。会见结束后，济南市人民政府、弗劳恩霍夫电子纳米系统研究所、德国海洋集团、济南高新区管委会共同签署《关于共建山东中德技术转化与应用创新中心的合作协议》，德国海洋集团、山东人才发展集团、山东省工业技术研究院共同签署《关于共建山东中德技术转化与应用创新中心运营公司的战略合作框架协议》。

21 日　市委常委会召开会议，学习贯彻习近平总书记在听取陕西省委和省政府工作汇报时的重要讲话精神，在中国—中亚峰会上的主旨讲话、对“鲁蓬远渔 028”船在印度洋中部海域倾覆做出的重要指示和给中国石油大学（北京）中亚留学生的复信精神，学习李强总理在山东调研时的讲话精神，研究贯彻落实意见；研究推进黄河流域生态保护和高质量发展等事项。会议审议了《济南市推动黄河流域生态保护和高质量发展 2023 年工作要点》等文件，审议了《济南市促进残疾人就业专项行动实施方案》。

22 日　民政部党组书记、部长唐登杰一行到济南调研养老服务工作。副省长王桂英，市委副书记、市长于海田参加活动。唐登杰先后先到山东济南养老服务中心、金龄老年公寓、济南善德养老院、海锦年长者公寓、历下区甸柳新村街道综合养老服务中心，察看养老服务、普惠养老、医养结合、社区康复室等情况。唐登杰对济南市养老服务工作给予充分肯定，并表示相关好经验、好做法要加大推广。

22 日　市行政审批服务局和市发展改革委联合申报的《济南市创新推行工程建设项目审批“联审联验”模式实现“承诺—践诺”闭环管理》获评“2023 年度全国信用承诺优秀案例”。

22 日至 29 日　市委书记刘强率济南市代表团访问韩国、日本，加强交流合作，深化友好交往，推动济南高水平对外开放，为“强新优富美高”新时代社会主义现代化强省会建设注入新动力。

23日至25日　济南市举行主题教育读书班。读书班第三专题围绕“深入学习贯彻习近平总书记关于调查研究、树立和践行正确政绩观的重要论述和对山东、对济南工作的重要指示要求”在市委党校（济南行政学院）进行集中学习研讨，推动学习贯彻习近平新时代中国特色社会主义思想走深走实。

24日　在德国汉堡举办的ISC2023高性能计算大会发布了最新IO500榜单，国家超级计算济南中心构建的验证性计算集群（Cheeloo-1），在10节点研究型榜单登顶夺冠，测试得分突破13万，继济南超算山河计算集群在ISC2022夺冠后，超越历史最佳纪录15倍，济南超算的存储力问鼎全球。

25日　“大交通大枢纽大平台”——2023济南·服务黄河流域高质量发展研讨会在济南举行。副省长范波，市委副书记、市长于海田出席并致辞。活动现场，介绍了《双循环格局下的大交通战略》，山东省港口集团有限公司各层面分别进行项目签约，发布了关于建立黄河流域现代物流工作协调推进机制的倡议。

26日　济南日报报道，济南量子技术研究院张强、王向斌、刘洋，与中国科学技术大学潘建伟，中国科学院上海微系统与信息技术研究所尤立星、张伟君等合作，实现了光纤中1002公里点对点远距离量子密钥分发，创下光纤无中继量子密钥分发距离新世界纪录，提供了城际量子通信高速率主干链路的方案。

26日　市委副书记、市长于海田主持召开市政府常务会议，研究2023年市级政府投资计划、城市轨道交通条例等事项。会议听取了关于《2023年市级政府投资计划》起草情况、《济南市行政审批与监督管理协同联动规定》审查情况、《济南市城市轨道交通条例》审查情况的汇报。会议还研究了其他事项。

26日　市政府党组理论学习中心组举行集体学习，全面深入学习贯彻习近平新时代中国特色社会主义思想，深入学习贯彻习近平总书记关于全面从严治党的重要论述，深入推进新时代党的建设新的伟大工程，以永远在路上的清醒推动全面从严治党向纵深发展，为加快建设“强新优富美高”新时代社会主义现代化强省会提供坚强保障。

26日　济南日报报道，近日，市民政局牵头印发《济南市因病致贫重病患者认定办法（试行）》，这是继出台低保、特困、临时救助办法后又一健全社会救助制度的重要举措。

26日　“2022全国十佳文物藏品修复项目推介活动”在浙江绍兴举行，由山东省文物保护修复中心自主实施的“山东长清灵岩寺千佛殿部分罗汉像保护修复项目（一期）”荣获“2022全国十佳文物藏品修复项目”。

27日　山东国舜绿建低碳和钢智能科技示范产业园项目正式建成开园。

5月29日至6月2日　2023港澳山东周活动在香港、澳门举行。市委副书记、市长于海田率济南市代表团参加系列招商活动。

30日　济南市—武隆区东西部协作党政联席会议召开，联席会议上，济南市与武隆区介绍了两地经济社会发展情况及东西部协作工作开展情况。双方就协作有关具体问题进行了深入交流讨论，进一步深化双方交流、推动东西部协作工作。

30日　市委书记刘强会见斯凯孚中国及东北亚区总裁王辉一行。

6月

1日　市委副书记、市长于海田到济南市景山小学、历下区景城幼儿园看望少年儿童，向全市广大少年儿童致以节日的祝福。

1日　市委书记刘强到市中心医院东院区调研儿童友好城市建设。刘强强调，少年儿童是国家的希望、城市的未来。要深入学习贯彻习近平总书记在北京育英学校考察时的重要讲话精神，营造良好社会氛围，提升城市软硬件水平，扎实推进儿童友好城市建设，努力创造有利于儿童全面发展的美好环境。

1日至2日　省委书记、新一代信息技术产业链省级链长林武，带头深入济南市、淄博市部分企业、研发机构调研。

2日　济南日报报道，近日，工业和信息化部公布《建议继续支持的国家级专精特新“小巨人”企业名单（第二批第二年）》，济南市康威通信技术股份有限公司、济南大陆机电股份有限公司、联暻半导体（山东）有限公司、山东山大电力技术股份有限公司、山东华软金盾软件股份有限公司、超越科技股份有限公司等6家企业入选。

3日　中国（济南）透明质酸产业大会在凯宾斯基酒店举行。市委书记刘强、副省长王桂英出席活动并见证有关签约，市委副书记、市长于海田，工业和信息化部消费品工业司司长何亚琼，国家药品监督管理局化妆品监管司司长李金菊，中国上市公司协会会长宋志平出席并致辞。活动现场对“世界透明质酸谷”项目进行了推介，发布了“6月3日为透明质酸健康日”的倡议，宣布“济南市医药创新服务中心”正式运行，揭牌成立“山东北方美谷化妆品研究院”。济南市人民政府与中国轻工业联合会签署了《共同培育透明质酸产业集群战略合作协议》。济南高新区与美国科医人等18家企业进行了重点项目集中签约。

3日　市委书记刘强会见前来参加中国（济南）透明质酸产业大会的韩亚证券株式会社副总裁任商秀一行。

4日　市委副书记、市长于海田会见到济南调研第七届全国残疾人职业技能大赛暨第四届全国残疾人展能节筹备情况的中国残联党组成员、副主席、副理事长程凯一行。

4日　市委副书记、市长于海田到长清区以“四不两直”方式检查高考准备工作，调研督导“三夏”生产工作。

5日　生态环境部、中央文明办、山东省政府在济南举行2023年六五环境日国家主场活动。生态环境部党组书记孙金龙、省委书记林武、中国作协党组书记张宏森出席开幕式并讲话；省委副书记、省长周乃翔致辞；省政协主席葛慧君出席。主题是“建设人与自然和谐共生的现代化”。活动揭晓了“美丽中国，我是行动者”系列先进典型名单（2023年百名最美生态环境志愿者、十佳公众参与案例、十佳环保设施开放单位），发布了《公民生态环境行为规范十条》。

5日　十二届市委全面依法治市委员会召开第一次会议，深入学习贯彻党的二十大精神，贯彻落实习近平法治思想，总结2022年全面依法治市工作，审议有关文件，安排部署下一步工作。会议传达了十二届省委全面依法治省委员会第一次会议精神，审议了《中共济南市委全面依法治市委员会2023年工作要点》《关于进一步加强法治济南建设的实施意见》《关于持续优化法治化营商环境的实施意见》《关于加强黄河流域生态保护和高质量发展法治保障的若干措施》等文件；听取了部分区和市直部门主要负责同志履行推进法治建设第一责任人职责情况报告。

5日　市委常委会召开会议，学习贯彻习近平总书记在中央政治局第五次集体学习时的重要讲话精神和二十届中央国家安全委员会第一次会议、二十届中央审计委员会第一次会议精神，学习贯彻习近平总书记在文化传承发展座谈会上、在北京育英学校考察时的重要讲话精神以及习近平总书记近期有关重要回信、贺信精神，研究贯彻落实意见；研究主题教育、夏季高考和初中学业水平考试等工作。会议听取了关于全市主题教育开展情况和下一步工作安排的汇报，听取了关于2023年夏季高考和初中学业水平考试准备情况的汇报。

6日　省委书记林武，省委副书记、省长周乃翔在济南市检查高考准备工作。

6日　济南市政府与中国农业银行股份有限公司签署战略合作协议。市委书记刘强在龙奥大厦会见了中国农业银行党委副书记、行长付万军一行，并共同见证相关签约。

6日　市委副书记、市长于海田到齐鲁制药集团有限公司为党员干部职工讲专题党课。

7日　全市双拥工作领导小组第五次全体（扩大）会议召开。会议深入学习贯彻党的二十大精神和习近平总书记关于双拥工作的重要论述，围绕巩固发展军政军民团结，总结工作、部署任务、压实责任，推动新时代全市双拥工作高质量发展。会上印发了《济南市争创全国双拥模范城实施方案》等文件。

7日　济南市创建全国法治政府建设示范市动员推进会议召开。会议学习贯彻党的二十大精神，深入践行习近平法治思想，对创建全国法治政府建设示范市、建设更高水平的法治济南进行动员部署，为加快建设“强新优富美高”新时代社会主义现代化强省会提供坚强法治保障。

8日　第一届城市碳达峰碳中和高端战略研讨会暨济南双碳模拟器发布会在济南召开，会上发布了全国首个城市双碳模拟器，该模拟器为城市绿色低碳高质量发展提供重要数值模拟技术平台，能为政府碳排放动态调控和产业优化升级管理提供科学支撑。

8日　市政府党组理论学习中心组举行集体学习。会议深入学习贯彻习近平总书记关于调查研究、树立和践行正确政绩观的重要论述和对山东、对济南工作的重要指示要求，系统把握调查研究的原则、方法和环节，深刻领会正确政绩观的内涵和要求，以实干担当创造经得起实践、人民、历史检验的实绩。

9日　市委副书记、市长于海田会见住友商事株式会社常务执行董事、东亚总代表、中国住友商事集团 CEO 有友晴彦一行。会见结束后，济南新旧动能转换起步区管委会与住友商事（中国）有限公司签署合作备忘录，双方将在氢能产业、环保基础设施等领域开展深入合作。

11 日至 13 日　济南市举行主题教育读书班。读书班第四专题围绕“正确理解和大力推进中国式现代化”，在市委党校（济南行政学院）进行集中学习研讨，推动学习贯彻习近平新时代中国特色社会主义思想主题教育走深走实。

12 日　济南首届“海右人才节”开幕，市委书记刘强，市委副书记、市长于海田，中国工程院院士、山东大学校长李术才出席。开幕式前，举行了“海右伯乐”院士座谈会。刘强、于海田与中国工程院院士赵振东、李兰娟等院士专家、高校代表，围绕人才培养等进行深入交流。

12 日　中国证监会印发《关于支持在济南市开展资本市场金融科技创新试点的函》，济南市成为继北京、上海、广州、深圳、南京之后，全国第 6 个获批开展资本市场金融科技创新试点的城市。这是继科创金融改革试验区、数字人民币试点之后，又一项在我市落地的国家级金融改革创新试点工作。

13 日　市委常委会召开会议，学习贯彻习近平总书记在内蒙古巴彦淖尔考察并主持召开加强荒漠化综合防治和推进“三北”等重点生态工程建设座谈会、在内蒙古考察、在内蒙古调研边境管控和边防部队建设情况时的重要讲话精神，致首届文化强国建设高峰论坛开幕的重要贺信精神，研究贯彻落实意见。会议学习了《中国共产党党和国家机关基层组织工作条例》。

14 日　市委书记刘强会见奥镁集团董事大卫·施拉夫、全球首席执行官博格斯一行。

14 日至 15 日　全市乡村振兴工作现场会举行。市委书记刘强出席会议并讲话，市委副书记、市长于海田主持，市人大常委会主任韩金峰、市政协主席雷杰、市委副书记杨峰出席。刘强强调，要紧紧抓住黄河重大国家战略、新旧动能转换、绿色低碳高质量发展先行区等重大机遇，统筹谋划、协同推进“五个振兴”，加快建设产业强、环境优、农民富、治理好的宜居宜业和美乡村。到 2025 年，力争全市粮食产能稳定在 60 亿斤，集体年收入 30 万元以下村基本清零，确保农民收入年均增幅始终快于城镇居民。

15 日　全市主题教育有关工作会议召开。会议深入学习贯彻习近平总书记关于主题教育的重要讲话和重要指示批示精神，贯彻落实中央关于主题教育整改整治工作部署，按照省委工作要求，对济南市主题教育专项整治工作做出安排。

15 日　《济南市人民政府中国建筑第八工程局有限公司合作协议》《济南新旧动能转换起步区中国建筑第八工程局有限公司合作协议》在龙奥大厦签署。市委书记刘强，市委副书记、市长于海田会见了中国建筑第八工程局有限公司党委书记、董事长周可璋和党委副书记、总经理章维成一行，并见证签约。

15 日　中国式现代化与济南高质量发展研讨会召开。这次研讨会旨在深入学习贯彻习近平新时代中国特色社会主义思想和党的二十大精神，邀请中央党校、中国社会科学院、山东大学、山东省宏观经济研究院等国内知名专家，结合国家、省、市重大发展战略，探讨中国式现代化的重大理论和实践问题，积极为建设“强新优富美高”新时代社会主义现代化强省会建言献策。

16 日　市委书记刘强到历下区指导区委常委会会议。刘强强调，历下区要深入贯彻落实党的二十大精神，解放思想、开拓创新，勇挑经济发展大梁，加快推动高质量发展，为“强新优富美高”新时代社会主义现代化强省会建设做出更大贡献。

16 日　市委副书记、市长于海田主持召开市政府常务会议，研究碳达峰工作方案、加快工业互联网创新发展实施“工赋泉城”行动计划等事项。会议听取了《关于贯彻鲁发〔2022〕18 号文件精神做好碳达峰碳中和工作责任分工方案》和《济南市碳达峰工作方案》编制情况的汇报，听取了《济南市加快工业互联网创新发展实施“工赋泉城”行动计划（2023—2025年）》《关于进一步加强公共场所人员聚集安全管理的措施》起草情况的汇报，听取了关于全省危险化学品安全生产专项督导帮扶工作动员部署会议精神及我市贯彻落实措施的汇报。

17日至18日　市委副书记、市长于海田率领济南市党政代表团赴重庆市武隆区，开展东西部协作互访交流。

18日　市委书记刘强到包挂联系的重点项目济南国际机场二期改扩建工程现场调研。刘强强调，要深入贯彻落实习近平总书记关于交通运输工作的重要论述，深入开展学习贯彻习近平新时代中国特色社会主义思想主题教育，全力以赴加快工程建设，打造精品工程、放心工程，确保早日建成投入使用，为经济社会高质量发展提供重要支撑。

19日　市委书记刘强调研工业互联网产业并召开工作座谈会。刘强强调，要深入贯彻习近平总书记关于加快工业互联网发展一系列重要指示精神，抢抓发展机遇，充分发挥优势，持续深化新一代信息技术赋能，加快工业互联网产业高质量发展。

20日　市委财经委员会召开第七次会议，分析当前经济运行情况，安排部署下一步经济工作。会议强调，做好当前和今后一个时期经济工作，要突出重点、抓住关键。要加大项目建设力度，推动消费市场加快恢复，巩固工业增长良好态势，提高财政保障能力，推动进出口加快回暖，提升县域发展水平，为全市经济发展做出更大贡献。

20日　市委书记刘强会见复星国际董事长郭广昌一行。

20日　市委副书记、市长于海田会见拉法基豪瑞集团副总裁级全球合作伙伴负责人刘利嘉、中财荃兴（山东）股权投资基金总裁马立强一行。

21日　市委常委会召开会议，学习贯彻习近平总书记致全球人权治理高端论坛、第十五届海峡论坛的重要贺信精神，研究贯彻落实意见；研究黄河保护法实施、碳达峰碳中和、主题教育、假期安全等工作。市委书记刘强主持会议并讲话。会议学习了《中华人民共和国黄河保护法》，审议了《关于贯彻鲁发〔2022〕18号文件精神做好碳达峰碳中和工作责任分工方案》《济南市碳达峰工作方案》，听取了关于全省主题教育工作推进会议精神及济南市贯彻落实意见的汇报。

21日　市委副书记、市长于海田会见步长集团董事局主席赵涛一行。

22日　市委书记刘强到济南二机床集团调研并指导督导主题教育工作开展情况。刘强强调，要扎实开展学习贯彻习近平新时代中国特色社会主义思想主题教育，坚持以党建为引领，深入推进数字化、绿色化、国际化，加快企业高质量发展，为加快建设“强新优富美高”新时代社会主义现代化强省会做出更大贡献。

22日　市委书记刘强会见墨西哥驻华大使施雅德一行。

22日　济南市安全生产委员会办公室、城镇燃气安全生产专业委员会办公室联合发布《关于进一步做好当前燃气安全管理工作的紧急通知》。

23日　济南市安全生产委员会办公室印发《济南市安全生产专项督导检查工作方案》。

24日　全市重点项目进展和新招引项目落地情况调度会议召开，对重点项目推进和新招引项目落地工作进行再调度再部署，进一步落实落细市委市政府“项目突破年”工作安排，推动项目建设提速加力、提质增效，为全市经济社会高质量发展提供坚实支撑。

25日　济南日报报道，近日，市委书记刘强到山东省地矿局调研。刘强强调，要深入贯彻习近平生态文明思想，贯彻落实习近平总书记给山东省地矿局第六地质大队全体地质工作者的重要回信精神，牢固树立绿水青山就是金山银山的理念，大力弘扬优良传统，为保障国家能源资源安全、推动经济社会高质量发展做出更大贡献。

25日　济南市委副书记、市长于海田赴临沂市开展协作帮扶对口合作暨市政府党组学习贯彻习近平新时代中国特色社会主义思想主题教育。

25日　市委书记、济南新旧动能转换起步区党工委书记刘强在起步区指导督导学习贯彻习近平新时代中国特色社会主义思想主题教育工作。他强调，要深入学习贯彻习近平总书记重要指示要求和党中央决策部署，全面落实省委工作要求，统筹抓好各项重点任务，推动主题教育取得扎实成效。

26日　省纪委监委召开乡村振兴领域不正之风和腐败问题专项整治暨农村集体“三资”管理监督工作推进会。省委常委、省纪委书记、省监委主任夏红民出席会议并讲话，省委常委、市委书记刘强出席并致辞，市委常委、市纪委书记、市监委主任杨光忠作典型发言。刘强在致辞时说，济南市将认真落实会议部署要求，认真学习借鉴兄弟市县的好经验好做法，以实施党建引领乡村治理十大行动为抓手，扎实开展不正之风和腐败问题专项整治，努力为打造乡村振兴齐鲁样板、建设新时代社会主义现代化强省做出新的更大贡献。

26日　市委书记刘强到济南职业学院指导督导学习贯彻习近平新时代中国特色社会主义思想主题教育开展工作。刘强强调，要深入学习贯彻习近平总书记重要指示要求，坚持学思用贯通、知信行统一，坚持目标导向、问题导向，以职业教育高质量发展成效检验主题教育成果。

27日　民政部党组书记、部长唐登杰一行到济南调研养老服务工作。

27日　市政府党组理论学习中心组举行集体学习，深入学习领会习近平总书记关于中国式现代化和推动高质量发展的重要论述、在文化传承发展座谈会上的重要讲话精神，研究贯彻落实意见。

27日　市委副书记、市长于海田主持召开市政府常务会议，研究“十四五”医疗卫生服务体系规划、深入实施质量强市战略三年行动计划等事项。会议听取了关于《济南市“十四五”医疗卫生服务体系规划》、关于深入实施质量强市战略三年行动计划编制的汇报。

27日　市委副书记、市长于海田到市发展改革委指导督导学习贯彻习近平新时代中国特色社会主义思想主题教育工作。于海田强调，要深入学习贯彻习近平总书记关于主题教育的重要讲话和重要指示批示精神，牢牢把握“学思想、强党性、重实践、建新功”总要求，以高度的政治自觉扎实推动主题教育走深走实，努力在以学铸魂、以学增智、以学正风、以学促干上见实效。

27日　市委副书记、市长于海田会见北京首都创业集团有限公司党委书记、董事长贺江川一行。

29日　市委副书记、市长于海田到天桥区调度包案信访事项化解工作，接待群众来访。

29日　市十八届人大常委会第九次会议闭幕。会议表决通过了济南市人民代表大会常务委员会关于批准济南市2023年市级预算调整方案的决议；表决通过了市政府、市监察委员会、市法院、市检察院提请的有关人事事项，决定任命李国祥为济南市人民政府副市长，韩金峰向本次会议任命人员颁发了任命书。会议期间，对市政府提交的《济南市城市轨道交通条例（草案）》《济南市行政审批与监督管理协同联动规定（草案）》进行了初次审议。

6月30日至7月9日　市委副书记、市长于海田率济南市代表团访问德国、瑞士、匈牙利，进一步密切友好往来，深入推进人文交流与经贸合作，全面推介展示济南良好形象，为“强新优富美高”新时代社会主义现代化强省会建设集聚国际新动能。访问期间，代表团与三国友城州长、市长和商协会、企业机构代表以及我驻外机构负责人深入交流，实地考察多家园区和企业，举办了多场产业对接会、合作恳谈会，签署11个合作协议、友好备忘录（意向书），济南国际“朋友圈”扩容纳新，多领域项目合作取得实质进展。

7 月

1 日　齐州黄河大桥一期工程正式开工。

3 日　交通运输部党组书记、部长李小鹏一行到济南调研。

3 日　市委书记刘强会见中交集团党委书记、董事长王彤宙一行。

3 日　市委常委会召开会议，学习贯彻 6 月 30 日中共中央政治局会议精神，习近平总书记在中共中央政治局第六次集体学习、同团中央新一届领导班子成员集体谈话时的重要讲话精神，对党的建设和组织工作、宁夏银川市兴庆区富洋烧烤店燃气爆炸事故做出的重要指示精神以及会见美国国务卿布林肯时的重要讲话精神，研究贯彻落实意见；研究推动绿色低碳高质量发展、建设质量强市等工作。会议传达学习全省绿色低碳高质量发展重点项目现场观摩工作会议精神，学习了《中国共产党机构编制工作条例》，审议了《关于深入实施质量强市战略　争创质量强国标杆城市的实施方案（2023—2025 年）》。

4 日至 8 日　市委副书记杨峰带队赴浙江、江苏考察学习乡村振兴、美丽乡村建设等工作。考察组一行详细了解当地在开展“千万工程”、推动融合共富和建设美丽乡村、数字乡村、未来乡村等方面的先进工作经验；到江苏省苏州市齐心村、朱浜村、计家墩村、金华村等地，考察基层组织联建、乡村产业融合发展、美丽乡村建设等经验做法。

5 日　市委书记刘强到落地济南的重点科研院所调研。座谈会上刘强指出，希望各院所机构坚定信心、扎根济南、加快发展，在科技创新、成果应用、产业转化等方面取得更大成绩。

5 日　市委书记刘强会见中国科学院生态环境研究中心主任、中国科学院院士朱永官一行。

6 日　山东省沿黄“1+9”公共资源交易平台合作组织在济南成立。

7 日　市委书记刘强会见中国中车党委书记、董事长孙永才一行。

7 日　市委书记刘强会见中国电信副总经理唐珂一行。

9 日　市委常委会召开会议，学习贯彻习近平总书记在江苏考察、在上海合作组织成员国元首理事会第二十三次会议、视察东部战区机关时的重要讲话精神以及对防汛救灾工作做出的重要指示精神，致中英贸易“破冰之旅”70 周年活动、第三届文明交流互鉴对话会暨首届世界汉学家大会的重要贺信精神和给南京审计大学审计专业硕士国际班留学生的重要回信精神，研究贯彻落实意见；研究市委法律顾问和法律专家库成员选聘、未成年人思想道德建设等工作。市委书记刘强主持会议并讲话。

11 日至 12 日　市委书记刘强率济南市党政代表团到西藏自治区日喀则市白朗县，深入贯彻习近平总书记关于西藏工作的重要指示精神和新时代党的治藏方略，学习感悟“老西藏精神”，落实鲁藏两省区工作座谈会部署，考察调研对口支援工作，推动对口支援工作进一步走深走实。

12 日　在西安举行的 2023 年“全国低碳日”主场活动现场发布了《国家低碳城市试点工作进展评估报告》。济南市在全国低碳城市试点评估中获得最高一档的“优良”等次。

13 日　以“互联互通互惠、共建共享共赢”为主题的中欧班列 · 山东省沿黄九市一体化发展大会暨首届山东省沿黄九市口岸联席会议在济南举行。副省长宋军继，市委副书记、市长于海田出席活动并致辞。会上，省内沿黄九市签订了《中欧班列 · 山东省沿黄九市口岸一体化发展战略合作协议》，山东高速国储物流有限公司与企业代表进行了签约；大会发布了“山东省沿黄九市中欧班列高质量发展”倡议；共同见证了中欧班列 · 山东省沿黄九市一体化发展首发专列发车仪式。

14 日　市委副书记、市长于海田主持召开市政府常务会议，研究加快服务业发展的若干措施、加强基层应急管理体系和能力建设等事项。会议听取了关于《济南市加快服务业发展的若干政策》《济南市创建“中国快递示范城市”促进快递业高质量发展三年行动方案（2023—2025年）》《济南市建设科创金融改革试验区加快现代金融产业发展若干扶持政策》《关于加强基层应急管理体系和能力建设的实施意见》起草情况的汇报。

14日　2023新能源电力圆桌会议暨新型能源体系研讨会在市中区举行。来自全国能源领域的业内专家和企业代表齐聚一堂，共同探讨“碳达峰、碳中和”目标下的新能源电力发展和新型能源体系建设，为促进能源绿色转型贡献智慧力量。

17日　全市党风廉政警示教育大会召开。会议深入学习贯彻习近平总书记关于党的建设的重要思想，贯彻落实全省党风廉政警示教育大会精神，深化以案为鉴、以案示警、以案明纪、以案促改，纵深推进全面从严治党，教育引导全市党员干部筑牢拒腐防变思想防线，营造风清气正良好政治生态。

19日　市委市政府召开数字济南建设重点突破大会。会议深入学习贯彻习近平总书记关于数字中国建设的重要论述和党的二十大战略部署，全面落实省委、省政府打造数字强省、智慧山东的工作部署，介绍数字济南建设工作框架，数字济南建设各工作专班分别汇报了数字机关、数字政府、数字经济、城市安全运行、数字社会、数字政务服务等工作情况，安排部署下一步重点工作。

20日　市委书记刘强在山东大厦与出席第三届中日产业创新发展交流大会暨2023日本（山东）进口商品博览会开幕式的住友商事株式会社常务执行董事、东亚总代表、中国住友商事集团CEO有友晴彦，丸红株式会社执行董事、中国总代表筱田聪夫等部分企业代表座谈。

20日　市委副书记、市长于海田在山东大厦分别会见前来参加第三届中日产业创新发展交流大会暨2023日本（山东）进口商品博览会的日本国驻青岛总领事馆首席领事吉田智久美和商务部投资促进事务局副局长于广生等重要嘉宾，并与AGC株式会社执行董事、AGC集团中国总代表上田敏裕举行会谈。

21日　市委副书记、市长于海田主持召开市政府常务会议，深入分析上半年全市经济社会发展形势，研究部署下一步工作任务。

21日　以“构建全栈自主创新能力、赋能数据要素可信流通”为主题的山东区块链研究院技术创新暨生态合作大会在济南召开。大会发布了山东区块链研究院最新成果，以全栈技术创新体系，凝聚产业生态之力，助推我国数据要素市场化建设。会上，国家商用密码检测机构正式揭牌，标志着济南市在商用密码检测领域走在了全国前列。

22日　市委副书记、市长于海田会见上海合作组织秘书处副秘书长尼亚扎利耶夫·努兰·萨德罗维奇一行，并共同见证相关签约。

23日　市委常委会召开会议，研究上半年全市经济社会发展形势，安排部署下半年工作。会议听取了市政府党组关于上半年全市经济社会发展形势及下一步工作建议的汇报，会议强调，做好下半年工作，要在抓投资、推动房地产市场平稳健康发展、推动工业链群式发展、恢复扩大消费、保障财政安全、强化金融支撑、做好外资外贸工作、民生兜底上下功夫，要充分认识经济普查的重要意义，推动第五次全国经济普查工作顺利开展。

23日　市信访工作联席会议召开2023年第二次会议。会议充分肯定了2023年以来全市信访工作取得的积极成效。会议强调，要坚持关口前移，切实做好源头预防工作。要坚持便捷高效，有效提升初访办理质效。要坚持标本兼治，扎实推进信访存量消减。要坚持底线思维，有效防范化解风险。要深化改革创新，持续提升信访工作智能化专业化水平。要加强组织领导，推动信访工作取得更好成效。

24日　市委常委会召开会议，学习贯彻习近平总书记在全国生态环境保护大会、中央全面深化改革委员会第二次会议、中央财经委员会第二次会议上的重要讲话精神，对网络安全和信息化工作、全军党的建设会议做出的重要指示精神，以及向全球共享发展行动论坛首届高级别会议致的重要贺信、给“科学与中国”院士专家代表的重要回信精神，研究贯彻落实意见；研究加快建设文化强市等工作。会议学习了《中共中央　国务院关于促进民营经济发展壮大的意见》《党委（党组）网络安全工作责任制实施办法》，审议了《关于加快建设文化强市的实施意见》。

24日　市委理论学习中心组举行集体学习。会上，传达学习了《造就万千美丽乡村　造福万千农民群众——浙江20年持之以恒实施“千万工程”经验案例》《真下真访民情　实心实意办事——“浦江经验”调研报告》。会议强调，要对标对表提升政治能力，深学细悟提升思维能力，知行合一提升实践能力，着力增强推动高质量发展、服务群众、防范化解风险的本领，加快建设“强新优富美高”新时代社会主义现代化强省会。

25日　市委市政府召开全市优秀企业和优秀企业家表彰大会。会上，宣读了《关于表彰济南市优秀企业和优秀企业家的决定》。市领导为优秀企业和优秀企业家代表颁奖。市委书记刘强强调，新时代催生新机遇，新任务需要新作为。要大力弘扬企业家精神，争做讲政治、有本事、敢担当、善创新的新时代企业家。

25日　市委市政府召开外资企业座谈会。会上，介绍了济南市经济社会发展情况，外资企业代表进行了现场发言，围绕加快项目建设、维护产业链供应链稳定、惠企政策、搭建合作交流平台、人才队伍建设等方面提出了意见建议。

25日　市委书记刘强，市委副书记、市长于海田会见国投集团党组书记、董事长付刚峰一行。

25日　市委书记刘强，市委副书记、市长于海田会见国网山东省电力公司董事长、党委书记王志伟和总经理、党委副书记钱平一行。

26日　市委书记刘强，市委副书记、市长于海田，市委副书记杨峰，到北部战区陆军、山东省军区、空军济南基地、武警山东省总队等驻济部队领导机关走访慰问。

26日　济南晶谷研究院正式揭牌。

27日　第三十一届全国图书交易博览会在山东国际会展中心开幕。省委副书记、省长周乃翔出席开幕式并致辞。省及济南市领导白玉刚、杨峰、戴龙成参加活动。

28日　济南市召开党外人士协商座谈会。会上，通报了全市上半年经济社会发展情况和下半年重点工作。

29日　受台风“杜苏芮”影响，济南市遭遇较强降雨，防汛形势严峻，市委书记刘强到一线察看城市防汛工作。

29日　市委副书记、市长于海田主持召开市政府常务会议，研究“一园十二坊”传统风貌区保护规划、病险塘坝保安全加固治理等事项。会议听取了关于《“一园十二坊”传统风貌区保护规划》编制情况的汇报，听取了《关于实施病险塘坝保安全加固治理工作的通知》起草情况的汇报。会议还研究了其他事项。

29日　济南市收听收看全省台风“杜苏芮”应对工作会议。随后，济南市接续召开台风“杜苏芮”应对工作会议，会商研判台风“杜苏芮”发展趋势，安排部署台风应对工作。

29日　历城二中女足勇夺第27届世界中学生足球锦标赛冠军，这也是中国球队时隔16年再次获得世界中学生足球锦标赛冠军。

31日　全市主题教育整改整治工作推进会召开。会议指出，深入推进整改整治工作，各部门单位要高度重视，以强烈的政治担当和坚决的斗争精神，推动整改整治工作走深走实，让广大群众真切感受到主题教育带来的显著变化。要高质量开好领导班子专题民主生活会和基层党组织组织生活会，对第一批主题教育的实效进行科学、客观评估，及早谋划部署第二批主题教育，确保第二批主题教育开好头、起好步。

8 月

1日　市委常委会召开会议，学习贯彻习近平总书记在7月24日中共中央政治局会议、党外人士座谈会、中共中央政治局第七次集体学习、四川考察时的重要讲话精神和在成都第三十一届世界大学生夏季运动会开幕式欢迎宴会上的重要致辞、给香港培侨中学学生的重要回信、“八一”前夕视察西部战区空军时的重要讲话、给“模范空降兵连”全体官兵的重要回信精神，研究贯彻落实意见；研究审议有关工作事项。会议学习了《中国共产党党组工作条例》，传达学习中共山东省委十二届四次全体会议精神。会议听取了市委常委会、市纪委监委、市人大常委会党组、市政府党组、市政协党组、市法院党组、市检察院党组、市委市直机关工委、市委教育工委、市国资委党委和市委常委同志关于履行全面从严治党责任情况的汇报，听取了市纪委监委、市人大常委会党组、市政府党组、市政协党组、市法院党组、市检察院党组关于2023年上半年工作情况的汇报。

2日　省委书记林武到济南市钢城区、莱芜区，调研工业产业绿色转型升级发展情况。林武强调，要深入贯彻落实习近平总书记重要指示要求，把发展经济的着力点放在实体经济上，加快产业转型升级，协同推进降碳、减污、扩绿、增长，不断增强产业核心竞争力，推动绿色低碳高质量发展。

3日　中国共产党济南市第十二届委员会第三次全体会议举行。全会由市委常委会主持。市委书记刘强作了讲话。全会听取和讨论了刘强同志受市委常委会委托作的工作报告，审议了《关于全市深入开展学习贯彻习近平新时代中国特色社会主义思想主题教育工作情况的报告》。全会充分肯定了今年以来市委常委会的工作。全会强调，要深入学习贯彻习近平总书记关于主题教育重要讲话和重要指示批示精神，扎实做好主题教育各项工作，确保取得更大成效。全会号召，全市各级党组织和广大党员干部要更加紧密地团结在以习近平同志为核心的党中央周围，深入开展学习贯彻习近平新时代中国特色社会主义思想主题教育，坚定信心、苦干实干，为加快建设“强新优富美高”新时代社会主义现代化强省会做出新的更大贡献！

4日　十二届市委审计委员会召开第四次会议，传达学习二十届中央审计委员会第一次会议、十二届省委审计委员会第三次会议精神，研究审议相关审计报告和文件，安排部署下一步重点工作。

4日　市委副书记、市长于海田主持召开市政府常务会议，研究2022年市级决算和2023年上半年预算执行情况、职能部门做好生态环境保护工作等事项。会议听取了关于济南市2022年市级决算和2023年上半年预算执行情况的汇报。会议听取了关于《济南市推动职能部门做好生态环境保护工作的实施方案》起草情况的汇报。会议听取了全市未成年人思想道德建设工作情况的汇报。会议还研究了其他事项。

5日　市委常委会召开会议，学习贯彻习近平总书记对防汛救灾工作做出的重要指示精神、向中巴经济走廊启动十周年庆祝活动致的重要贺信精神，研究贯彻落实意见；研究审议有关工作事项。会议学习了《中华人民共和国环境保护法》，传达学习了省委书记林武在济南调研时的讲话精神，研究贯彻落实意见，审议了《济南市推动职能部门做好生态环境保护工作的实施方案》，审议了《济南市2022年市级决算和2023年上半年预算执行情况的报告》。

7日至9日　市委书记刘强先后到济南城市投资集团、济南城市建设集团、济南产业发展投资集团、济南城市发展集团、济南轨道交通集团、济南能源集团等部分市属企业调研。刘强强调，要深入学习贯彻习近平总书记关于国有企业改革发展和党的建设的重要论述，深入开展主题教育，贯彻新发展理念，持续提升企业管理水平和综合竞争力，为加快建设“强新优富美高”

新时代社会主义现代化强省会做出更大贡献。

8日　市委副书记杨峰到起步区、济阳区、商河县巡河督导防汛及河湖长制工作。

9日　2023对话泉城·济南国际商协会产业对话开幕。市委副书记、市长于海田，山东省贸促会会长孟向东出席并致辞。柬埔寨王国驻济南总领事馆总领事山索峰、老挝人民民主共和国驻华大使馆经济与商务参赞宽赞·燕素提、印度尼西亚共和国驻华大使馆教育文化参赞李健、马来西亚驻沪总领事馆投资处投资领事詹盛福、泰王国驻青岛总领事馆商务处商务领事陈妮达分别致辞。开幕式上，签署了8项国际合作协议，商务部国际贸易经济合作研究院亚洲所所长宋志勇、中国泰国商会副会长兼秘书长庄派吉作主旨演讲。开幕式后，举行了国际商协会产业对话，在分会场同期举办RCEP数字贸易产教融合会议暨济南市新一代信息技术产教融合共同体成立大会。本次大会还举行了济南—RCEP区域经贸合作洽谈会，组织参会嘉宾开展企业考察交流活动。

10日　市委书记刘强调研12345市民服务热线及企业直通车工作。

10日　济南市市中区政府与科大讯飞股份有限公司在龙奥大厦签署战略合作协议。市委书记刘强和市委副书记、市长于海田会见科大讯飞股份有限公司创始人、董事长刘庆峰一行，并共同见证签约。

10日　2023济南生物医药与大健康产业研讨会在雪野湖国际会议中心举行。市委副书记、市长于海田出席。山东省人民政府驻上海办事处党委书记、主任张义英，上海证券报社党委书记、董事长叶国标分别致辞。中国科学院院士陈凯先，中国工程院院士、上海交通大学党委常委、副校长，上海交通大学医学院党委副书记、院长范先群，上海医药集团股份有限公司董事长周军，海通证券股份有限公司总经理李军，山东力诺特种玻璃股份有限公司总经理杨中辰作主旨演讲；山东省委党校与上海证券报社签订合作协议。

11 日　省委书记林武到济南高新区、平阴县，深入科研院所、企业、乡村等调研。

11 日　市政府党组理论学习中心组举行集体学习，深入学习贯彻习近平新时代中国特色社会主义思想。会议还学习了《真下真访民情　实心实意办事——“浦江经验”调研报告》。

11 日　市委副书记、市长于海田主持召开市政府常务会议，研究支持新能源汽车产业高质量发展和推广应用、促进会展业发展等事项。会议听取了《关于济南市 2022 年度市级预算执行和其他财政收支情况的审计结果报告》有关情况的汇报，听取了关于《济南市支持新能源汽车产业高质量发展和推广应用行动计划（2023—2025 年）》起草情况的汇报，听取了有关促进会展业发展措施起草情况的汇报，听取了关于《济南市人工影响天气安全管理规定（草案）》审查情况的汇报。

14 日　市委市政府召开全市第五次全国经济普查培训动员大会。市委书记刘强出席并讲话，市委副书记、市长于海田主持。刘强强调，做好五经普工作，要抓好单位清查阶段、普查登记阶段“两个关键”，摸清单位底数、填好普查数据，确保普查工作有序推进。于海田就贯彻会议精神强调，各级要提高站位、统一思想，聚焦重点、精准发力，加强领导、完善保障，扎实做好五经普工作的组织实施。

15 日　市委常委会召开会议，学习贯彻习近平总书记在二十届中央财经委员会第二次会议上关于加强耕地保护和盐碱地综合改造利用的重要讲话精神，研究贯彻落实意见。会议学习了《中华人民共和国土地管理法》，强调要提高政治站位，坚决扛牢土地管理和耕地保护重大责任。

15 日　市委理论学习中心组举行集体学习，按照党中央关于在学习贯彻习近平新时代中国特色社会主义思想主题教育中开好专题民主生活会的部署要求，聚焦学习贯彻习近平新时代中国特色社会主义思想主题，深入学习领会习近平总书记关于党的建设的重要思想、关于严肃党内政治生活的重要讲话等一系列重要讲话、重要论述和党内法规，进一步统一思想、深化认识，为开好专题民主生活会打牢思想和理论基础。

15 日　济南高新区和山东新希望六和集团有限公司在舜耕山庄签署战略合作协议。市委书记刘强和市委副书记、市长于海田会见新希望集团有限公司董事长刘永好一行，并共同见证签约。

16 日　市委书记刘强，市委副书记、市长于海田会见山东省地质矿产勘查开发局党委书记、局长张晓海一行，并共同见证济南市政府与山东省地质矿产勘查开发局签署战略合作协议。

17 日　市人大常委会党组理论学习中心组开展主题教育专题民主生活会会前集中学习研讨。会议深入学习了习近平总书记关于党的建设的重要思想、关于严肃党内政治生活的重要讲话等一系列重要讲话、重要论述和党内法规。会议还学习了习近平总书记在首个全国生态日之际做出的重要指示精神；研究确定了市十八届人大常委会第十次会议有关内容。

18 日　市委常委会召开会议，学习贯彻 8 月 17 日中共中央政治局常务委员会会议精神、习近平总书记在首个全国生态日之际做出的重要指示精神，研究贯彻落实意见。会议学习了《中华人民共和国数据安全法》。

18 日　市委副书记、市长于海田主持召开市政府常务会议，研究美丽幸福河湖规划设计、农村供水保障等事项，会议听取《关于美丽幸福河湖规划设计有关情况的汇报》。会议听取《关于做好农村供水保障工作有关情况的汇报》。会议还研究了其他事项。

21 日　全国政协原副秘书长、中国人民政协理论研究会副会长刘佳义到济南市调研。市政协主席雷杰参加活动。刘佳义对济南市政协工作特别是“商量”平台建设和委员联系界别群众工作给予充分肯定。

22 日　市委财经委员会第八次会议召开，分析当前经济运行情况，安排部署下一步经济工作。会议听取了当前经济运行情况、存在问题及下一步工作措施的汇报。

22日 市委书记刘强会见新加坡交通部代部长兼财政部高级政务部长徐芳达一行。

22日 济南市政府与中国太平洋保险（集团）股份有限公司签署战略合作协议。市委书记刘强和市委副书记、市长于海田会见中国太平洋保险（集团）股份有限公司董事长孔庆伟一行。活动中，济南银丰鸿福置业有限公司与太平洋医疗健康管理有限公司签署战略合作协议。

23日 市委常委会召开学习贯彻习近平新时代中国特色社会主义思想主题教育专题民主生活会。

24日 济南市法学会第六次会员代表大会召开。大会审议通过了市法学会第五届理事会工作报告，选举产生了第六届理事会及其领导机构。

24日 中国科学院济南科创城科技成果转化项目路演暨资本对接活动举行。活动现场，发布了5项中科系重大技术成果，2组重大项目进行签约，举行了济南市科技金融创新基地启动仪式。

24日 市十八届人大常委会举行第十次会议，会议表决通过了济南市人民代表大会常务委员会关于批准济南市2022年市级决算的决议；表决通过了《济南市城市轨道交通条例》《济南市行政审批与监督管理协同联动规定》，会后报省人大常委会批准；表决通过了有关人事事项。

24日 黄河流域（国家级产业园）人力资源服务业高质量发展促进大会中国济南人力资源服务产业园CBD园区开园仪式在历下区举行。人社部人力资源流动管理司副司长孙晓丽，省人力资源和社会保障厅党组书记、厅长张涛，省人力资源和社会保障厅党组成员、副厅长、一级巡视员周春艳，副市长韩伟，历下区委书记杨传军，副区长王若曦出席活动。

25日 全市农村供水保障工作会议召开。会议指出，农村供水保障工作是一项重要的民生工程，也是巩固拓展脱贫攻坚成果、全面推进乡村振兴的重要内容。要提高站位、深化认识，进一步增强做好农村供水保障工作的责任感、使命感、紧迫感，始终站稳人民立场，全力推动农村供水高质量发展，为“强新优富美高”新时代社会主义现代化强省会建设做出应有贡献。

26日　市委书记刘强会见步长（香港）控股有限公司董事局主席赵涛一行。

28日　市委常委会召开会议，学习贯彻习近平总书记在听取新疆维吾尔自治区党委和政府、新疆生产建设兵团工作汇报和金砖国家领导人第十五次会晤、“金砖+”领导人对话会上的重要讲话精神，在2023年金砖国家工商论坛闭幕式上的致辞、在中非领导人对话会上的主旨讲话精神，研究贯彻落实意见；研究审议有关工作事项。会议学习了《中国共产党工作机关条例（试行）》，会议还听取了关于全省组织工作会议精神及我市贯彻落实意见的汇报。

29日　工业和信息化部副部长辛国斌一行到济南调研工业经济运行情况。副省长周立伟，市委副书记、市长于海田参加活动。辛国斌指出，要落实落细稳经济“一揽子”政策和接续政策措施，全力促进工业经济平稳增长。要着力推动工业技改提级增效，加快制造业数字化智能化升级。

30日　全市组织工作会议召开。市委书记刘强出席并讲话，市委副书记杨峰主持。会上，传达了习近平总书记关于党的建设和组织工作的重要指示，以及全国、全省组织工作会议精神。刘强强调，当前，全市上下正全面贯彻党的二十大精神，加快建设“强新优富美高”新时代社会主义现代化强省会。做好党的建设和组织工作，要深入学习贯彻习近平总书记关于党的建设的重要思想，扎实推进主题教育，加强党员干部理论武装，用党的创新理论凝心铸魂。

30日　市政协组织政协委员、专家学者及相关部门负责人围绕“挖掘乡

村特色资源　力促乡村旅游提质升级”到莱芜区开展现场商量。

31 日　市委书记刘强参加所在市委常委会办公室党支部学习贯彻习近平新时代中国特色社会主义思想主题教育专题组织生活会，与支部党员一起，深入检视剖析问题，开展批评和自我批评，推动主题教育成效进一步转化为实干实效。

31 日　市委副书记、市长于海田参加所在市政府办公厅会议活动办公室党支部学习贯彻习近平新时代中国特色社会主义思想主题教育专题组织生活会，与支部党员谈心交流，深入检视剖析问题，开展批评和自我批评，以实干实效实绩推动主题教育走深走实。

9 月

1 日　市委副书记、市长于海田主持召开市政府常务会议，研究稳定和扩大就业、安全生产工作督查激励等事项。会议听取了关于《济南市稳定和扩大就业促进经济社会高质量发展的实施方案》起草情况的汇报。会议听取了关于《济南市安全生产工作督查激励实施办法》起草情况的汇报。会议还研究了其他事项。

1 日　济南市政府与中国光大银行股份有限公司签署战略合作协议。市委书记刘强和市委副书记、市长于海田在龙奥大厦会见了中国光大银行股份有限公司党委副书记、执行董事、行长王志恒一行，并共同见证签约。

2 日　济南市、山东大学校地战略合作座谈会召开。

4 日　市委常委会召开会议，学习贯彻 8 月 31 日中央政治局会议精神，习近平总书记向 2023 年中国国际服务贸易交易会全球服务贸易峰会的致辞、祝贺国防科技大学建校 70 周年致的贺信、勉励安徽省潜山野寨中学新考取军校的同学们以及中国航发黎明发动机装配厂“李志强班”职工的回信精神，研究贯彻落实意见。会议审议了《济南市新就业形态高层次人才分类认定办法（试行）》《济南市哲学社会科学、文化艺术和体育高层次人才分类认定办法（试行）》。会议传达学习了习近平总书记对四川凉山州金阳县山洪灾害做出的重要指示精神和全国两起重特大事故调查报告及相关问责情况，学习了《中华人民共和国安全生产法》，听取了1—8月份全市安全生产工作情况汇报。会议传达学习了全省数字经济高质量发展工作会议精神。

4日　“传承红色基因·谱写时代新篇”——济南黄河红色文化展在龙奥大厦举行。本次文化展作为专题展示济南黄河人文历史与红色基因的展览，在全市尚属首次。

4日　济南市召开“四进”强省会工作会议，市委书记刘强出席并讲话，市委常委、秘书长李国强总结第一批市“四进”强省会工作，省派驻济南市“四进”工作总队队长王光出席。刘强强调，当前，推动强省会建设目标任务落实，需要更加注重摸实情、办实事、求实效。要明确“四进”强省会工作队的工作职责，配合服务好省派驻“四进”工作队工作，抓好省派驻“四进”工作队反馈问题整改，督促基层落实好全市重点任务。

5日　全市城市更新暨城中村改造工作推进大会召开。市委书记刘强出席并讲话，市委副书记、市长于海田主持，市人大常委会主任韩金峰、市政协主席雷杰出席，省住房城乡建设厅厅长王玉志出席并讲话。会上，观看了全市城市更新工作专题片，传达了国务院城中村改造工作部署电视电话会议精神。刘强指出，全市各级要以更高站位、更实举措、更强合力推进城市更新各项工作，不断提升城市人居环境质量、人民生活品质和城市竞争力。

5日　市委理论学习中心组举行集体学习会，邀请省委依法治省办成员，省司法厅党委委员、副厅长田秀娟作辅导报告。市委书记刘强主持并讲话，市委副书记、市长于海田，市人大常委会主任韩金峰，市政协主席雷杰，市委副书记杨峰和市委常委出席。

6日 市委市政府召开全市庆祝教师节表彰大会，表彰全市中小学（幼儿园）先进集体和个人。会上，宣读了《关于命名泉城教育人才的决定》《关于表彰教育系统先进集体和先进个人的决定》。

6日 济南市委党校（济南行政学院）、济南市社会主义学院2023年秋季开学典礼举行。市委副书记、市长于海田出席，并围绕“坚持以学铸魂、以学增智、以学正风、以学促干，奋力开创‘强新优富美高’新时代社会主义现代化强省会建设新局面”主题进行开班授课。

7日 市委书记刘强到自贸试验区济南片区和济南综保区调研。刘强指出，要坚持问题导向，持续深化制度创新，提升对全市产业发展的支撑、辐射、带动能力。要拉升标杆、提高标准，对标对表、争先进位，推动自贸试验区济南片区、济南综保区高质量发展。

7日 市委副书记、市长于海田主持召开市政府常务会议，研究政府规章立法、第三轮禁毒人民战争（2023—2025年）实施方案等事项。会议听取了关于《济南市消防安全宣传教育规定》等3件政府规章草案立法情况的汇报。会议听取了关于《全市第三轮禁毒人民战争（2023—2025年）实施方案》起草情况的汇报。会议还研究了其他事项。

7日 市委副书记、市长于海田到莱芜莱新铁矿有限责任公司督导检查矿山企业安全生产工作及“审计式”监督检查服务开展落实情况。

7日 市委副书记杨峰到钢城区、莱芜区、章丘区调研乡村振兴工作。

7日 市委副书记、市长于海田会见重庆市武隆区委副书记、区长左军一行。

8日 市委主题教育领导小组第五次会议暨市级专项整治工作推进会议召开。会议深入学习贯彻习近平总书记关于主题教育重要讲话和重要指示批示精神，按照中央主题教育整改整治工作推进会部署、省委主题教育领导小组有关要求，持续深入推进专项整治工作。

10日　市委常委会召开会议，学习贯彻习近平总书记在黑龙江考察、主持召开新时代推动东北全面振兴座谈会、会见红十字国际委员会主席斯波利亚里茨时的重要讲话精神，向2023中国国际智能产业博览会、第十届中国—中亚合作论坛、第十次上海合作组织成员国司法部长会议致的贺信以及向全国优秀教师代表的致信精神，研究贯彻落实意见；研究审议有关工作事项。会议学习了《中国共产党党员权利保障条例》。会议审议了《济南市优化营商环境创新提升行动实施方案》。会议听取了关于中央、省委学习贯彻习近平新时代中国特色社会主义思想主题教育第一批总结暨第二批部署会议精神及我市贯彻落实意见的汇报，审议了《关于开展全市第二批学习贯彻习近平新时代中国特色社会主义思想主题教育的实施方案》。

12日　名优民企助力济南高质量发展合作推介会在南郊宾馆举行。中央统战部副部长，全国工商联党组书记、常务副主席徐乐江，全国工商联副主席安立佳，济南市委书记刘强，山东省副省长周立伟，辽宁省政协副主席、省工商联主席赵延庆，中国民间商会副会长李湘平、夏华出席。全国工商联直属商会代表与济南新旧动能转换起步区签约，38个民营企业合作项目签约。

13日　全国政协副主席、全国工商联主席高云龙一行到济南新旧动能转换起步区考察。

13日　市委书记刘强到济南新旧动能转换起步区和部分省级以上开发区调研。刘强在调研中指出，近年来我市深入实施工业强市战略，工业实力显著增强，要一以贯之坚持工业强市不动摇，进一步拉高标杆，充分发挥开发区平台作用，强化招商引资，持续优化服务，吸引更多大项目、好项目落地，助推更多企业壮大实力规模，推动工业经济不断迈上新台阶。孙斌、李国强参加有关活动。

14日　济南市学习贯彻习近平新时代中国特色社会主义思想主题教育

第一批总结暨第二批部署会议召开。会议指出，主题教育开展以来，按照中央统一部署和省委工作要求，在中央第九巡回指导组和省委第一巡回指导组的精心指导下，市委坚定扛牢主体责任，牢牢把握主题教育总要求和目标任务，一体推进各项重点措施，在以学铸魂、以学增智、以学正风、以学促干上取得了扎实成效。

15日　市委常委会召开会议，学习贯彻习近平总书记对新时代办公厅工作做出的重要指示精神，在视察78集团军时的重要讲话精神，向2023年浦江创新论坛、北京文化论坛致的贺信精神和给红其拉甫海关全体关员的回信精神，研究贯彻落实意见；研究审议有关工作事项。会议学习了《地方党政领导干部食品安全责任制规定》，听取了关于济南新旧动能转换起步区道路命名有关情况的汇报。

18日　市委财经委员会第九次会议召开。会议听取了当前经济运行情况及下一步工作措施的汇报。

18日　市委书记刘强接待群众来访。刘强察看了市信访信息一体化中心，听取数字信访建设及“泉城帮办·随访连线”运行情况汇报。随后，刘强接待来访群众。刘强指出，信访工作事关群众切身利益，事关社会和谐稳定。各级党员干部要始终坚持以人民为中心的发展思想，坚持事要解决，设身处地为群众着想，用心用情解决群众急难愁盼问题，不断提升群众获得感、幸福感、安全感。

19日　市委书记刘强到部分省级以上开发区调研。刘强要求加快项目建设进度，鼓励企业延伸产业领域，尽快做大做强。

20日　市委书记刘强调研秋收生产和部分省级以上开发区。

20日　市委副书记、市长、市总河长于海田到黄河平阴县段开展巡河调研工作。于海田指出，要守牢黄河生态保护底线红线，持续加强生态保护治理，强化河道岸线管理保护，常态化推进“清四乱”工作，坚决筑牢黄河流域济南段生态安全屏障。

21日　济南警备区党委第一书记现场办公会召开。市委书记、济南警备区党委第一书记刘强主持会议并讲话。会前，刘强到历下区姚家街道武装部、历下区人武部，察看武装部建设、国防教育展馆建设等情况，听取人武部工作情况汇报。

21日　市政协组织部分省市政协委员和专家学者赴济南高新区围绕“推动绿色低碳高质量发展”开展专题调研。

21日至22日　济南市举办乡村振兴重点工作培训班。市委副书记杨峰出席会议并讲话。杨峰就做好乡村振兴各项工作进行安排部署，强调要全力推动“万人下乡、千村提升”工程走深走实，推动示范片区建设提标提质，推动村庄优化集成先行先试，推动农民和集体经济增收增利，推动重点项目建设加力加速，推动乡村振兴考核争先争优，推动乡村振兴工作责任落细落实。

22日　2023中德（欧）中小企业交流合作大会在济南开幕。德国前总统、全球中小企业联盟全球主席克里斯蒂安·武尔夫、工业和信息化部副部长徐晓兰视频致辞，市委书记刘强出席并致辞，市委副书记、市长于海田出席。会上，中德（济南）中小企业合作区对德（欧）合作全面提升规划（2023—2027）；“巴登符腾堡州山东民营中小企业海外赋能中心”“中意创意设计中心”正式揭牌，14个中德（欧）重大投资合作项目、7个中德（欧）产业链链主企业与中小企业合作项目分别签约。

22日　市委书记刘强会见中国机械工业集团党委副书记、总经理罗乾宜一行。

25日　市委书记刘强会见吉尔吉斯斯坦副总理埃迪尔拜萨洛夫一行。

25日　2023济南国际友城推介会在南郊宾馆举行。现场还举行了济南市人民政府英文网站（新版）暨国际友城之窗专栏上线仪式，发布了《友城交流济南倡议》。

25日　市委副书记、市长于海田主持召开市政府常务会议，研究城市建筑垃圾管理、重污染天气应急预案等事项。会议听取了关于《济南市城市建筑垃圾管理条例（修订草案）》审查情况的汇报。会议听取了关于《济南市重污染天气应急预案》修订情况的汇报。会议听取了关于《济南市餐饮场所瓶装液化石油气转换管道天然气工作实施方案》起草情况的汇报。会议还研究了其他事项。

26日　济南市妇女第十五次代表大会开幕。会议强调，全市广大妇女要勇担时代使命，始终坚定听党话、跟党走的信念信心，在推动高质量发展中建功立业，自觉践行和弘扬新时代文明风尚，更加自尊、自信、自立、自强，以奋发有为、自强不息的奋斗姿态，在强省会建设征程中展现巾帼风采。

27日　市政协召开十五届九次常委会会议，围绕“数字赋能民营经济发展”进行专题议政。

28日　市委常委会召开会议，学习贯彻习近平总书记在9月27日中共中央政治局会议、中共中央政治局第八次集体学习时的重要讲话精神，在浙江考察和返京途中在山东枣庄考察时的重要讲话精神，就推进新型工业化、深入推进自由贸易试验区建设和在第六个“中国农民丰收节”到来之际做出的重要指示精神，在杭州第十九届亚洲运动会开幕式欢迎宴会上的致辞精神和向全球可持续交通高峰论坛、中欧班列国际合作论坛致的贺信精神，研究贯彻落实意见。会议学习了《中华人民共和国中小企业促进法》。

28日　资本赋能产业生态高质量发展论坛暨济南国际医学中心项目签约仪式在绿地美利亚会议厅举行。

10月

1日　省委常委、政法委书记李猛到济南督导检查节日期间维护社会稳定工作，并看望慰问一线干警。

1日　经过近6年打造的章丘明水古城国际泉水旅游度假区正式运营。这一项目是山东省、济南市两级重点项目，省级文化产业重点项目，新旧动能转换优选项目。该区立足泉水文化、清照文化、儒商文化、铁匠文化等元素，总占地面积2406亩，建筑面积80万平方米，投资80亿元，与浙江乌镇景区陈向宏团队合作，由章丘明水古城旅游发展有限公司负责建设开发。

7日　市委书记刘强调研数字济南建设并召开工作座谈会。刘强强调，要牢牢把握数字济南建设“重点突破年”任务要求，坚持目标导向和问题导向相结合，加快工作推进，不断拓展数字化应用场景，推动数字济南建设走深走实。

8日　济南市科学技术协会第十次代表大会召开。会议通过了《济南市科学技术协会第十次代表大会关于第九届委员会工作报告的决议》，宣布了济南市科学技术协会第十届委员会主席、副主席、常务委员名单。

8日　市委常委会召开会议，学习贯彻习近平总书记在庆祝中华人民共和国成立74周年招待会上的重要讲话精神，对妇女儿童工作做出的重要指示精神，勉励中国人民公安大学在读英烈子女的重要回信精神，研究贯彻落实意见；研究审议有关工作事项。会议学习了《中国共产党问责条例》，听取了关于全市主题教育开展情况和下一步工作安排的汇报。

8日　市委书记刘强会见济南市第19届亚运会夺冠运动员、教练员代表。

8日　省委常委、组织部部长，省委主题教育领导小组副组长、办公室主任王宇燕到济南调研第二批主题教育工作。

9日　济南市数字教研中心在济南市教育教学研究院揭牌成立，这是国内首个区域级教育大数据服务机构。

12日　省委副书记、省长周乃翔在济南调研“三秋”生产工作。他强调，要深入贯彻落实习近平总书记关于“三农”工作的重要论述，坚决扛牢农业大省、粮食大省责任，稳扎稳打、踏踏实实，全力抓好“三秋”生产各项工作，为保障国家粮食安全做出应有贡献。

15日　市委副书记、市长于海田主持召开市政府常务会议，研究《济南市国民经济和社会发展第十四个五年规划和二〇三五年远景目标纲要》实施情况中期评估等事项。会议听取了关于《济南市国民经济和社会发展第十四个五年规划和二〇三五年远景目标纲要》实施情况中期评估的汇报，听取了关于《推进新型工业化加快建设工业强市三年行动计划（2023—2025年）》起草情况、《2022年财政重点绩效评价问题整改和2023年财政重点绩效评价情况的报告》起草情况的汇报。会议还研究了其他事项。

16日　济南日报报道，近日，市政府办公厅印发了《济南市重污染天气应急预案》。

15日至16日　第三届（2023）兽药原料发展大会暨第二届全面推进乡村振兴和黄河流域生态保护畜牧业发展论坛在南郊宾馆举行。

16日　市委副书记、市长于海田会见塞尔维亚诺维萨德市市长米兰·杜里奇一行。

18日至20日　市十八届人大常委会举行第十一次会议，会议表决通过了《济南市人民代表大会常务委员会关于加强对市政府民生实事项目实行人大代表票决制工作的决定》《济南市人工影响天气安全管理规定》，表决通过了济南市第十八届人民代表大会常务委员会代表资格审查委员会关于个别代表的代表资格的报告；表决通过了市政府、市法院、市检察院提请的有关人事事项。

19日　市委副书记、市长于海田主持召开市政府常务会议，研究公共数据授权运营、水平衡测试管理等事项。会议听取了关于《济南市公共数据授权运营办法（草案）》审查情况的汇报，听取了关于《济南市水平衡测试管理办法》《济南市排污权有偿使用和交易工作试点暂行办法》起草情况的汇报。会议还研究了其他事项。

19日　市委副书记、市长于海田会见西班牙驻华大使德斯卡亚一行。

20日　市委副书记、市长于海田主持召开市政府常务会议，研究分析前三季度全市经济社会发展形势，安排部署下一步工作任务。

23日　市委常委会召开会议，学习贯彻习近平总书记对宣传思想文化工作做出的重要指示和全国宣传思想文化工作会议精神，学习贯彻习近平总书记在进一步推动长江经济带高质量发展座谈会、在江西考察时的重要讲话精神以及在第三届“一带一路”国际合作高峰论坛开幕式上的主旨演讲、致欧美同学会成立110周年贺信精神，研究贯彻落实意见；研究前三季度全市经济社会发展形势，审议有关工作事项。会议学习了《中华人民共和国预算法》，审议了《推进新型工业化加快建设工业强市三年行动计划（2023—2025年）》《2022年财政重点绩效评价问题整改和2023年财政重点绩效评价情况的报告》，听取了市政府党组关于前三季度全市经济社会发展形势及下一步工作建议的汇报，会议还听取了关于中国工会第十八次全国代表大会精神及我市贯彻落实意见的汇报。

23日　济南市红十字会第九次会员代表大会召开。会议审议通过了《关于济南市红十字会第八届理事会工作报告的决议》和《济南市红十字事业2023—2027年发展规划纲要的决议》，选举产生新一届理事会、监事会。

23日　市委书记刘强会见韩国檀国大学理事长张淏星一行。

24日　共青团济南市第十八次代表大会召开。市委书记刘强出席开幕式并讲话，团省委书记殷世逸、市委副书记杨峰出席。刘强强调，当前，济南正加快建设“强新优富美高”新时代社会主义现代化强省会。全市广大青年要牢记习近平总书记谆谆教导，把牢青春航向、强化理论武装、增强行动自觉，做理想信念坚定的新时代济南青年。

27日 市委副书记、市长于海田主持召开市政府常务会议，研究重大行政决策程序若干规定、城市体检问题整治专项行动等事项。会议听取了关于《济南市重大行政决策程序若干规定（草案）》审查情况的汇报，听取了关于《济南市2023年度城市体检问题整治专项行动方案》《关于贯彻落实〈计量发展规划（2021—2035年）〉的实施方案》起草情况的汇报。会议还研究了其他事项。

27日至29日 2023中国·济南（莱芜）乡村振兴论坛暨第十届国际姜产业博览会在莱芜雪野旅游区举行。本届姜博会集中展示以莱芜生姜为主的“三辣一麻”“三黑一花”“三红一白”特色农业、品牌农业、精致农业及区域旅游业发展成果，还有来自云南、河北、潍坊等地的生姜等农特产品以及东西部协作康乐县的优质产品。

28日至29日 中国生态文明论坛济南年会在济南举行。生态环境部部长黄润秋，省委副书记、省长周乃翔出席开幕式并致辞。

30日 市委常委会召开会议，传达学习10月27日中共中央政治局会议精神，习近平总书记在中共中央政治局第九次集体学习、同中华全国总工会新一届领导班子成员集体谈话时的重要讲话精神，致中华全国工商业联合会成立70周年贺信、向纪念亲诚惠容周边外交理念提出10周年国际研讨会发表书面致辞、致美中关系全国委员会年度颁奖晚宴贺信精神，研究贯彻落实意见。会议还学习了《干部教育培训工作条例》《全国干部教育培训规划（2023—2027年）》，听取了关于全国干部教育培训工作会议精神及我市贯彻落实意见的汇报。

10月30日至11月2日 韩国水原市市长李在浚率代表团到访济南市，进一步深化友城交流合作。

31日 市委书记刘强到长清区调研指导学习贯彻习近平新时代中国特色社会主义思想主题教育开展工作。刘强指出，要着力解决实际问题，聚焦办好民生实事、强化基层基础、深化专项整治，确保取得实实在在的成效。

31日　内蒙古自治区党委常委、呼和浩特市委书记包钢一行到济南考察都市圈建设和城市管理工作。

31日　济南市工会第十八次代表大会召开。大会宣读了中华全国总工会发来的贺信。

31日　市委副书记、市长于海田到天桥区调研指导学习贯彻习近平新时代中国特色社会主义思想主题教育开展工作。

11月

1日　市委副书记、市长于海田到企业督导检查食品安全。

1日　平阴县报送的《花开致富路，芬芳产业兴》典型案例成功入选第二批地理标志助力乡村振兴典型案例名单，为济南市唯一一例。近年来，平阴玫瑰先后入选国家第一批地理标志运用促进重点联系指导名录和国家地理标志产品保护示范区。

1日至8日　市政协主席雷杰率济南市代表团访问韩国、菲律宾。访问期间，代表团举办了三场专题产业交流会，与韩国、菲律宾友城市长、议长、商协会、企业机构代表及我驻外机构负责人深入交流，考察了多家园区和企业，签署了4项合作协议与备忘录。

3日　市委副书记杨峰到章丘区调研乡村振兴工作。

4日　济南生物医药产业投资合作推介暨盈科资本金梧桐产业落地签约会在上海举行。市委副书记、市长于海田会见盈科资本及合作方代表，出席活动并致辞。

6日　全市农村集体“三资”侵占挪用等问题专项整治培训推进会议召开。会议以视频形式召开，同步对做好农村集体“三资”侵占挪用问题专项整治工作进行业务辅导。

6 日至 7 日　市委副书记、市长于海田带队在上海走访企业、考察招商，深化交流合作，拓展合作空间，推进项目签约落地。

8 日　市委常委会召开会议，传达学习中央金融工作会议精神，传达学习习近平总书记同全国妇联新一届领导班子成员集体谈话时、在中央全面深化改革委员会第三次会议上的重要讲话精神以及向第六届中国国际进口博览会、首届“一带一路”科技交流大会致的贺信精神，研究贯彻落实意见；研究审议有关工作事项。会议传达学习了省推进济南新旧动能转换起步区建设工作领导小组第二次会议精神。会议传达学习了全省重大项目谋划储备及建设推进情况工作会议、全省重点交通基础设施建设推进会议精神。会议还传达了中国妇女第十三次全国代表大会精神。

8 日　市委理论学习中心组举行集体学习，深入学习贯彻习近平总书记关于“四下基层”的重要批示精神，深刻把握“四下基层”的基本内涵、时代价值和实践要求，在第二批主题教育中弘扬“四下基层”优良传统，走好新时代党的群众路线，确保主题教育取得扎实成效。

8 日　全市生态环境保护大会暨美丽济南建设推进会召开。市委书记刘强主持并讲话，市人大常委会主任韩金峰、市委副书记杨峰出席。刘强强调，加强新征程生态环境保护和美丽济南建设工作，全市各级各部门要切实把思想和行动统一到习近平总书记在全国生态环境保护大会上的重要讲话精神上来，深刻认识和准确把握“四个重大转变”“五个重大关系”“六项重大任务”蕴含的丰富内涵，坚定不移走生态优先、绿色发展之路。

9 日　市委书记刘强会见深圳市汇川技术股份有限公司董事长朱兴明一行。

10 日　市委书记刘强到市发展改革委、市财政局和市税务局调研。

10 日　济南新旧动能转换起步区管委会与中国银行股份有限公司山东

省分行签署战略合作协议。市委书记刘强在龙奥大厦会见中国银行山东省分行党委书记、行长徐效强一行，并共同见证签约。

13日　市委常委会召开会议，传达学习习近平总书记在北京河北考察灾后恢复重建工作时的重要讲话精神和向2023年世界互联网大会乌镇峰会开幕式发表的视频致辞精神，研究贯彻落实意见；研究审议有关工作事项。会议学习了《党政领导干部考核工作条例》。会议听取了关于2023年市直机关党建工作情况的汇报。

14日　全市优化营商环境创新提升行动工作会议召开。会上，解读了《济南市优化营商环境创新提升行动实施方案》并通报了工作进展情况。

14日　市委副书记、市长于海田主持召开市政府常务会议，研究开展泉韵乡居乡村振兴齐鲁样板示范区创建十大行动实施意见、建设放心消费环境提升消费者满意度工作方案等事项。会议听取了关于济南市2022年度市级预算执行和其他财政收支审计查出问题整改情况的汇报。会议听取了《关于学习借鉴浙江“千万工程”经验　开展泉韵乡居乡村振兴齐鲁样板示范区创建十大行动的实施意见》起草情况的汇报。会议听取了关于《济南市建设放心消费环境提升消费者满意度工作方案（2023—2025年）》起草情况的汇报。会议还研究了其他事项。

15日　市委书记刘强到省委党校（山东行政学院），为正在参加培训的党员干部作了题为《改进方法　锤炼作风　为推进中国式现代化做出积极贡献》的专题辅导报告。

16日　市委书记刘强到市工业和信息化局、市投资促进局调研。刘强指出，要用好主题教育成果，抓好队伍建设，营造风清气正政治生态。

16日　市委常委会议军会议暨济南警备区党委第一书记现场办公会召开。会上，听取了崔少良关于全市国防动员和后备力量建设情况的汇报，审议了《关于进一步推进新时代党管武装工作高质量发展的措施》《济南市新时代民兵基层党组织建设规范（试行）》《关于建立文职人员工作军地联席会议制度的办法》《关于加强城市社区普通民兵建设的意见（试行）》《关于加强企业普通民兵建设的意见（试行）》等文件。

16 日　北京大学党委书记郝平一行到济南调研城市软实力建设工作。

16 日　市委副书记、市长于海田深入供热企业一线，调研全市供热运行情况。

17 日　市委副书记、市长于海田主持召开市政府常务会议，研究冷链物流发展三年行动计划、相关政府规章草案立法等事项。会议听取了关于《济南市冷链物流发展三年行动计划（2023—2025 年）》编制情况的汇报。会议听取了关于《济南市推进行政执法精准化规定》和《济南市促进公共法律服务若干规定》立法情况的汇报。会议还研究了其他事项。

17 日　市委副书记、市长于海田接待群众来访。于海田面对面认真倾听群众诉求，详细了解相关事项具体情况，针对群众反映问题，与属地及相关部门负责人现场分析研究解决办法，督促依法依规加快解决信访事项。

17 日　农业农村部、中央宣传部、司法部公布第三批全国乡村治理示范镇名单（全国 100 个乡镇、全省 5 个乡镇），长清区双泉镇入选，是全市唯一入选镇。

18 日　市委财经委员会第十次会议召开，市委书记刘强主持并讲话，市委副书记、市长于海田出席并讲话。会议听取了当前经济运行情况及下一步工作措施的汇报。会议指出，要加大项目谋划力度，强化产业类项目、制造业项目的研究谋划力度，进一步完善以产业为导向的工作机制，抓好按图索骥、延链补链强链。

21 日　省政协主席葛慧君在济南市章丘区、济阳区调研。

23 日　市委常委会召开会议，传达学习习近平总书记同美国总统拜登举行中美元首会晤、在亚太经合组织第三十次领导人非正式会议上的重要讲话精神，在美国友好团体联合欢迎宴会上的演讲、在亚太经合组织工商领导人峰会上的书面演讲，对山西吕梁市永聚煤矿一办公楼火灾事故做出的重要指示精神，向2023两岸企业家峰会10周年年会致的贺信精神和在金砖国家领导人巴以问题特别视频峰会上的重要讲话精神，研究贯彻落实意见。会议学习了《中华人民共和国大气污染防治法》。

26日　市委书记刘强调研空天信息大学（筹）、泉韵乡居建设。他指出，要深化体制机制创新，加强师资队伍建设，强化科技成果转化，推进产学研深度融合；要加强传统村落和乡村特色风貌保护，以农文旅融合发展助力乡村振兴。

27日至30日　市委书记刘强率济南市代表团访问新加坡，落实新加坡—山东经贸理事会第24次全体会议精神，加强交流合作，密切友好往来，推介展示济南良好形象。访问期间，代表团与新加坡政府代表、企业家、高校专家教授和我驻外机构深入交流，并实地考察多家企业，举办城市推介会、恳谈会，多领域项目合作取得实质进展。推进项目合作，共促产业发展。

28日　市委副书记、市长于海田主持召开市政府常务会议，研究城市停车规划、加强公共停车设施规划建设等事项。会议听取了关于《济南市城市停车规划（2022—2035年）》编制情况的汇报。会议听取了《关于加强公共停车设施规划建设工作的意见》等3个文件起草情况的汇报。会议还研究了其他事项。

28日　市委副书记、市长于海田会见了日本驻青岛总领事斋藤宪二一行。

28日　市十八届人大常委会举行第十二次会议，会议表决通过了济南市人民代表大会常务委员会关于召开济南市第十八届人民代表大会第三次会议的决定；济南市人民代表大会常务委员会关于终止施行《关于依法全力做好当前新型冠状病毒肺炎疫情防控工作的决定》的决定；《济南市停车条例》；

有关人事事项。

29日　济南市设分会场收听收看全省安全生产工作视频会议。随后，济南市接续召开全市安全生产工作视频会议，贯彻落实全国、全省安全生产工作会议精神，对抓好安全生产各项工作进行安排部署。

29日　济南市政府与山东省科学技术厅签署战略合作框架协议。市委副书记、市长于海田会见山东省科学技术厅党组书记、厅长孙海生一行，并共同见证签约。

12月

1日　市委副书记、市长于海田主持召开市政府常务会议，研究千佛山风景名胜区总体规划、“互联网＋医疗健康”示范市实施方案等事项。会议听取了关于《千佛山风景名胜区总体规划（2023—2035年）》编制情况的汇报。会议听取了关于《济南市“互联网＋医疗健康”示范市实施方案》编制情况的汇报。会议还研究了其他事项。

1日　全市“万人下乡、千村提升”工程推进会议召开。市委副书记杨峰出席会议并讲话，省派驻济南市工作队牵头负责人王清到会指导。会议通报了全市“万人下乡、千村提升”工程进展情况。

4日　市委副书记、市长于海田主持召开市政府常务会议，深入学习贯彻习近平总书记关于安全生产重要论述，认真落实全国、全省安全生产会议精神，专题研究部署全市安全生产工作。

4日　济南市“着力增进民生福祉”主题新闻发布会召开，介绍济南市在促进高质量充分就业、织密织牢社会保障网、扎实推进健康济南建设等方面所开展的工作。

4日　长清区经济社会发展高校专家智库成立启动仪式暨第二次校地组

织部长联席会议举行。智库首批聘用了来自省内知名高校专家105名。

5日　全市农村“三变”改革暨金融支持乡村振兴工作现场会召开。市委副书记杨峰出席会议并讲话。会议通报了全市农村“三变”改革工作情况。杨峰指出，要提高站位、认清形势，增强推进“三变”改革的责任感紧迫感，以更大决心、更强力度、更实举措，以实实在在改革成效助力乡村全面振兴。副市长李国祥参加会议。

5日　市人大常委会主任韩金峰带队调研全市民族和宗教工作。

6日　市委书记刘强率济南市代表团访问埃塞俄比亚、赤道几内亚。访问期间，代表团与两国政府代表、企业代表和我驻外机构深入交流，并实地考察企业，了解经营状况和项目开展情况，积极拓展各领域合作深度和广度。访问期间，代表团还拜访了中国驻埃塞俄比亚联邦民主共和国大使馆和驻赤道几内亚共和国大使馆，围绕对非友好往来与产业合作交换了意见。

6日　平阴县玫瑰镇在“乡村振兴·2023产业发展论坛暨中国最美村镇颁奖典礼”上获“2023中国最美村镇宜居宜业和美奖”。

7日　全市政协系统党风廉政建设专题会议召开。会议强调，全市各级政协党组织要深刻认识加强党风廉政建设的重要性和必要性，坚决扛牢全面从严治党政治责任，坚定不移推进党风廉政建设和反腐败斗争向纵深发展。要切实加强“两支队伍”建设，从严教育、从严要求、从严管理政协机关干部，加强对政协委员的教育管理，为全市政协事业健康发展提供坚实保障，为“强新优富美高”新时代社会主义现代化强省会建设做出积极贡献。

8日　市委常委会召开会议，传达学习11月27日中共中央政治局会议精神，传达学习习近平总书记在中共中央政治局第十次集体学习、主持召开深入推进长三角一体化发展座谈会、上海考察和返京途中在江苏盐城考察、视察武警海警总队东海海区指挥部时的重要讲话精神以及在第十个国家宪法日之际做出的重要指示精神，研究贯彻落实意见；研究审议有关工作事项。

会议学习了《党委（党组）书记抓基层党建工作述职评议考核办法（试行）》，强调，要严格落实管党治党政治责任，精心组织实施述职评议考核工作，着力提升基层党建工作质效。会议听取了关于2023年群团工作情况的汇报。

10日　市委书记刘强调研现代种业发展工作。刘强指出，要坚持政府引导、市场主导、企业主体、平台支撑，坚持产学研协同、全链条发展，推动济南种业不断做大做强。

10日　全市供热工作调度会议召开。市委副书记、市长于海田主持会议并讲话。于海田强调，要用心用情用力满足市民群众供热需求，全力确保达标供热，做好重点人群重点场所供热保障，快速响应、及时办理群众诉求，持续提升供热服务保障水平。市领导任庆虎、李国祥，市政府秘书长韩振国参加会议。

12日　市委书记刘强到市消防救援支队调研。刘强指出，要加强队伍建设，提升消防救援队伍整体素质和战斗力，守护好人民群众生命财产安全，维护社会安全稳定。

12日　全市宣传思想文化工作会议召开。会议传达了习近平总书记对宣传思想文化工作做出的重要指示精神和全国、全省宣传思想文化工作会议精神。

12日　市委书记刘强会见乌兹别克斯坦撒马尔罕州州长图尔季莫夫·埃尔金容、乌兹别克斯坦驻华大使法尔霍德·阿尔济耶夫一行。

12日　市委副书记杨峰会见济南市2023年度全国“最美退役军人”裴树清。

12日　市政府党组理论学习中心组举行集体学习，深入学习贯彻习近平法治思想，认真贯彻落实习近平总书记关于行政复议工作的重要指示精神，全面学习新修订的《中华人民共和国行政复议法》，不断提升依法行政水平，加快建设法治政府，推动创建全国法治政府建设示范市。

13日　市委书记刘强调研元宇宙产业发展情况。刘强强调，元宇宙是新一代信息技术重要前沿领域，要抢抓机遇、发挥优势，创新丰富场景应用，精心培育产业链条，优化产业发展生态，推动元宇宙产业不断迈上新台阶。

13日　市委书记刘强参加市领导信访接待日活动。刘强指出，信访工作是党的群众工作的重要组成部分，事关群众切身利益。要深入开展第二批学习贯彻习近平新时代中国特色社会主义思想主题教育，始终坚持以人民为中心的发展思想，更加自觉地站在群众立场上想问题、做决策、办事情，用心用情解决群众急难愁盼问题。

13日　市政协党组理论学习中心组围绕人工智能有关问题举行集体学习。会议强调，要坚持围绕中心服务大局，发挥政协人才荟萃、智力密集优势，聚焦济南市人工智能发展的重点问题深入调查研究，精准建言献策，努力提交高质量协商成果，以履职尽责的实际行动助推强省会建设。

14日　2023能源互联网产业发展大会在济南召开。会前，市委书记刘强会见了中国工业经济联合会会长李毅中、《能源》杂志编委会主任王瑞祥等出席大会的嘉宾代表。大会对山东能源互联网产业集聚区进行了推介，发布了火石工业互联网平台，山东大学能源互联网产业技术研究院揭牌。济南市人民政府与国网山东省电力公司就共建山东能源互联网产业集聚区进行了战略签约。市中区政府与五矿二十三冶建设集团、浪潮集团、雷萨股份、中能建数科、禾望电气等22家企业签署了战略合作协议，山东未来网络研究院和北方智企分别与山东中创软件和中国科学院广州能源研究所等合作伙伴签署了合作协议，大会签约意向投资额超200亿元。

14日　市委理论学习中心组举行集体学习，深入学习贯彻习近平文化思想，准确把握这一重要思想的丰富内涵和实践要求，更好担负新的文化使命，加快文化强市建设；深入学习贯彻习近平总书记关于安全生产的重要论述，牢固树立安全发展理念，抓紧抓实安全生产各项工作。

15日　市委副书记、市长于海田主持召开市政府常务会议，研究山体保护规划、火灾事故调查处理规定等事项。会议听取了关于《济南市山体保护规划（2023—2035年）》编制情况的汇报。会议听取了关于《济南市火灾事故调查处理规定（试行）》起草情况的汇报。会议还研究了其他事项。

16日　市委副书记杨峰到历城区调研指导雪后寒潮天气下农业生产和防灾减灾等工作。

17日　市委常委会召开会议，传达学习中央经济工作会议、12月8日中共中央政治局会议精神，传达学习习近平总书记对低温雨雪冰冻灾害防范应对工作做出的重要指示精神、在党外人士座谈会上的重要讲话精神，研究贯彻落实意见；研究审议有关工作事项。会议学习了《中华人民共和国乡村振兴促进法》。会议听取了关于全市主题教育开展情况及下一步工作安排等有关汇报。

18日　市委副书记、市长于海田到天桥区调研指导学习贯彻习近平新时代中国特色社会主义思想主题教育开展情况。

19日　全市耕地保护和粮食安全工作会议召开，深入学习贯彻习近平总书记关于耕地保护和粮食安全的重要指示批示要求，落实全省耕地保护和粮食安全工作会议精神，研究部署下一步工作，切实守牢耕地保护红线和粮食安全底线。

20日　市委副书记、市长于海田主持召开市政府常务会议，研究全市信访工作、促进多元调解工作若干规定等事项。会议听取了关于全市信访工作情况的汇报。会议听取了关于《济南遥墙国际机场净空和电磁环境保护管理规定》起草情况的汇报。会议听取了关于《济南市促进多元调解工作若干规定（草案）》审查情况的汇报。会议还研究了其他事项。

20日　市十八届人大常委会举行第十三次会议，会议表决通过了济南市人民代表大会常务委员会关于批准济南市2023年市级预算调整方案的决议；

济南市第十八届人民代表大会常务委员会代表资格审查委员会关于个别代表的代表资格的报告。

22 日 济南古城保护提升工作领导小组第三次会议召开。会议听取了大明湖南岸绿化提升、济南商埠区保护提升和规划等有关工作情况的汇报。会议指出，大明湖、济南商埠区是展现泉城特色历史文化风貌的重要区域，其保护提升备受社会各界关注。要深入学习贯彻习近平总书记关于文化遗产保护传承的重要论述，高标准规划、高水平推进，用心做好保护提升工作。

22 日 全市烟花爆竹禁放工作动员部署视频会议召开。会议要求，全市各级要充分认识烟花爆竹禁放工作的重要意义，切实强化做好禁放工作的责任担当，克服麻痹大意思想、消除松劲松懈情绪，以更强的决心、更大的力度、更实的举措，全力以赴做好 2024 年烟花爆竹禁放工作。

23 日 市委书记刘强到长清区调研指导主题教育开展工作。刘强指出，要扎实开展主题教育，深入实施乡村振兴战略，抓紧抓实“万人下乡、千村提升”工程，提升基层治理效能，扎实办好民生实事，加快推进农业农村现代化，建设宜居宜业和美乡村。

23 日 市委常委会召开会议，传达学习习近平总书记在中共中央政治局专题民主生活会、广西考察时的重要讲话精神，对甘肃临夏州积石山县 6.2 级地震、“三农”工作做出的重要指示精神，研究贯彻落实意见；研究审议有关工作事项。会议传达学习了省委十二届五次全会暨省委经济工作会议精神。会议传达学习了省委书记林武在 2023 年度市委书记和省直有关工委（党委）书记全面从严治党述责述廉评议会议和抓基层党建工作述职评议会议上对济南的点评意见。

24 日 市委副书记、市长于海田主持召开市政府常务会议，研究《政府工作报告》起草等事项。会议听取了关于《政府工作报告》起草情况的汇报。会议听取了关于 2023 年市政府为民办实事完成情况和 2024 年为民办实事建议情况的汇报。会议听取了关于2024年度市级重点项目安排情况的汇报。会议还研究了其他事项。

26日　中国共产党济南市第十二届委员会第四次全体会议举行。市委书记刘强作讲话。会议以习近平新时代中国特色社会主义思想为指导，听取和讨论了刘强同志受市委常委会委托作的工作报告，审议了《关于全市第二批学习贯彻习近平新时代中国特色社会主义思想主题教育工作情况的报告》。会议充分肯定了今年以来市委常委会的工作。会议深入分析了当前及今后一个阶段的发展形势，明确了构建现代化产业体系、推动区域协调发展、提升城市功能品质、加强生态环境保护、保障和改善民生、统筹发展和安全等方面明年工作重点，要求全市上下强化抓落实的政治担当，提升抓落实的能力本领，掌握抓落实的有效方法，锤炼抓落实的过硬作风，以过硬能力和作风推动各项工作有效落实。

27日　全市推进新型工业化加快建设工业强市大会召开。市委书记刘强出席并讲话，市委副书记、市长于海田主持，市人大常委会主任韩金峰、市政协主席雷杰、市委副书记杨峰出席。刘强强调，落实习近平总书记关于新型工业化的重要论述，加快建设工业强市，要着力推动制造业优化升级，着力推动数字经济提级赋能，着力推动优质企业攀登倍增，着力推动绿色发展能级提升，着力提升产业生态。

27日　中共济南市委召开党外人士座谈会，深入学习贯彻中央经济工作会议精神和习近平总书记在中共中央党外人士座谈会上的重要讲话精神，听取市各民主党派、工商联负责人和无党派人士代表的意见建议。

28日　市委常委会召开会议，传达学习习近平总书记在纪念毛泽东同志诞辰130周年座谈会上的重要讲话精神，研究贯彻落实意见；研究审议有关工作事项。市委书记刘强主持会议并讲话。会议指出，习近平总书记的重要讲话，深情回顾了毛泽东同志领导中国革命、建设的伟大实践，高度评价毛泽东同志为中华民族、中国人民建立的丰功伟绩，对以实际行动纪念毛泽东同志、推进中国式现代化宏伟事业提出明确要求。各级要认真学习领会，结合实际抓好贯彻落实。会议传达学习了中央主题教育领导小组有关会议精神。

28 日　市委书记刘强调研数智警务工作。

28 日　市政协十五届常委会第十次会议召开。会议审议通过关于召开政协第十五届济南市委员会第三次会议的决定和会议有关事项，审议通过政协第十五届济南市委员会常务委员会工作报告、政协第十五届济南市委员会常务委员会提案工作报告，审议通过关于授权主席会议审议政协第十五届济南市委员会常务委员会第十次会议未尽事宜的决定，审议通过政协第十五届济南市委员会各专门委员会 2023 年工作总结。市委办公厅、市政府办公厅书面报告政协第十五届济南市委员会第二次会议提案办理情况。市中级人民法院、市人民检察院书面报告 2023 年工作情况。

29 日　市委副书记、市长于海田主持召开市政府常务会议，研究城乡商业网点规划、新兴行业领域安全生产监管职责等事项。会议听取了关于《济南市城乡商业网点规划》编制情况的汇报。会议听取了《关于进一步明确有关新兴行业领域安全生产监管职责的实施意见》起草情况的汇报。会议听取了关于《济南市提振市场信心专项担保贷款实施方案》起草情况的汇报。会议还研究了其他事项。

30 日　全市府院联动第一次联席会议召开，深入学习贯彻习近平法治思想，认真贯彻党中央、国务院决策部署，落实全省府院联动第一次协调会议精神，对开展府院联动工作做出安排部署，推动政府和法院联动机制化、常态化开展，为“强新优富美高”新时代社会主义现代化强省会建设提供有力法治保障。

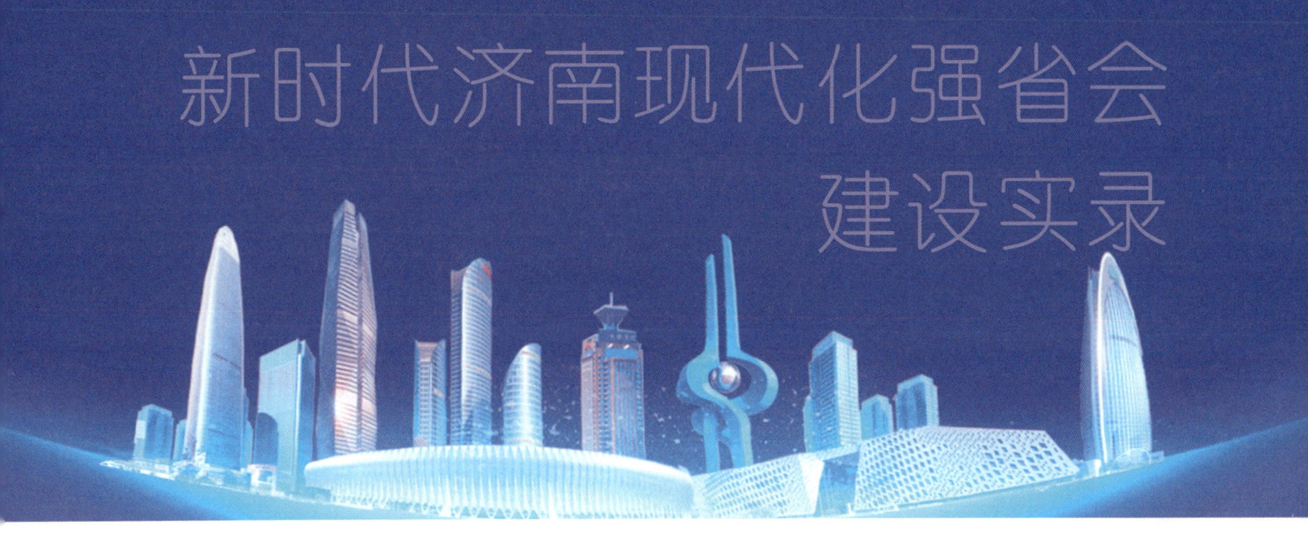

典型经验

聚焦黄河战略　助力强省会建设
以高质量立法推进高质量发展

济南市人大常委会

近年来，济南市人大及其常委会坚持以习近平新时代中国特色社会主义思想为指导，在市委的坚强领导下，聚焦黄河流域生态保护和高质量发展重大国家战略，以法治护航新时代现代化强省会建设。自 1986 年地方组织法赋予省会城市地方立法权以来，济南市人大及其常委会共审议通过地方性法规、法规性决定 214 件，现行有效法规 77 件，涵盖了全市经济、文化、社会和生态文明建设等方面（截至 2023 年底）。其中，济南市人大常委会结合本地实际，突出泉城特色，重点围绕名泉、山体、湿地、历史文化名城保护等方面制定地方性法规 20 余件，为保护“山泉湖河城”特色风貌构筑了坚实的法治屏障。

一、突出泉城特色，划定保泉护泉的法治红线

济南素有“天下泉城”的美誉，泉水蕴含着济南独特的自然风貌和文化底蕴。济南市人大常委会早在 1997 年就制定了《济南市名泉保护管理办法》，将名泉保护纳入法治化轨道。2005 年制定《济南市名泉保护条例》，将泉池的保护扩展至泉水源头的保护，并在 2017 年、2022 年做了两次修改。法规以“加强泉源保护，保持泉水喷涌，确保泉水水质，合理利用泉水，弘扬泉水文化”为目标，从规划管理、保护管理和监督管理等方面对泉水及其源头保护作出规定；突出生态红线保护，明确了泉水补给区、直接补给区、重点渗漏

带、泉水出露区等保护区域和管控要求，实行严格的分类保护管理制度；开创性地将645个名泉名录作为附件一同公布，同时授权政府命名和公布新的名泉。自法规制定实施以来，对我市依法保泉、维护完整的泉水生态系统发挥了至关重要的作用。近些年共维修整治100余处名泉，疏浚泉溪泉渠，使千年古泉焕发出新的风采；压减地下水开采，封闭380余眼深层自备井，使每年地下水开采量减少约1亿立方米；加强补给区生态治理修复，实施多点补源，使水源涵养能力得到提升，趵突泉实现20年持续喷涌，创20世纪70年代以来最长持续喷涌纪录，2022年趵突泉最高水位达30.27米，创1966年以来最高水位，泉城文化景观申遗进入国家预备名录，进一步擦亮了泉城城市名片。

二、厚植绿色底蕴，筑牢守护青山的法治屏障

济南市共有山体872座，丰富的山体资源对涵养泉水生态、彰显泉城特色、推进生态文明建设发挥着重要作用。2017年制定《济南市山体保护办法》，突出规划源头管控，将全市山体全部纳入保护范围，并将对泉水涵养具有重要作用的山体列入重点保护名录。市政府按法规要求将325座山体列为重点保护名录并划定了保护控制线，有效遏制了破坏山体行为。对山体修复治理作出明确规定，让破损山体蝶变换颜，重塑泉城“一城山色”。对临近山体的建设项目，法规明确应对建筑形态、建筑高度、风格色彩以及退让距离作出规定，减少对山体的遮挡，让山体景观与城市风貌相协调，让城市建设与山水脉络相向而行，为我市山体保护提供了坚实的法治保障。同时，还制定了《济南市绿化条例》《济南市森林保护管理办法》《济南市湿地保护条例》《济南市水土保持条例》等法规，统筹城乡绿化事业发展，创造宜居生态环境。市十八届人大二次会议将制定《济南市南部山区生态保护与绿色发展条例》确定为大会议案，提上立法议程，致力于将南部山区打造成践行“绿水青山就是金山银山”理念的新样板。

三、践行黄河战略，提供水资源保护的制度供给

“一城山色半城湖”映射出济南的独特风光，蜿蜒黄河穿城而过，大明湖、小清河等河湖串珠成链，136 条河道分属黄河、小清河、海河三大水系，总长 2000 余公里。尽管河流众多，但济南还是典型的资源性缺水城市，保护好济南的水资源显得尤为重要。为此，我们先后制定了《济南市水资源管理条例》《济南市河道管理保护条例》《济南市节约用水条例》等地方性法规，围绕加强河道管理保护，发挥河道、湖泊的综合效益，强化水资源综合利用等方面构筑了较为完善的制度体系。在此基础上，积极践行黄河重大国家战略，以贯彻落实黄河保护法为契机，在黄河大保护、大治理中积极完善地方立法，以法治力量打造黄河流域生态保护济南样本。按照省人大常委会关于沿黄九市黄河流域生态保护协同立法部署，制定《济南市黄河流域水资源节约集约利用规定》，严格落实水资源刚性约束制度，建立统筹协调机制，推进水资源高效利用、节水典范城市创建，保障河湖水生态环境改善提升，以水资源可持续发展支撑经济社会健康发展。

四、推进精准立法，构筑精细化管理的法治体系

济南早在 1986 年就被国务院确定为历史文化名城，这是泉城特色风貌的另一张名片。保持城市特色风貌是城市治理的重要内容。济南市人大常委会适应新形势立法需求，以地方立法推进市域治理体系和治理能力现代化，制定了一大批有地方特色、较高质量和较大影响的地方性法规，激发了城市发展活力。《济南市历史文化名城保护条例》精准聚焦古城、商埠区、圩子壕保护区等重点区域，系统保护“一核、五廊、十片”的总体格局，全面彰显古城与商埠并举的名城特色，让城市留住记忆，让人们记住乡愁。目前，已编制古城、商埠重点片区规划设计和全部名镇、名村（传统村落）保护规划，完成了对陈冕状元府、题壁堂、寿康楼等省级文物保护单位的保护性修缮；推动东湖大厦、齐鲁宾馆等建筑物、构筑物的拆除，打通了千佛山—大明湖观

光主轴；推进双忠祠街、芙蓉街、芙蓉巷等 10 余条老街巷历史风貌的整治，打造了一批具有地域特色的街巷风貌。古城片区历史文化街区风貌保护入选全国优秀案例。《济南市客运出租汽车管理条例》统筹改革发展与安全稳定，平衡不同业态的利益诉求，为维护不同主体的合法权益提供了保障，为出租车经营权转让、莱芜区钢城区出租车改革指明了方向；条例匹配群众法治新需求，规范聚合平台和出租车运营，加大了对违法行为的惩戒力度。法规自 2022 年 12 月 1 日施行以来，市场秩序持续改善，服务水平逐步提升，行业监管体系日益完善，让群众享受到更加安全便捷、舒适经济的出行服务。《济南市文明行为促进条例》《济南市文明养犬管理条例》《济南市物业管理条例》尊重和保障不同群体的合法权益，着力构建多元共治的基层治理模式，努力让群众在推进城市法治化治理的进程中感受到公平正义。

持续擦亮“商量”协商民主品牌 更好发挥政协专门协商机构作用

济南市政协

济南市政协认真贯彻落实习近平总书记“有事好商量，众人的事情由众人商量”重要指示精神，立足政协专门协商机构职能定位，自2017年起创建并不断完善常态化、特色化、制度化全媒体协商平台——“商量”。围绕经济发展、文化建设、社会治理、生态保护等方面，聚焦群众关心关切的热点难点问题，以有根有据的深度协商互动，深入思考的意见充分表达，使建言资政更有用、凝聚共识更有效，有力助推了市委、市政府决策部署的落地落实。全国政协、省政协及市委的主要负责同志对“商量”给予充分肯定，人民日报、中央电视台先后做了宣传报道，“商量”作为协商民主案例，进入了中央党校、中央社会主义学院、清华大学、上海交通大学等课堂。

一、基本情况

济南市政协在既有协商形式基础上，联合全市主要媒体，搭建“商量”平台。“商量”每年开展8—10个专题，每个专题邀请政协委员、专家学者、党政部门、群众代表参加，通过至少3次实地调研、现场商量和最后9名左右代表参加的圆桌商量，就共同关心的话题深度调研、反复协商、形成共识，各类媒体全过程参与、全方位推送，向社会广泛传播共识，进一步丰富了“有事好商量，众人的事情由众人商量”的济南实践，推动了政协协商民主广泛多层制度化发展。

“商量”从创建至今主要历经了三个阶段。一是创建提升阶段。完善制度流程，打出品牌影响，市委将“商量”工作纳入全市民主政治建设总体布局。二是延伸覆盖阶段。实现区县政协、街镇政协委员联络室和政协各界别的全覆盖，推动政协协商与基层协商有效衔接、同社会治理深度融合。三是数字赋能阶段。开通“码上商量”并向“数字商量”升级，委员群众扫码参与、线上互动，打造了“全天候不落幕的协商平台”。

二、主要措施

一是“商量”坚持协商为民。“商量”选题上，始终聚焦党政工作重点、群众关心热点、社会治理难点，从“拥抱母亲河，迈向新时代”到“助推强省会战略”，从一刻钟便民生活圈、基层卫生服务到老旧小区改造、古城保护提升，每个选题都紧扣强省会建设需要、顺应群众对美好生活的期待。参与主体上，邀请政协委员、专家学者、党政部门和群众代表参加。“商量”创建以来，共有2000余名全国和省市县（区）政协委员、数千名基层群众与60余个市直部门面对面沟通、心贴心交流。活动方式上，每专题“商量”至少3次深入一线现场调研，实地走进企业单位、科研院校、村居社区、田间地头了解情况、听取意见，并及时将成果反馈给群众。成果展示上，于今年初举办5次9场“商量开放日”活动，邀请民主党派和工商联、区县政协、政协委员、群众代表400余人，走进政协、走近“商量”、参观体验，使社会各界切实感受到政协离得很近、“商量”就在身边。

二是“商量”坚持汇智聚力。将建言资政、凝聚共识贯穿“商量”选题、调研、协商、反馈全过程。突出思想引领，通过委员讲坛、专题报告等方式，深入宣传党的创新理论和路线方针政策，把党的主张转化为社会各界的共识。围绕发展民营经济开展“商量”时，邀请参加全国民营企业座谈会的企业家，现场宣讲习近平总书记重要讲话精神和中央支持民营经济发展的政策举措，引导民营企业家坚定信心、安心发展。着力凝聚人心，将思想政治教育作为开展“商量”的应有之义，引导社会各界紧密团结在党的周围。在全市34所学校开展“青春版商量”，让青少年学生在参与“商量”的实践中，感悟协商民主优势，切实增强制度自信。广泛汇聚合力，努力凝聚起围绕中心、服务大局的智慧力量。55个专题“商量”形成70余份“商量”专报、调研报告等，一大批协商成果进入党政决策程序，转化为助推省会高质量发展的具体举措。

三是“商量”坚持协同联动。强化“一盘棋”思想，开展联动商量，每专题至少安排1个区县政协协办，让区县政协参与到市政协“商量”中来。“做大玫瑰产业”专题“商量”，联合中国玫瑰之乡——平阴县开展，助推玫瑰成为济南第二市花。推动区县覆盖，全市12个区县全部搭建了“商量在区县”平台，长清区的“长商量”、章丘区的“商量有章”、济阳区的“济时商量”、莱芜区的“莱商量”等平台各具特色。着力下沉延伸，建成覆盖全市161个街镇的基层商量工作室，把涉及群众切身利益的“飞线入地”、社区停车难、老年大食堂、农村电商产业发展等“商量”送到村居社区、田间地头。三级“商量”统一定位、统一标识、统一品牌、联动运行，推动了政协协商与基层协商相衔接、同社会治理相融合，在畅通群众利益诉求表达渠道、预防和化解矛盾纠纷、促进社会和谐稳定等方面发挥了积极作用。在向基层延伸覆盖的同时，落实党的二十大“完善委员联系界别群众制度机制”要求，在市政协各界别建立31个界别商量工作室，常态化开展界别协商、界别座谈等活动，为各界群众有序政治参与畅通了渠道。

四是“商量”坚持全媒体参与。打造“商量”全媒体矩阵，邀请人民政协报、大众日报、联合日报等20余家中央、省、市主流媒体，全过程参与、全方位推送，对“商量”过程和形成的共识进行全域、全程传播；将区县“商量”纳入公共媒体播出计划，实现“商量周播”。仅去年一年，人民日报、央视新闻、大众日报、山东新闻等中央及省内主要媒体，聚焦市政协“商量”工作多次进行重点深度报道，充分展示了省会民主政治建设以及经济社会发展取得的新进展新成就。坚持数字赋能，在深度整合“码上商量”基础上，通过联通“商量”各个环节、贯通“商量”多级网络、融通“商量”成果转化，全新升级了“数字商量”平台，将市政协“122+N”重点协商议政工作全部纳入平台，让政协委员和各界群众能够更快更方便了解和参与政协履职活动，以“协商之治”和“数字之治”的融合叠加优势，搭建“全天候不落幕的协商平台”。上线以来，总访问量近400万人次，留言近3万条，在全社会营造了“有事好商量”的浓厚氛围，使互联网这个最大变量成为政协事业发展的最大增量。

五是“商量”坚持程序规范。持续加强制度化、规范化、程序化等功能建设，把“商量”工作中行之有效的经验做法固定下来，上升为制度规定，确保“商量”规范有序开展。推动“商量”纳入全市民主政治建设总体布局，市第十二次党代会、济南“十四五”规划纲要、《济南市开展“商量”的实施办法（试行）》等，对深化提升市政协“商量”平台、持续擦亮“商量”协商民主品牌作出制度性安排。坚持党委领导“商量”工作机制，制定《年度商量计划》，纳入《年度政协协商计划》，经市委常委会会议通过，由市委办公厅、市政府办公厅、市政协办公厅联合向全市印发，确保“商量”在市委领导下有规有序开展。完善“商量”运作程序，先后制定《“商量”工作规程（试行）》《“商量”工作流程（试行）》《关于建立商量工作室　推进“商量”工作与社会治理深入融合的意见》《关于发挥“商量”平台聚合优势　进一步加强委员联系界别群众的意见》《关于发挥“商量”平台优势　加强和改进民主监督工作的意见》等文件，以制度的不断完善和有效运行，为更好发挥“商量”平台作用提供了坚实保障。

三、取得的成效

经过几年的探索与实践，“商量”在助推省会改革发展稳定等方面发挥了积极作用，取得了显著成效。一是“商量”让围绕中心、服务大局更加精准。创建“商量”平台，能够为社会各界、各方面人士创造畅所欲言、发表意见的机会，集各方之智、聚各方之力，共同为大局建真言、献良策、出实招。二是“商量”让凝聚共识、汇智聚力更加有效。通过“商量”，不同层面的人聚到一起，共同就公共事务发声，能够把党委政府的决策部署及时传播出去、宣传开来，从而最大程度地汇集民智、最大限度地凝聚共识。三是“商量”让协商为民、助推治理更加具体。将“商量”与基层协商紧密衔接、同社会治理深度融合，丰富了基层社会治理手段，推动社会治理过程中的群众有序参与，探索出一条基层社会治理的“协商路径”。四是“商量”让协商理念、协商文化更加“入心”。各级干部积极运用协商思维开展工作，倡树同群众商量着办事的良好风气，通过协商努力把事情商量顺、商量通、商量成。在群众中培育了共商、共建、共治、共享的协商氛围，沟通交流更加顺畅，协商议事更加有效，更多运用商量处理身边事，维护了和谐稳定的社会局面。

加快科创金融改革试验区建设 助力全市新质生产力发展

中共济南市委金融办

2023年，济南市聚焦新质生产力培育和发展，围绕科创金融改革试验区建设各项任务，着力促进有效市场和有为政府紧密结合，促进“科技—产业—金融”良性循环，体系健全、结构合理、配套完善、保障有力的科创金融服务体系不断完备。截至2023年末，全市纳入统计的科创企业贷款余额1747.1亿元、同比增长40.6%，科创企业有贷户数3608家、同比增长26%，贷款加权平均利率3.51%、同比下降37个基点，“济南市创新科创金融服务体系”入选中国改革2023年度地方全面深化改革典型案例。

一、聚焦精准撮合，持续优化科创金融服务体系

结合科创企业融资特点，不断完善科创金融组织体系，重点培育各类科创金融有效供给主体。建立“专营机构支撑、专属产品支持、专项政策引导、专家团队服务、专门板块培育、专业载体聚焦”的“六专”工作体系，加强业务组织管理，提升专业人才储备。以提高科创企业获贷率为突破口，引导银行类金融机构精准对接科创企业。积极发展科创金融专营和特色机构，提高科创金融专营服务和风险管理能力，在全国率先探索制定科技金融机构建设指引和评价标准，印发《济南市科技型地方金融组织建设指引（试行）》，2023年认定科技支行10家、科技金融事业部（专营部门）3家、科技金融特色机构9家，设立科技小贷公司1家、科技保理公司1家。开展科创企业首

贷拓展专项行动，推行“金融辅导员 + 科技辅导员”服务模式，搭建企业“融资 + 融技 + 融智”三位一体服务格局。截至 2023 年末，累计帮助 3110 家企业解决贷款 711.4 亿元。

二、聚焦资本支持，拓展科创企业直接融资渠道

股权融资方面，实施上市后备资源培育“荷尖行动”，依托各大证券交易所山东服务基地，加强科创企业上市培训辅导；支持齐鲁股权交易中心建设全国首批区域股权市场“专精特新”专板，入板企业 267 家、实现融资超 10 亿元，加快筹建“齐鲁科创板”专板；打造“海右”路演等投融资品牌，全年开展活动 30 余场、实现融资近 2 亿元。试验区获批以来，全市新增上市企业 11 家，均为科创企业，居全省首位。债权融资方面，2023 年，全市 4 家企业发行科创票据 13 笔，实现融资 136 亿元；6 家企业发行科技创新公司债券，实现融资 158 亿元、同比增长 243%。资产证券化方面，省内首单基础设施公募 REITs 上市、首募规模 29.85 亿元；发行省内首单绿色低碳转型挂钩 ABS 产品、首单融资租赁绿色 ABS 产品，规模分别达 9.8 亿元、8.43 亿元。

三、聚焦产品创新，丰富全周期差异化服务供给

围绕科创信贷，推出“科创贷”等信贷产品 74 项，2023 年实现融资支持 116 亿元；“人才贷”累计备案金额 7.49 亿元，“人才身价贷”授信超 2.5 万户、授信额度 27 亿元。围绕科技保险，开展创业保险和高层次人才保险试点，开发“研发责任保险”等 7 个险种，截至 2023 年末承保企业 17 家，总保额 16.4 亿元；通过“三首”保险产品为企业提供风险保障 9.2 亿元。围绕科技融资担保，设立科创融资担保专营子公司，推出“济担—科创贷”担保产品，截至 2023 年末，支持科创贷款在保额 38.8 亿元。围绕知识产权交易，开发知识产权挂牌系统，全年完成专利质押登记 1089 笔、融资额 79.6 亿元，同比分别增长 110.6%、160.4%，均居全省首位，“知识产权质押融资闭环式管理服务模式”入选全国首批知识产权质押融资典型案例。

四、聚焦财金联动，推动科创金融发展效能叠增

优化完善科创金融配套政策支持体系，充分发挥财政政策引导作用，撬动更多金融资源协调联动。出台《济南市建设科创金融改革试验区加快现代金融产业发展若干扶持政策》，在专营机构落户、科创企业贷款等方面加大财政支持；用好规模20亿元的企业贷款风险补偿资金池，对符合条件的不良贷款项目最高补偿50%本金损失。发挥结构性货币政策工具激励引导作用，截至2023年末，累计办理“央行资金科创贷”97.9亿元、“央行资金科创贴”83.2亿元。完善“基金＋直投”双轮驱动模式，在科创领域设立政府性投资基金68只，规模超300亿元；加强与专业天使投资和创业投资机构合作，1.5亿元的鲁信天使基金、2亿元的合创天使基金和1.67亿元的源创天使基金等落地组建，首支S基金完成备案。

五、聚焦数字赋能，着力发展金融科技产业

把数字赋能作为科创金融发展有力抓手，引导金融机构加快数字化转型，创新科创企业专属评价模型，提升科创企业准入率。扎实推进数字人民币试点，实现数字人民币在代发工资、交通出行、商旅消费、缴税退税等16

中央商务区

大类场景应用，落地了全省首个数字人民币就医全渠道支付场景、首笔数字人民币科创金融贷款业务，数字人民币示范商圈、示范区县等具有济南特色的数字人民币消费集聚区加速形成。截至 2023 年末，全市共开立数字人民币钱包 264.3 万个，交易金额 74.2 亿元；获批资本市场金融科技创新试点，首批试点项目遴选和推荐工作加速推进。依托济南市大数据一体化平台，建设全市统一融资服务平台“泉融通”，获取市场监管、社保等政务数据，为科创企业提供高效融资服务，已上架产品服务 320 款，累计授信达 42.2 亿元。

中央科创区

聚焦专业载体建设。在金融资源和科创资源最为集聚的历下区和济南高新区分别打造中央商务区（CBD）和中央科创区（CTD）两个科创金融增长极，作为承载科创金融改革试验区建设的首选载体，集中优势资源进行重点突破。在中央商务区（CBD）规划建设占地 53 亩、建筑面积 20.9 万平方米的科创金融主题园区，优化升级原有济南科技金融大厦工作体系，打造集融资、路演对接、上市辅导、项目孵化及科技成果转移转化等功能于一体的科技金融综合服务平台，建立海右路演大厅科技金融银企对接常态化路演工作机制。在中央科创区（CTD）打造省级创业投资集聚区，建设“园区通”科创金融智慧服务平台，推行“园区 +DVC（园区风险投资）”“链主企业 +CVC（企业风险投资）”模式，推广“科创经纪人”机制，以大数据、云计算、生物医药等行业为主赛道，打造“科技 + 金融”双核联动的“科技成果转化平台”。

高质量建设数字档案馆
推动济南档案事业创新发展

济南市档案馆

在国家档案局、山东省档案馆的指导帮助下，济南市档案馆坚持“数据为本、安全第一、服务为先”，科学规划、严格标准、精心组织、稳步实施，高质量推进数字档案馆建设。继2018年11月成功创建全国省会城市第一家“全国示范数字档案馆”之后，进一步加快迭代升级步伐，积极运用大数据、区块链等新一代信息技术，建设“济南市电子档案共建共享一体化管理平台”，实现了档案资源管理模式的“互联互通”、利用模式的“共建共享”和服务模式的“科学精准”，加快推进档案工作走向整体智治。

一、聚焦“四个要素”，高质量建设“全国示范数字档案馆”

聚焦数据、安全、服务和实效四个要素，推进档案资源数字化、档案管理信息化、档案利用网络化，成功创建“全国示范数字档案馆”，为融入“数字泉城”规划打下了坚实基础。

1. 以数据为基础，扎实做好档案数字化工作。以馆藏应数字化档案100%数字化、增量档案100%电子化“两个100%”为目标，大力开展档案数字资源建设。一是“存量数字化”，馆内纸质档案数字化扫描4100多万页，馆藏应数字化档案数字化率近90%。通过采取“事前人员培训、事中数据检测、事后跟踪反馈”等措施，严格实施标准化建设、全流程管理，建立全链条数据质量协调沟通机制，从源头确保了数字化成果质量。在2018年数字档案馆系统测评中，馆藏档案数字化副本质量居全国上游水平，得到国家档案局领导及专家组一致认可。二是“增量电子化”，不等不靠、主动实践，建设电子档案综合管理平台，实现市直立档单位数字化成果、电子档案归档，累计接收20余家市直立档单位数字化副本5万余件、电子档案4000余件，促进了数字资源建设良性发展。

2. 以安全为底线，抓牢档案信息安全。坚持把档案信息安全摆在突出位置，狠抓过程安全、成果安全。一是加强系统设备安全。中心机房安装监控防护设施，与高可靠性防火墙、杀毒软件联防联控。二是加强数字化加工保密安全。严格执行国家档案局《档案数字化外包安全管理规范》相关规定，采取视频监控、人员监督等措施，加强从业人员审查管理，强化保密制度硬核落实；数字加工设备全部安装安全保密监测软件，并封堵USB端口、加装保密机箱，数字化后拆卸的硬盘均移交市保密技术中心处理，彻底消除安全保密隐患。三是加强数据备份。通过采取在线、近线和离线备份等方式，向山东省档案馆电子档案容灾备份中心备份和西安市档案馆异地备份等措施，保障档案数据安全。四是加强数据安全等级管理。涉密数据单独存储，馆藏电子档案定期分类分级备份，严格落实网系间物理隔离。五是定期开展网络安全应急演练。根据工作实际有针对性地制定演练计划，记录演练过程、评估演练效果、总结演练经验、分析存在问题，并及时进行改进。

3. 以服务为根本，强化公共服务能力。按照“建设人民满意的服务型政府，构建方便人民群众的档案利用体系”的要求，在积极探索、科学规划、反复论证和试点测试的基础上，实现民生档案资源利用“就地查询、跨馆出证、一网通办”。一是“合作契约化”。通过“签订契约式协议、制定可管控办法”的方式，建立馆馆、馆室、档案馆与重要公共服务窗口之间跨馆共享机制。二是“业务规范化”。按照“统一平台、统一流程、统一文本、统一印章”的要求，建立业务规范化机制。三是“数据共享化”。将馆馆、馆室、档案馆与重要公共服务窗口之间数据资源进行汇聚，实现档案馆与全市部分重要公共服务窗口数据共享，建立起覆盖省内外重点城市档案馆及全市部分重要公共服务窗口的民生档案数据共享服务圈。以历史婚姻档案数据共享为试点，在全省率先打通档案部门历史数据和民政部门数据信息共享通道；率先实现与全省其他 15 家地市档案馆跨馆民生档案利用合作契约全覆盖，并先后与福建省、广州、深圳等 60 余家省外档案馆签订民生档案跨馆利用合作协议。

4. 以务求实效为目标，积极推进数字档案馆系统建设。为推进数字档案馆建设，在经费紧张的条件下累计投入 1700 余万元，努力做到量力而行、循序渐进、务求实效，做到不浪费资金、不追求一步到位，在充分论证投入产出比的前提下高标准、高质量、稳步推进数字档案馆建设，确保后续发展能力。济南市档案馆数字档案馆建设，特别是“全国示范数字档案馆”的创建成功，有力推进了档案资源数字化、档案管理信息化和档案利用网络化，为全市档案融入“数字泉城”规划建设打下了坚实基础。

二、抓好“四个着力”，高起点建设“济南市电子档案共建共享一体化管理平台”

以“四个着力”为抓手，迭代升级数字档案馆系统，建设“济南市电子档案共建共享一体化管理平台”，实现档案管理利用模式的新变革，为加快推进以信息化为核心的档案工作走向整体智治提供系统支持。

1. 着力融入数字政府建设总体规划，建成“电子档案共建共享一体化管理平台”。运用大数据、区块链等新一代信息技术，升级改造数字档案馆系统，于 2021 年建成“济南市电子档案共建共享一体化管理平台”。平台在局域网、政务外网、互联网集约建设，包括档案资源开发利用系统、电子档案长久保存系统、电子化归档智能处理系统、馆室一体化系统、电子文件保真系统、网上课堂、档案大数据管理平台、区域数字档案馆信息共享利用系统和移动利用系统 9 个子系统，为与济南市统一部署的公共性应用系统、重要行业业务系统的电子文件归档模块对接搭建了公共组件，为改革创新电子档案管理、利用模式提供了系统支撑。依托该平台，数字档案馆建设步入迭代升级快车道。

2. 着力做大数字“资源池”，试点开展电子档案“单套制”管理新模式。本着“存量数字化、增量电子化”的思路，依托电子档案共建共享一体化管理平台，变传统档案管理“双套制”为电子文件“单套制”管理模式。率先在全省以行政审批服务事项为试点，打通与行政审批服务部门的数据通道，构建“行政审批服务平台——电子化归档智能处理系统——馆室一体化系统——档案馆管理系统”全流程电子文件归档模式，实现电子文件接收、归档、移交、利用等环节全流程“单套制”管理。

3. 着力推动档案信息“共建共享”，档案查询利用实现“少跑腿”“跑零次”。通过搭建电子档案共建共享一体化管理平台，全市档案信息资源馆室、馆际、馆域之间的传统壁垒被打破，为实现档案信息资源共建共享的全覆盖，再造档案利用服务流程，推动档案利用体系的新变革提供了技术支持、体系支撑。一是重要民生档案共建共享再升级，实现“数据多跑路，群众少跑腿”，档案部门服务的便捷性进一步提高。二是馆室、室室之间档案资源共建共享再升级，实现机关查档“跑零次”。三是全省档案目录资源实现共建共享，接入“山东省档案查询利用平台”，支持省内异地查档，实现了省内档案目录信息“一网查、掌上查”。

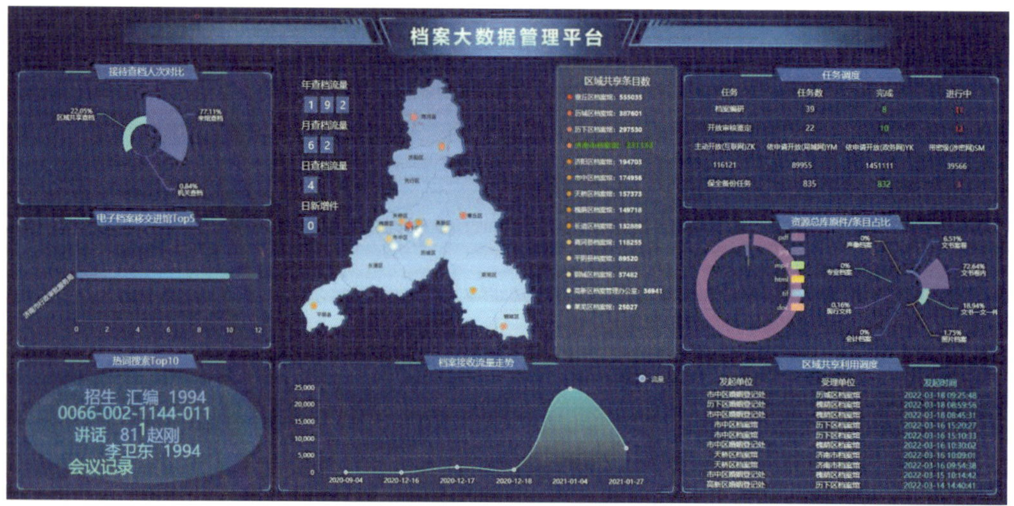

全面推行“一样本两指引”带动企业工资集体协商提质增效

济南市总工会

2023年，济南市总工会扎实履行维护职工合法权益、竭诚服务职工群众的各项职责，以全面推行山东省企业工资（薪酬激励）集体协商“一样本两指引”（简称“一样本两指引”）为契机，持续推动全市工会工作高质量发展。

一、夯实工作基础，抓实宣传推广

（一）坚持高位推进。为将“一样本两指引”推广工作走深走实，市总工会充分发挥协调劳动关系三方机制作用，主动联系相关部门联合下发文件，高平台、高标准对深化集体协商工作进行了部署安排，将“一样本两指引”推广工作纳入全年工作目标。同时把集体协商工作开展情况作为一票否决项列入创建劳动关系和谐企业活动、和谐同行企业共同培育行动、劳动关系领域评先树优评价标准，充分调动企业开展集体协商的积极性。

（二）抓实集中要约。济南市总工会始终把开展集中要约活动作为落实集体协商制度的“牛鼻子”，要求全市各级工会充分把握集体协商“一样本两指引”的意义，以职工稳岗就业为重点，支持和指导受前期疫情影响，生产经营出现中出现困难的企业、行业与职工就稳定工作岗位、休息休假安排、薪酬发放标准等重点事项开展协商，推动企业和职工共克时艰、和谐同行、实现双赢。

（三）强化典型引领。为进一步扩大“一样本两指引”的影响力，切实增强集体协商实效性，市总工会在全市范围内组织一百家企业开展了示范样板试点活动，同时，将“一样本两指引”推广活动与今年创新开展的“数字大篷车”服务进基层活动充分结合，通过直插一线的方式加强对企业管理层的宣传引导，为落实“一样本两指引”营造良好氛围。

二、立足基层需求，丰富工作机制

（一）完善市、县、镇（街道）“一样本两指引”三级指导服务体系。在市总工会内部形成保障部牵头，各业务部门联合齐抓共管的工作机制。在县级层面按照“4+N”配备标准，完善县级集体协商指导员队伍建设，落实专职集体协商指导员包干服务企业制度。在镇街层面，打造工会社会化工作者兼职集体协商指导员的网格化服务体系，形成市总抓总、区县抓片、镇街抓点的工作格局。目前，市、区县配备专职集体协商指导员 59 人，兼职集体协商指导员 370 人。去年以来，各级工会围绕“一样本两指引”宣传推广，累计为企业提供政策咨询、代表培训、文本起草等服务 7200 余次。

（二）健全“一样本两指引”培训及交流机制。县级工会在集体协商工作中发挥着基础性和关键性作用。济南市总工会始终把抓好县级以下工会干部培训工作作为落实“县级工会加强年”活动的重要举措。自“一样本两指引”全面推行以来，各级工会组织开展“一样本两指引”专项学习培训 88 场，培训工会干部、集体协商指导员、企业行政人员 2673 人次，实现对全市镇街以上工会全覆盖。组织召开建会企业负责人及工会主席座谈会 29 场，对开展“一样本两指引”推广工作广泛征求了意见建议，在充分了解掌握企业在劳动用工、劳动报酬等方面存在的差异的基础上，形成精准的推广方案。

（三）打造“工事共办”与“一样本两指引”双轮驱动模式。去年以来，为提高集体协商质量，倡导职工说出“利益诉求”、说出“矛盾纠纷”、说出

“心理需求”、说出“良方佳策”，济南市总工会在做好“一样本两指引”推广工作的同时，针对职工个性化诉求，创新开展“工事共办”议事厅活动。各单位成立由工会主席、职工代表等方面组成的议事小组，通过广泛收集职工诉求进行研讨论证，对于工会议事小组能解决的诉求，按照工事共办程序予以解决。对于职工提出的普通诉求，符合“一样本两指引”内容的，形成协商议题，纳入集体协商范畴，按照法律法规处理，努力打造“职工利益无小事、工会牵头共同办”的双轮驱动特色品牌。

三、锚定重点群体，持续精准发力

（一）聚焦产业工人群体力促增收。产业工人是改革的受益者，更是改革参与者。在产改过程中，济南市总工会始终坚持产业工人主体地位，引导产业工人理解支持改革、积极参与改革、共享改革成果，为产业工人提供细致入微的服务。围绕产业工人队伍改革要求，全市各级工会在推广“一样本两指引”过程中，指导技术工人集中的企业在细化合同文本时，充分将技能要素纳入集体合同具体条款，推动企业进一步建立健全向技术工人倾斜的收入分配制度。

（二）聚焦新就业形态群体力促稳定。济南市总工会充分发挥“一样本两指引”的牵引作用，组织新就业形态相关产业工会、企业工会广泛征求职工意见建议，积极向行业协会、头部企业或企业代表组织提出集体协商要约，推进集体协商进程。市总工会及各区县总工会建立了专职集体协商指导员参与新就业形态集体协商机制，组织专职集体协商指导员深入新就业形态相关企业和行业，积极履行政策宣传、开展培训、参加协商等职能，参照集体协商“一样本两指引”框架内容助力企业进一步丰富集体协商内涵，形成具体量化、能够体现行业特色的协商成果。

（三）聚焦女职工群体力促成长。一直以来，济南市总工会始终要求各级工会要切实保障女职工劳动权益，调动广大女职工干事创业的积极性和创造

性。“一样本两指引”的出台，为工会提高女职工的权益保障水平提供了新思路。山东麦德森文化传媒有限公司是一家民营文化传媒机构，女职工占比接近 50%，通过学习借鉴“一样本两指引”，企业在保留劳动时间、工资支付等传统集体协商内容的基础上，将女职工专属福利待遇纳入工资集体协商范畴，明确获得公司三八红旗手以上荣誉的女职工奖励市内或省内外旅游一次，每年用于妈妈小屋等女职工配套设施建设的支出不少于 10 万元，设立“光荣妈妈”奖项，对女职工生育二胎的奖励 5 万，三胎的奖励 10 万，极大提升了女职工的获得感、幸福感、安全感。

四、以点带面引领，提升质量效能

（一）满足职工多样化需求，增加了职工幸福感。与传统工资集体协商内容相比，“一样本两指引”对满足职工多样化需求进行了明确指导，在包括最工资最低标准、工资发放时间等基础性内容的同时，对职工福利、学习生活配套设施投入也有明确说明，有效增加了职工参与集体协商的积极性、主动性。2023 年，全市 1289 家企业借鉴“一样本两指引”内容签订了集体合同，其中百人以上建会企业 412 家，覆盖职工 12 万人；技术工人集中的百人以上建会企业 281 家，覆盖技术工人 1.2 万人。在工资确定、调整、支付方面和职工福利投入方面，分别有 28.2%、32.7% 的协商内容较之前有新增或细化，更贴近职工需求。

（二）基层工会干部集体协商工作效率得到明显提升。“一样本两指引”的推广，彻底解决了济南市基层企业工会干部普遍面对的集体协商三大问题。一是有力解决了集体协商“要协商什么”的问题。“一样本两指引”以协商内容模块化的体系，为企业工会干部集体协商工作指明了方向。二是有力解决了“依据什么协商”的问题。“一样本两指引”对集体协商过程中常用到的法律法规政策依据进行了逐项解读，有效实现了为企业工会干部答疑解惑，消除顾虑。三是有力解决了“如何规范协商”的问题。通过集体协商工作流程指引，对协商过程从筹备到履行 4 个阶段各项工作进行了充分解读，确保了协商结果的合法性。自“一样本两指引”推广以来，企业工会干部筹备集体协商会议时间由以往平均 35 天缩短至平均 20 天，工作效率有了明显提升。

（三）带动全市工会整体工作提质增效。“一样本两指引”的推广，不仅为济南市各级工会开展集体协商提供了有力工具，更是一种对求真务实、精益求精的工匠精神的传递。济南市总工会以“一样本两指引”的推广应用为突破口，在工会系统内部大力弘扬劳模精神、劳动精神、工匠精神，从“围绕中心、服务大局”的职责定位出发，树立主动作为的“主场意识”，把全市项目建设十个重点领域作为工会服务中心大局的切入点、着力点和主攻方向，打造精细化、精准化的服务职工品牌，创新开展了“数字大篷车”服务进基层活动、“工事共办”议事厅活动，带动工会服务职工整体工作提质增效。

站稳人民立场　抓实守心工程
以更强担当展现司法为民新作为

济南市中级人民法院

近年来，在市委坚强领导下，市法院坚持以习近平新时代中国特色社会主义思想为指导，全面贯彻落实习近平法治思想，牢记“民心是最大的政治”，扎实开展“司法为民示范法院”创建，带动“四项创建”活动全面铺开，推动全市法院工作水平整体提升。2023 年，全市法院共受理各类案件 289467 件、审执结 277851 件，比 2022 年分别增长 34.02%、26.85%；其中，市法院受理 30261 件、审执结 30244 件，分别增长 21.48%、19.33%，收结案数均创历史新高。

一、坚持“把惠民生的事办实”，着力强化民生司法保障

牢树以人民为中心的发展思想，坚持“小案事不小、小案不小办”，以“如我在诉”的情怀妥善办理就业、住房、教育、医疗等涉民生案件 78299 件。积极服务“保交楼、保民生、保稳定”，依法优先保障刚需和改善性需求购房人的合法权益，审结涉建设工程、房屋买卖、租赁、物业等纠纷案件 22105 件。与市自然资源和规划局等 15 个部门联合出台指导意见，合力解决确权办证历史遗留问题 288 个 17.3 万户。平等保护劳动者和用人单位合法权益，制发《农民工权益维护诉讼问答》，审结劳动争议类案件 12392 件，妥善处理“快递小哥”、网约车司机等新业态劳动者维权纠纷 334 件。深化家事审判方式改革，弘扬中华民族传统美德，审结离婚、继承、抚养等案件 12051 件，发

出人身安全保护令24份、家庭教育指导令126份，“孙某诉袁某继承纠纷案”入选全国法院老年人权益保护典型案例。加强未成年人司法保护，严厉打击校园暴力、“隔空猥亵”等侵害未成年人犯罪，审结相关案件235件；与团市委签署维护青少年权益框架协议，选派80名法官担任法治副校长，设立“校园安全先议办公室”，护佑未成年人健康成长。“粒案力办”，集中攻坚涉民生、涉中小企业10万元以下小标的额案件，执行到位农民工工资、赡养费、抚养费等17.9亿元；在全国首创“带封过户”，促进被查封房屋市场流转，最大限度保障债务人财产出让价值和债权人权益；研发上线“机动车联动控制平台”，实时追踪全市1617个停车场、95%以上公共区域停车信息，智慧执行“查证管”一体化平台项目获评“政法智能化建设智慧法院创新案例”。坚持把信访作为“送上门来的群众工作”，制定60条意见规范信访办理，落实“有信必复”、首接负责、领导包案等制度，及时解决群众合法合理诉求。加大司法人文关怀力度，为经济困难当事人缓减免诉讼费193万元，司法救助刑事案件受害人等443万元。

二、坚持“把暖民心的事办细”，增强人民群众司法获得感

坚定“把群众的事情作为大事来抓”，坚持“泉城诉服、诉服全程”，规范诉讼服务流程和标准，完善适老适残适弱服务措施，提供“一对一、肩并肩”服务，12368热线答复咨询5.33万次。坚持把信访作为“送上门来的群众工作”，制定60条意见规范信访办理，落实“有信必复”、首接负责、领导包案等制度，及时解决群众合法合理诉求。加大司法人文关怀力度，为经济困难当事人缓减免诉讼费193万元，司法救助刑事案件受害人等443万元。打造“枫桥式人民法庭”，强化与基层组织对接，加强对人民调解培训指导，努力将司法服务延伸到镇街、村居。深入推进数字法院建设，实行全流程网上办案，网上受理立案申请32.1万件，在线开庭4.6万件，电子送达454万件次；试点二审网上立案，网上立案率88.6%，立案周期较试点前缩短四分

之三以上。强化简案快审，全市法院共设有速裁团队69个，市法院5个团队分流了41%的二审民商事案件，平均办案用时16.6天，服判息诉率达到97.5%。全市员额法官人均办案378件，居全省前列。聚力打造公平竞争的市场环境，开展民营企业“法治体检”，发放《企业法律风险防范手册》；出台服务保障北方种业之都建设的意见，加大对核心技术、关键领域的知识产权保护，审结知识产权案件6773件。聚力把纸上权益变为“真金白银”，研发“机动车联动控制平台”，探索通过市场化方式盘活查封财产，首创“带封过户”，执结案件127546件；坚持善意文明执行，强化守信激励，为积极履行义务的9349个企业、自然人修复信用。

三、坚持“把顺民意的事办好”，回应人民群众司法新需求

牢记“民有所呼，我有所应”，积极回应安全稳定新需求，一审审结“4·14”有组织犯罪性质组织案等黑恶案件23件217人，涉养老诈骗、电信网络诈骗案件943件1268人，翰林金业传销案等传销、非法集资案件145件235人，危害生产安全犯罪案件48件56人，危害食品药品安全相关犯罪案件37件87人。积极回应多元解纷新需求，坚持和发展新时代“枫桥经验”，聚力“抓前端、治未病”，把诉调对接的“调”向前延伸，派员入驻“一站式”矛调中心，对接232个特邀调解组织、1472名特邀调解员，推广历下法院“一调四联”、莱芜法院“党代表工作室”、平阴法院“1123”多元解纷等做法，诉前化解劳动争议、物业纠纷等43345件。认真分析审判中发现的问题，向党委政府专项报告56次，发布知识产权审判、金融审判等白皮书17份，促进重点领域综合治理。针对案件数量多、增幅大的建设工程、劳动用工等纠纷，向有关部门发出司法建议266份，妥善化解110起“外嫁女”安置补偿等争议，促进基层社会治理。积极回应企业发展新需求，稳步推进涉案企业合规改革，与市检察院联合制定工作指引，对220家企业进行培训，市法院审理的某公司普通货物走私案，在最高法院案例大讲坛作了介绍交流。积极

回应学法用法新需求，坚持“谁执法谁普法”，扎实开展“双报到”“四下基层”等活动，举办法律咨询讲座 590 场次；打造“纪小槌”宣传品牌，发布案例等 7000 余条。市法院官方微博被评为全国法院十佳新媒体账号。

四、坚持强化自我革命，提升司法为民能力水平

把“人民群众满意”作为根本标准，着力提升审判质量和司法公信力。每季度研究审判执行工作事项，每月分析审判运行态势，一审案件上诉率下降 1.22 个百分点、被改判发回重审率下降 0.25 个百分点。坚持院庭长带头办理疑难、复杂、新类型案件，办案数量占结案总数的 46.46%。落实院庭长阅核制度，确保“放权不放任、用权受监督”，进一步明确独任法官、合议庭、审判委员会职责，细化办案流程，促进依法规范履职。深化数字赋能，动态跟踪办案流程，实现监督管理实时化、精准化，审限内结案率上升 1.55 个百分点。强化简案快审，全市法院共设有速裁团队 69 个，市法院 5 个团队分流了 41% 的二审民商事案件，平均办案用时 16.6 天，服判息诉率达到 97.5%。全市员额法官人均办案 378 件，居全省前列。扎实开展执法司法突出问题专项检查，围绕规范庭审、提高文书质量等方面细化整改措施，加强建章立制，进一步规范司法权运行。开展岗位“大练兵”，组织办案经验交流、文书评选等，提高法官辨法析理、做群众工作的能力，有 27 个案例入选全国法院典型案例，50 篇理论调研文章在省级以上刊物发表。干警足不出院就能实现与市图书馆通借通还，被评为市级“职工书屋示范点”。强力打造党员干警立根固本新平台，成立市委党校市法院分校、市图书馆市法院分馆，及时更新知识信息资源，全年增配书籍 6000 余册，更新各类期刊 3488 种，案例 2304 篇，法律法规 399060 条。强化队伍管理，全面推行“两张清单”，严格执行“三个规定”，加大信访举报核查力度，持续改进纪律作风。激励担当作为，开展“六比六争做”活动，评选首届“泉城最美法官和先锋法官团队”，营造争先创优良好氛围，全市法院有 61 个集体、123 名个人获省法院以上表彰表扬。

“小法庭”释放司法温度 绘就矛盾纠纷化解好“枫”景

——历下区人民法院姚家人民法庭创建“枫桥式人民法庭”

济南市中级人民法院

近年来，济南市历下区人民法院姚家人民法庭以创建“枫桥式人民法庭”为契机，做实能动司法促推诉源治理，主动融入基层社会治理体系，切实提升矛盾纠纷预防化解水平。在辖区用工主体增加近2万户的情况下，实现劳动争议案件总量下降30%，调撤率提升至45%，发改率下降至2.7%，全部案件无一信访。先后获得“全省法院先进集体”“集体一等功”“全省优秀人民法庭”“全省法院诉讼服务示范先进集体”“人民满意好法庭”等荣誉。劳动争议“全流程”诉源治理等工作经验受到全国人大代表肯定，最高人民法院、国家信访局先后到姚家法庭视察工作，浙江省高级人民法院到姚家法庭进行调研，《人民法院报》《中国审判》等多家媒体进行了报道。

一、党建引领突出组织优势

“根深则叶茂，本固则枝荣”。党的领导和我国社会主义制度优势，为做深做实新时代“枫桥经验”提供了根本保证。姚家法庭坚持党建固本，积极探索“党建+法治服务”新模式，通过共建促进基层组织化解矛盾纠纷，推动构建基层治理新格局。

一是坚持党建引领，激活司法服务末梢。始终把党的政治建设摆在首位，以党的政治建设为统领，坚持“党建+队建+审判”工作思路，将党建作为法院发展引擎，提升司法服务质效，实现了党建工作与审判执行、队伍建设等各项工作互促共融。

二是切实推行“支部建在庭上”“党小组建在审判团队上”。抓实“三会一课”制度，抓细“主题党日 +”活动，开展“互动式”学习交流，以“打断式”发言、“点名式”交流增进党员互动。建立“诤言”台账，实行销号管理，坚持当下改和长久立结合。

三是围绕职能，积极开展共建。与辖区内姚家街道、智远街道以签订党建共建协议书、交流支部建设和服务辖区发展等形式提高共建实效，以双方党支部互学互促、构建基层党建工作新格局的形式深化社会治理，充分发挥法庭党支部战斗堡垒作用和党员先锋模范作用。

二、能动司法促推诉源治理

姚家法庭立足辖区实际，深耕为民服务职能，积极融入基层社会治理，在治理内涵、治理空间、治理功能上不断拓展完善，做实能动司法，促推诉源治理，为辖区经济社会发展提供有力司法服务与保障。2023 年在辖区用工主体增加近 2 万户的情况下，实现劳动争议案件总量下降 30%，

一是“三维协同”融入基层社会治理。姚家法庭以消除社会矛盾隐患，服务辖区经济社会发展为出发点谋篇布局，主动延伸司法职能，形成以姚家法庭为主体，联动姚家街道、智远街道为两翼的一体两翼、三维协同的基层社会治理格局，针对类型化纠纷及群体性纠纷共同分析研判、定期会商，助力推动“无讼社区”创建。发挥法律专业优势，与基层政府、群众自治组织形成优势互补，充分发挥人民法庭在诉源治理中的参与、推动、规范和保障作用，助力辖区社会稳定与经济发展。

二是“端口前移”开展调研与宣传。认真分析辖区社会矛盾成因，从源头上加强纠纷的防范治理。积极主动作为，到劳动争议多发的用工密集型企业开展调研。发现用工不规范、劳动关系双方法律意识欠缺、调解组织不健

全是造成纠纷多发的主要原因。针对调研中发现的问题制作培训课件，“走出去”为数十家不同行业的企业及员工上门授课，分析用工风险、指导企业规范管理，帮助企业完善用工管理制度以及劳动争议协商机制。将企业、工会、劳动者“请进来”，在法庭围绕共建和谐劳动关系进行座谈，了解企业在用工过程中遇到的疑点、难点问题，解疑释惑。印制《劳动争议知识问答》《劳动争议诉讼指引》等宣传手册，在企事业单位、社区和高校免费发放。组织高校应届毕业生观摩庭审、开展就业纠纷风险指导。通过开展培训与法治宣传，培植和谐社会关系与理性维权理念，从根源上避免社会矛盾的发生。

三是“对症下药”出具司法建议。姚家法庭针对工作中发现的集中性、苗头性、普遍性问题，积极发出司法建议，总结企业在用工管理中的不足，行政部门在监管中的欠缺，从而预防同类型争议反复发生。加强判后跟进指导，以司法建议的方式向企业提出整改措施，督促企业及时防范化解风险。

三、创新机制引领多元解纷

坚持非诉解纷机制挺在前，做实各类调解机制深度融合、有机衔接，主动融入街道“法治超市”“法治课堂”等解纷机制，推动形成大调解工作格局。采取重诉前、聚合力、强联动的纠纷多元化解模式，通过加强与职能部门、调解组织的联动，为矛盾纠纷提供了相应的解决渠道，有效把矛盾化解于诉前。

一是“一调四联”形成调解合力。分别与区总工会、区人力资源和社会保障局、区司法局共同成立了历下区劳动人事争议调解中心，联合工会、劳动仲裁委、诉调对接工作站、劳动人事争议调解中心，将多元调解贯穿仲裁、诉讼、执行全过程，通过“一调四联”工作机制多维度化解劳动纠纷。“一调”，即与历下区总工会、历下区人力资源和社会保障局、历下区司法局打造各方协同、齐抓共管、分层过滤的多元解纷平台，将一条调解主线贯穿始终。“四联”，即司法调解联结企业调解组织、联结工会调解组织（劳动争议诉调工作室）、联结人社局调解组织（劳动人事争议调解中心），形成多维度调解劳动争议案件的合力。同时邀请工会调解员进驻法庭办公，参与调解工作，让劳动者有找到“娘家人”的归属感，大力培育“和谐、和美、合作、合力”的历下劳动文化。

二是“四轮调解”保证调解成效。劳动争议发生以后，首先建议劳动者与用人单位进行协商，然后通过区工会劳动争议调解委员会、街道劳动人事争议调解工作室以及法庭与区人社局联合设立的“和合劳动法律工作室”引导双方进行调解，自行达成调解协议。调解不成的进入工会调解，由区工会选派律师进行调解。再次调解不成的案件，由区劳动仲裁委立案受理，仲裁阶段会再进行庭前、庭后两次调解。三轮调解不成功且不服仲裁裁决的案件起诉到法院后，由我院聘请的特邀调解员以及工会选派的律师调解员再进行第四轮调解。经企业内部调解、工会调解、仲裁调解后，争议化解率达 75%，进入诉讼的约 1000 件案件中又有超过 40% 的案件由法庭成功调解。

三是“一把尺子”提高调解公信力。每季度与调解组织、仲裁委召开业务研讨会议，指导调解工作，统一法律适用标准，“一把尺子量到底”，保证案件调解的公平、公正性，提升公众对调解工作的接受度与信任度。历下仲裁委受理某大型健身企业员工集体讨薪案 374 件，为减轻劳动者诉累，高效便捷地解决纠纷，维护社会稳定，姚家法庭与历下人社局召开三次联席会议，对劳动者各项仲裁请求进行梳理，制订化解方案，统一认定标准，确保“一把尺子量到底”，这批案件在裁决后均未形成诉讼。

四、专业审判实质化解纠纷

姚家法庭发挥专业化调解审判优势，把实质性化解贯穿案件审理始终，在每一个环节都把化解矛盾、服判息诉的功课做到实处，案件质效大幅提升，二审发改率由劳动法庭成立前的 20% 下降至 2.7%。

一是提升专业化审判能力，牢固定分止争基础。为了更好地实行劳动争议专业化审理，法庭建立两个专审团队，整合优化审判资源，培养术有专攻的审判力量，提升劳动争议案件审理的专业化、精细化水平。两个专审团队开展每周两次业务学习，共同研究疑难案件，强业务、提技能，切实提升团队审判业务水平。

二是退休法官发挥余热，充实调解队伍。自2022年开始聘任省、市、区三级法院退休法官担任法院特邀调解员，退休法官具有深厚的法律专业功底和丰富的司法实践经验，作为法庭的“智囊团”，为劳动争议高效化解做出突出贡献，大幅提升了劳动人事争议案件的专业化调解水平及裁判质效。

三是深入调研纠纷成因，做实案结事了。注重调查纠纷背后的成因，识别劳动者的真实诉求，提出“一揽子”解决方案，从根本上化解劳动者与用人单位之间的纠纷，避免产生衍生诉讼。

五、科技赋能提升诉讼服务

紧紧围绕“一站、集约、集成、在线、融合”总体工作思路，努力将传统法庭打造成具备线下庭审、平台调解、互联网庭审的多功能智慧法庭，不断完善诉讼服务窗口建设，加大“线上”调解力度，打造“当场立、自助立、网上立”的立体化诉讼服务模式，“三位一体”回应群众司法需求。

一是在面上，实现服务网络全覆盖。姚家法庭形成以人民法庭为主、矛调中心为辅、社区联系点为补充，覆盖全街道、直达全社区的法庭诉讼服务网络格局，打通诉讼服务“最后一公里”，实现基层治理微循环。

二是在线上，坚持服务阵地前移。当事人在法庭可同样办理登记立案、跨域立案等诉讼事项，真正实现人民群众在家门口“办事一站式、服务零距离”诉讼服务。同时，加强智慧法院建设，充分运用“互联网+”司法服务新模式，让当事人及其代理人足不出户即可完成立案、调解、开庭等事项，立体化、智慧化、集约化诉讼服务体系成效显著。

三是在点上，有的放矢提供精准服务。开展“向前一步，主动作为”系列主题活动，延伸司法职能，走访企业开展调研讲座，精准普法排除纠纷隐患。实施沉浸式普法宣传模式，不断提升群众法律意识，助推基层社会治理。

精准发力　狠抓落实
全力推动项目突破提速提质提效

济南市发展改革委

项目建设是推动经济社会发展的重要动力，市委市政府将2023年确定为“项目突破年”，吹响了全市大抓项目、大干项目的“冲锋号”。市发展改革委认真贯彻落实市委市政府决策部署，坚决扛起项目突破的使命担当，牢固树立“项目为王”的工作理念，树牢“一切围绕项目转、一切聚焦项目干”的鲜明导向，将项目建设作为全年发展改革工作的主战场、主阵地、主引擎，努力用高质量的项目支撑全市经济高质量发展。

一、狠抓项目建设推进

一是认真履行牵头职责。第一时间组织召开发展改革系统“项目突破年”部署动员会议，研究印发《全市发展改革系统“项目突破年”行动方案》，成立市发展改革委“项目突破年”工作领导小组，部署抓好项目策划储备、抓好项目推进服务、抓好项目要素保障、抓好工作跟踪问效四项重点任务。以全市深化新旧动能转换推动绿色低碳高质量发展重大项目为主战场，由主要领导负总责，分管领导“分兵把口”，全市发改系统干部职工打破处室（科室）界限、业务界限，组建12个服务组，积极主动为项目单位办实事、解难题，切实发挥项目推进服务先锋队和困难问题解决尖刀连的作用。对重大项目建设计划进一步量化、细化、实化，坚持“日监测、周调度、月通报”，定期形成分析报告，层层传导压力，实现以周保月、以月保季、以季保年，全力推动项目建设快速推进、落地见效。二是实行精细化分类指导。对新开工项目，强化项目要素保障和手续办理，在确保新开工项目应开尽开基础上，推动更多项目提前开工；对续建项目，指导责任单位按照时间节点分解年度任务，倒排工期，挂图作战，对投资进度低于时间节点的项目，逐一分析原因，针对性提出推进举措，强力推动项目提质提速；对谋划储备项目，靠前争取、做好协调，加快推动项目落地开工。三是加强市区联动。推动市区两级服务组共同发力，常态化深入项目建设现场，全面准确、详细掌握包挂项目形象进度、投资进展，现场摸排项目推进过程中的难点堵点，及时将不能现场解决的困难纳入问题办理清单，加快协调解决。

二、狠抓项目服务保障

一是优化要素保障。全力保障重大项目土地、能耗等要素需求，重点用好精准用地联合审查工作机制，对有用地需求的重点项目，指导项目单位完善精准用地联合审查资料，尽快提交市项目联合审查工作领导小组进行联合审查，提高精准配置土地效率，帮助项目单位尽快解决用地需求，确保“通过审查必供地、供地必精准、用地必达效”。严格项目立项、要素供给、规划施工、竣工验收等重点环节管控，真正做到全方位管理、全过程服务。全年对各区县（功能区）申报的13个项目资料进行了审核，其中8个项目通过精准用地联合审查，确定用地规模939亩。二是抢抓政策机遇。进一步加大工作力度，吃透上级政策要求，常态化开展项目策划储备，积极开展对接争取，确保我市更多优质项目列入国家支持范围，用好用足专项债券和各级预算内投资，夯实项目建设资金保障。三是加大推介力度。对具备合作条件的关联度高、带动性强的未开工或策划储备项目，通过驻点招商、以商招商等方式，吸引各类资金参与建设，促使更多重大项目落地生根、发展壮大；举办2023年度首期省市重点项目银企对接会，结合产业政策精心筛选首批40个优质项目，梳理摸排资金需求约70亿元，形成融资需求清单传递给银行，架起资金和项目之间的沟通桥梁。四是突破瓶颈难题。充分发挥市重点项目建设推进工作领导小组办公室牵头抓总的作用，对各渠道摸排的困难问题按照分级办理、分类处置原则，逐一分解落实到相关责任单位，定期调度进展情况，形成问题归集、分解、调度、督导、销号的闭环管理，办结一件、销号一件，力争化解突破一批瓶颈难题。全年共组织召开 8 次全市重点项目协调推进工作会议，专题研究需市级层面协调解决和各部门（单位）自行推进解决的项目问题，形成了工作台账，明确了责任部门（单位）和完成时限，全年通过调研共摸排出问题 184 项，办结销号 167 项。

三、狠抓项目策划储备

一是继续加大项目谋划力度。强化“抓项目就是抓发展，谋项目就是谋未来”的工作导向，坚持“策划储备一批、前期论证一批、落地实施一批、达产达效一批”的项目建设总体思路，把策划储备项目放在项目建设首要位置，持续加大项目谋划策划和招引力度。紧紧围绕国家、省重大战略、重大规划以及最新政策导向，运用好“盯牢‘五类项目’、坚持‘三个并重’、用好‘四个力量’、按照‘四个要求’”的项目谋划法，加大项目谋划策划的精准性、针对性，策划一批引领性、支撑性关键项目，以骨干龙头项目的辐射带动作用推动上下游产业发展，达到延链补链强链效果。二是强化项目谋划策划机制。建立全市新提报策划储备项目月度通报制度，定期召开全市项目策划储备工作专题会议，组织指导各区县（功能区）、相关部门（单位）共同开展项目策划储备工作，建立涵盖经济社会各领域的策划储备项目库，并实施动态调整，积极做好定制包装和即时推介，全力提升项目策划质量。同时，建立全市项目策划储备工作联席会议制度，统筹推进策划项目融资方案等事项，加快项目落地实施。三是加强信息化管理。按照统一编码管理、统一标准口径、统一规范分类、统一填报内容的工作要求，做好全市策划储备项目库动态管理，坚持“一月一提报”“一月一调度”，促进全市上下谋划储备一批能最大程度争取各类融资支持、能尽快落地实施的高品质项目，推动更多项目落地开工，确保项目源源不断，真正成为项目建设的“源头活水”。全年全市各级各部门共提报策划储备项目 3457 个，总投资 1.81 万亿元，年度计划投资 667.66 亿元。全年组织市委市政府召开的专题调度会 11 次，通过专题召开重点项目调度会议，逐个区县（功能区）逐个市属平台企业汇报分析项目进展和谋划工作情况，摸清了底数，为全市高质量发展提供了坚强支撑。

四、狠抓推进机制完善

一是实行清单化动态管理。组织对全市深化新旧动能转换推动绿色低碳高质量发展重大项目进行动态调整，引导各责任单位既立足实际，又着眼长远，将能助力推动绿色低碳高质量发展的支撑性、引领性、带动性的重大项目列入项目清单管理，推动项目梯次推进、动态发展、接替有序，最新调整后，重大项目已由年初的 1301 个调增为 2413 个，总投资由 2.41 万亿元调增为 3.13 万亿元，年度计划投资由 2933.14 亿元调增为 3118.43 亿元，全年累计完成投资 4150.03 亿元，投资完成率 133.08%。二是完善考核激励机制。进一步激发各区县（功能区）抓项目的积极性，将项目建设作为检验能力作风的重要标准，以“项目突破年”为契机，开展“作风建设、能力提升”集中行动，树立“看干部就是看项目，看项目就是看干部”的鲜明导向，把项目建设当成检验干部能力的“试金石”，通过大抓项目建设，发现培养一批能打硬仗、敢于攻坚的好干部。三是优化项目建设监测服务平台。建立覆盖投资额 500 万元以上全部项目的在线监测平台，将策划储备项目、绿色低碳高质量发展重大项目、市级重点项目、省级重点项目等 6000 多个项目全面纳入监测视野，按照统一编码管理、统一标准口径、统一规范分类、统一填报内容的工作要求，实现了“四库联通”。将红黄灯预警机制嵌入全生命周期管理各环节，对进度滞后的审批环节进行红黄灯预警提示，第一时间疏解堵点卡点。以推动项目真正贡献有效投资为导向，“条块结合”开展项目投资情况调度，在纵向上，对区县（功能区）按月发起项目预计完成投资调度，提高投资运行研判的前瞻性、准确性；在横向上，即时调度汇总各行业项目数量、总投资和项目进展情况，帮助行业主管部门掌握第一手数据，进一步提高项目投资运行研判的准确性和时效性。

济南市“4321”公共资源交易服务模式助力企业降成本提效率

济南市发展改革委

为提升公共资源配置效率，解决公共资源交易领域痛点、堵点、难点问题，我市推出了“4321”公共资源交易服务模式，通过建平台、简环节、优服务，进一步降低企业制度性交易成本，优化招标投标营商环境，实现有效市场与有为政府更好结合，为推动要素资源高效配置、构建全国统一大市场提供了有力支撑。该项创新举措被国务院推进政府职能转变和“放管服”改革协调小组优化营商环境专题组2023年《全国优化营商环境简报》采用。12月27日，国家发展改革委主办的“全国公共资源交易平台整合共享暨招标投标专项治理现场会”在我市召开，集中展示了我市降低企业制度性交易成本等改革创新成果。

全国优化营商环境

简 报

第180期

国务院推进政府职能转变和“放管服”
改革协调小组优化营商环境专题组　　2023年2月2日

营商政策

国家发展改革委办公厅关于在部分地方公共资源交易平台和企业招标采购平台试运行招标投标领域数字证书跨区域兼容互认功能的通知（P2）

营商环境深度看

全国首个跨区域公共资源交易目录正式实施（P5）
吉林省推动公共资源交易领域数字证书互认和免费办理（P6）
宁夏回族自治区实现公共资源交易评标专家自助抽取（P7）
山东济南市降低公共资源交易制度性成本（P8）
山东青岛市实现政府投资项目工程款支付信息公开共享（P9）
安徽芜湖市构建招标文件“标前监测+标后检查”模式（P10）

山东济南市降低公共资源交易制度性成本案例被《全国优化营商环境简报》采用

一、主要做法

1. 实行“四项免收”交易服务，降低企业交易成本。

实行包括免收首把数字证书（CA）办理费、网上下载标书费、政府采购投标保证金、政府采购履约保证金等“四项免收”交易服务。大力推行招标公告、招标文件发布、投标、开标、中标公示及公告发布等全流程在线办理，交易文件实现“电子标书”替代“纸质标书”。保证金收取由全部企业无差别交纳转变为对信用良好企业减免收取，进一步减轻了企业资金负担，激发了企业诚信经营积极性。近三年来全市共有10万余家企业免费下载招标文件，实际投标约8.9万家，免费提供数字证书16441个，累计为企业节约投标成本约计4970万元。

2. 提供“三项担保”金融支撑，缓解企业资金压力。为企业免费提供保证金代收代退、电子保函和“政采E贷”等“三项担保”金融服务。一是建设完善公共资源交易保证金管理系统，在法定时限内经授权可自动退付保证金，防止发生保证金逾期退还情况，最大限度减轻企业资金占压，近3年以来累计退付投标保证金18.56亿元，退付利息51.46万元。二是大力推广使用保函特别是电子保函替代现金保证金，与19家保险机构开展电子保函业务合作，累计开具保函总数10462笔、担保总额10.7亿元，电子保函费率降至1‰，为全省最低。三是扩容“政采E贷”线上融资业务，针对政府采购供应商中小企业较多情况，进一步降低企业贷款门槛、简化程序，依托交易平台累计发放贷款336笔，贷款金额约39.74亿元，有效解决企业交易过程融资难、融资贵问题。

3. 推行“两项措施”精准落地，提升企业活跃度。大力推行简化政采企业法定资格形式审查和网上商城入驻零门槛等“两项措施”。一方面，简化政府采购项目企业法定资格的形式审查，供应商在参与我市政采投标评审时，在投标（响应）文件中无须提供财务状况报告、依法缴纳税收和社会保障资金、没有重大违法记录等资格证明材料，只需提供缴纳税收和社会保障资金等证明告知承诺书即可。另一方面，积极推行供应商网上商城入驻零门槛，通过采取供应商常态化征集、自主申请、承诺入驻、动态管理等模式，显著降低企业入驻网上商城难度，齐鲁云采网上商城济南分站共入驻供应商11828家，其中中小企业11691家，占比98.84%，成交订单数量占比97.7%，进一步提高了中小企业参与采购活动的活跃度。

4. 拓展交易“一网通办”应用场景，实现企业“零跑腿”。印发《关于深入推进公共资源交易全流程电子化的通知》（济公管办〔2023〕4号），在全省率先推行交易异常行为信息在线推送、交易平台与社保信息联通、合同签订及变更“一网通办”等。开发完善电子合同在线签发、随时查看、网上打印等多种功能，累计完成合同在线签订及变更1295次。开发上线交易平台移动端，实现企业交易信息随时查以及招标投标业务随手办。拓展“市域内多点分散评标”“远程异地评标”“BIM辅助评标”等场景应用，先后与青岛、淄博、南阳、洛阳等省内外地市共开展远程异地评标合作150次，常态化实现“线下不见面、线上面对面”的远程跨地域评标新模式，有效加强了公共资源交易领域优质专家资源共用共享和跨区域交流合作。

二、取得成效

1. 交易主体交易成本持续降低。推行数字证书“线上申领、首把免费、快递邮寄”等一站式服务，由“政府买单”替代“企业消费”，“线上办理”替代“线下跑腿”，极大节约了交易主体时间，提高了交易效率。同时，大力推广保函替代现金保证金，充分发挥保函办理简单便捷、方便查验真伪、全程电子留痕特点，进一步提高投标手续的办理效率。坚持将企业需求放在首位，对首把数字证书办理费、标书打印费、电子保函办理费等一系列费用实行“减、免、降、去”措施，为企业节约了交易成本，帮助企业释放了现金保证金压力，一定程度上保证了合同履约，切实有效地降低了招标投标制度性交易成本。

2. 全流程电子化水平持续深化。我市公共资源交易全流程电子化系统涵盖建设工程、政府采购、产权交易等15大类交易项目类型，横向联通各监管部门的电子化平台系统，纵向贯通了各区县（功能区），实现了从招标计划提前发布、招标文件预公示、招标公告发布、开标、评标等29个节点全流程“线上办”。大数据、区块链等电子信息技术的使用，实现了招标投标信息发布、线上监管、辅助评标等自动化处理，通过“电子技术”代替“人工操作”，在节约交易主体时间和成本同时，更大程度上减少了人为因素的干扰，营造了阳光透明、流程简便、社会公众有序竞争的良好招投标市场环境。

3. 交易活动公平公正性持续提升。合同线上签订的推广，改变了以往线下签约、多方跑腿的情况，节约了大量人力、物力成本的同时，提高了招投标双方签约、履约效率，实现动态留痕、全程可溯，同时合同的公开发布，广泛地接受了社会公众监督，促进招投标活动在“阳光”下进行。我市常态化推进远程异地评标，打破了物理空间的限制，解决了部分地区优质专家资源不足、专家复抽率高等问题，实现了优质专家资源共享，有效解决了本地评标专家“熟面孔”问题，防范了评标专家围标串标行为，提高了评标过程的公平公正性，对规范招标投标交易秩序、提升监管质效等具有重要意义。

三、下一步打算

2024年，将聚焦要素市场化配置改革、全国统一大市场建设、数字济南建设等重点方面，持续提升公共资源交易平台监管服务水平，优化全市公共资源交易领域营商环境。

1. 深化金融服务赋能招标投标。进一步优化交易系统与金融系统对接，强化电子保函在线办理、在线提交等服务功能，为全面推行保函（保险）替代现金缴纳投标保证金创造条件。探索推行招标投标“中标贷”，实现中标企业凭借中标通知书和合同等在线申请贷款，立足企业发展分类施策，适度降低投放门槛，增强金融普惠性，促进企业进一步提高融资效率、降低融资成本和信贷风险，向经营主体更好地提供低成本、高效率、多渠道、全链条金融服务。

2. 深化数字化建设赋能招标投标。一方面，加强大数据分析技术在监管领域应用，优化系统对交易异常行为的监测预警功能。进一步拓展数据分析范围，规范交易现场见证违规线索推送工作，提升大数据对交易监管的支撑保障作用。另一方面，拓展异常行为信息比对、研判、预警等功能，对涉及评标委员会成员的相关数据信息进行关联分析，对评标专家潜在的关联关系和风险点进行异常信息预警提示，进一步遏制因评标专家不主动回避造成的潜在问题，维护评标公平公正。

3. 深化招标投标多维赋能民营企业发展。优化民营企业参与投标的服务保障，对使用国有资金的通用技术工程项目，适当提高民营企业资格审查入围比例，强化民营企业等参与投标金融服务，切实提高企业获得感和满意度。依托公共资源交易平台探索开发小额工程网上交易系统，改善以往小额工程施工企业分散难寻、选取过程效率低下、信息不对称等状况，进一步提高民营小微企业招投标活动参与率，为支持民营企业高质量发展提供招标投标保障。

提质立品 “泉”育未来
构建济南市全环境立德树人新格局

济南市教育局

全环境立德树人，从理论到实践，都是一个十分宏大与精深的问题。济南教育以“信念坚定、内心充盈、品行良好、人格健全”为育人目标，积极开展既具创新又有实效的探索，着力构建学校、家庭、社会、网络、心理“五位一体”全环境立德树人新格局。

一、系统布局，谱画长效机制“路线图”

“一张图”统领。济南市文明委与济南市委教育工作领导小组联合印发了济南市《关于构建全环境立德树人新格局　加强和改进未成年人思想道德建设的工作方案》，市教育局研究印发了《推进全环境立德树人重点工作任务实施方案》，指导全市各区县，中小学、幼儿园制订全环境立德树人实施方案，实现市级、区（县）、学校工作方案全覆盖，做好实施路径规划图。济南市纬二教育集团和济南舜文中学全环境立德树人实施方案入选省教育厅全环境立德树人典型实施方案并在全省推广。

“一盘棋”统筹。建立全环境立德树人工作协调机制，20家成员单位联动配合，紧密协作，形成了会议制度、报告制度、督导制度，定期召开协调会，开展月调度，统筹推进全环境立德树人工作。

“一条链”推进。制定《全环境立德树人项目清单》，组织召开全市德育工作现场会和全环境立德树人工作专项推进会，遴选发布济南市30项德育品牌、30项全环境立德树人优秀品牌，以项目化、清单式方法全面推进全环境立德树人工作。

“一股劲”推广。全市组建了11支市级全环境立德树人宣讲队伍，走进学校、社区、机关，常态化开展多层级、广覆盖的宣讲活动，至今已宣讲上千场，受众达到120余万人次。各宣传媒体和各部门微信公众号开展立体式宣传，营造了全环境立德树人浓厚氛围。

二、一体推进，优化学校育人“主阵地”

济南教育坚持以德立校、以德立师、以德立生，通过四大项目，构建“时时、处处、事事、人人”育人的学校全环境立德树人体系。

一是聚焦大中小学思政一体化建设。深化“双贯通”思政课改革，常态化开展大中小学思政课一体化联合研训。深耕“行走的思政课”，构建8大类100所实践教学基地，让培根铸魂的思政教育焕发出了生命活力。改革成果获评山东省教育综合改革与制度创新十大案例，中央电视台综合频道《晚间新闻》进行专题报道，济南市在教育部大中小学思政课一体化共同体建设工作推进会上作典型发言。

二是首创“泉引桥”基础教育全学段衔接工程。在全国率先出台《基础教育全学段衔接“泉引桥”工程的指导意见》。聚焦身心、生活、学习和社会四个维度，系统化开展从幼儿园到大学全学段教育科学衔接，减缓学段“坡度”，助力身心“过渡”，降低家长焦虑，切实解决各学段衔接的痛点与难点，完善学段衔接新样态。

三是全面启动青少年社会与情感能力培养工作。作为全国唯一代表城市，完成学生社会与情感能力全球测评。遴选培育30所实验校，在全国青少年社会与情感能力培养学术研讨会上做典型发言。

四是做实中华优秀传统文化传承教育。举办全市传统文化教育“两创”圆桌论坛，创作教育观察纪录片《传统文化·人·成长》，实施“种子教师”

培育工程，8 所中小学被命名为省级中华优秀传统文化传承示范校。

五是创新德育强师工程。组织班主任育人关键能力展示提升活动，5 位班主任入选全国中小学班主任基本功展示交流活动典型名单，占全省入选总人数的一半。组织开展“走青春路　做育花人”青年教师主题教育活动，推动青年教师培养常态长效发展。打造立德树人双领军团队，创新推进班主任育人和学科教师育人融合落地。

三、培根润心，打造心理健康教育新样态

一是建立市级心理健康指导中心。中心政府主导、人员优化、长效运转，开通“专业强”“速应答”“影响广”的全省首个 24 小时心理热线。热线开通三年，接听量达 36393 通，化解重大心理危机 56 起，被市政府列为“为民办实事”事项。

二是推动标准化建设。开展全员心理筛查，班级设立“心理委员”和“隐形保护人”。在全省率先成立“医教结合”学生心理健康促进中心，为高危学生问题解决提供专业支撑，率先落实专职心理教师享受班主任待遇。

三是打造心育特色品牌。全国首推“觉察接纳　涵育未来”“心理健康三个一”行动，举办校园心理剧教育展演，开发“吾心你好”心理微视频和家庭教育直播课。省教育厅编发简报在全省推广相关做法，中央电视台、《人民日报》等多家国家级媒体深入报道。

四、合力赋能，打好协同育人“组合拳”

一是做实生活德育家庭场。在全市 140 万学生及家庭中开展建起“养机场”、力行“众厨芳”、潜心“上书房”生活德育家庭三个践行活动，通过关键生活事件的改变提升家庭生活品质，央视《东方时空》《晚间新闻》进行专题报道。

二是抓牢家庭教育主渠道。在全省率先发布《济南市中小学（幼儿园）家庭教育指导纲要（试行）》，深入推进“泉家共成长”家庭教育品牌工程，

开发“泉家共成长”掌上服务平台、《泉城家庭教育》融媒体平台。坚持“一区一品格、一校一特色”，培育100所家长学校示范校，建设千所标准化家长学校。成立家庭教育志愿服务队，今年已开展志愿服务4841次，受众逾321.4万人。省政府主要领导批示“济南市在家庭教育改革方面的探索很有意义，值得总结推广”。

三是发挥社会育人强合力。依托“泉育未来”协同育人共同体，开发全市研学地图，设立561个研学实践基地，496个劳动实践基地，为学生全面成长提供丰富场域。指导鼓励各区县、学校先行先试，历下区打造“百家协同育人基地”，市中区推出“宜家十三策”，槐荫区构建“成长云地图”，济南大学城实验高级中学推动“双高联合育人”项目等，均取得显著成效。

五、资源取向，构筑网络育人新范式

一是坚持“三个强化”，探索建立网络育人新模式。强化制度引领，制定网络育人赋能工作方案。强化组织保障，建立1个网络育人实验区、17个青少年网络素养教育基地。强化队伍建设，组建网络教育志愿服务队、校外辅导队、童伴网格员等多类网络德育队伍。

二是突出“三个推动”，培养青少年数字社会公民素养。推动网络素养教育进校园，构建并开设网络素养课程，组织开展国家网络安全宣传周，开设专题课程800余节，网络安全专题培训达240多万人次，学生网络安全宣传教育面达100%；推动开展网络道德教育，挖掘中国精神、中国价值和中国力量的网络引领作用，推出“新时代好少年”“济南好人榜”等先进事迹发布等专栏，激发青少年网络道德行为自觉。推动教校社协同，筑牢青少年用网保护屏障，适度监管和干预青少年网络行为，帮助他们扣好使用互联网的“第一粒扣子”。

三是重视“三个拓展”，构建网络思政育人格局。拓展网络平台，加强济南市德育思政平台、济南教育公共资源服务平台建设。拓展新媒体矩阵，累计吸引粉丝逾 120 万。拓展网络思政教育功能，推出网络精品思政课、网络云宣讲、德育和思政主题读物云阅读、泉城思政大课堂等活动。

你以未来相托，我必全力以赴。下一步，济南教育将以更加有力的创新与实践，推动全环境立德树人工作高质量发展，为培养有理想、有本领、有担当的时代新人书写亮丽“济南答卷”。

聚力项目突破　当好开路先锋
推动交通投资工作走在前列

济南市交通运输局

近年来，济南市交通运输局牢固树立“项目为王”理念，充分发挥交通基础设施建设投资对经济增长兜底拉动作用，推动一批标志性、引领性重大工程落地实施。在全省16市交通投资激励考核中，完成交通投资516亿元，投资完成量、投资强度、投资增速等3个单项指标和综合得分均以满分成绩位列第1名，获得奖励资金3000万元。省委、省政府发文通报，省交通运输厅发文表扬。市委、市政府专门印发通报，在全市总结推广交通投资经验做法。2023年，市交通运输局再接再厉、奋勇争先，以“项目突破”为号令，锚定目标抓投资、全力以赴抓项目，全年累计完成投资832.6亿元，同比增长24.8%，超额完成800.2亿元年度任务，交通投资再创新高。

一、强化规划引领，精心谋划储备

围绕创建国际性综合交通枢纽城市目标，紧紧抓住黄河重大国家战略、省会经济圈、强省会等重大战略机遇期，坚持规划先行、适度超前，以高标准规划引领交通运输高质量发展。高水平编制《济南市“十四五”综合交通运输发展规划》，从提升国际、城际、市域、城市交通设施供给能力谋篇布局，构建“一轴二廊三通道”综合交通主骨架，重点打造“米字型”高铁网和“二环一联十六射”高速公路网，“十四五”时期共规划交通重点项目225个，预计完成投资3721亿元。加强与上位规划有效衔接，加大汇报争取力度，81

个重大项目纳入国家和省级相关规划，其中25个项目纳入国家规划，入选数量位列全省首位。建立“5321”规划项目推进机制，按照“5年规划、3年滚动、2年前期、1年实施”的工作要求，形成从项目谋划规划、前期手续办理到开工建设全链条式闭环管理。

二、坚持多方发力，统筹协调推进

牢固树立“一盘棋”思想，全面加强组织领导，压紧压实工作责任，构建上下联动、协同配合、纵横衔接的工作格局。坚持高位推动，市委、市政府定期召开会议研究项目建设；市交通运输局多次到国家部委、省直相关部门、省市交通平台企业对接走访，争取政策和资金支持；深入重点项目现场调研，协调解决项目推进过程中的难点、堵点问题，加快推动项目建设。坚持部门联动，牵头建立协调联动工作机制，会同发展改革、自然资源和规划、财政、公安、统计、行政审批等部门，定期召开联席会议，在项目立项、专项债申报、土地组卷报批、投资纳统等方面，加强工作衔接，密切协作配合，切实形成工作合力。坚持市区协同，协调区县（功能区）落实项目建设属地责任，强化跨区协同联动，共同做好征地拆迁、资金配套、建设环境维护等工作，为项目加快建设提供有力保障。

三、健全工作机制，实行闭环管理

探索建立从项目前期、施工建设到竣工验收的闭环推进机制，细化工作措施，倒排工期推进，推动项目建设提质增效。建立全过程监管机制，2023年，将114个重大项目纳入全市建设项目监测系统，实现全过程实时在线监测，对出现的问题及时跟上解决，保障项目顺利推进。建立项目包挂机制，将全市交通重点项目纳入市级领导同志包挂范围，逐个项目明确分管负责同志和责任处室，协同推进项目建设。建立项目调度机制，坚持清单化管理、项目化推进，制定《年度全市交通重点项目清单》《全市交通重点项目投资调度表》，对项目投资完成情况实行月调度，做到提前监测、预判。建立“红黄绿牌”问题解决机制，制定交通重点项目问题台账，明确责任主体、工作措施和完成时限，对超期一次未解决的挂黄牌，超期两次未解决的挂红牌，已解决的挂绿牌销号，坚持一周一调度、一周一通报。建立一线督导服务机制，牵头组建交通重点项目服务督导组，由单位班子成员带队，分赴机场、高铁、高速、轨道交通、跨黄桥隧等交通重点项目现场督导服务。去年以来，累计解决项目推进中的手续办理、征地拆迁、资金筹措等问题 1000 余个。

四、加强要素保障，确保项目落地

坚持要素跟着项目走，紧盯资金保障、用地审批、征地拆迁等重点，全力破解要素瓶颈制约。强化资金要素保障，加大项目策划包装和对上争取力度，充分利用地方政府专项债券、平台融资、PPP 等方式，积极破解融资难题。2022 年以来，全市交通重点项目政府专项债券到位资金 321 亿元、政策性开发性金融工具到位资金 78.8 亿元；入选国家综合货运枢纽补链强链首批城市，在 2023 年国家综合货运枢纽绩效评价中，获得最高 A 级奖，中央、省级全额奖补资金 6 亿元；普通国省道项目争取上级补助资金 3.4 亿元；总投资 108 亿元 PPP 项目——工业北路快速路东延工程开工建设。强化用地要素保障，交通运输、自然资源和规划部门加强协调联动，提前介入、容缺受理，优先保障机场改扩建工程、轨道交通二期等交通重点项目用地；全面梳理项目建设用地需求，全面纳入“三区三线”划定和国土空间规划，为项目后续实施预留空间。

五、严把工程关口，守好一排底线

坚持关口前移，严格监督检查，统筹协调推进安全质量进度，全力打造精品工程、民生工程、放心工程。保质量，开展工程品质提级行动，实施“政府监督、法人管理、社会监理、企业自检”制度，严格建设程序、严格技术规范、严格合同管理，交通工程合格率达到 100%。保安全，严格落实企业主体责任、行业监管责任、属地管理责任，建立健全风险分级管控和隐患排查治理“双重”预防体系，确保施工安全。保生态，广泛应用老旧道路基层水稳、面层沥青、构筑物垃圾回收利用等新技术、新工艺，推进交通资源循环利用，持续做好施工降噪抑尘，实现交通设施建设绿色化。保民生，道路施工期间采取分段分幅错时施工、夜间施工、施工潮汐便道等交通组织方式，坚持“少围一米是一米，少挡一天是一天”，最大限度减少对群众出行影响。

六、聚焦项目深化，奋力开创新局

2024 年，市交通运输局将紧紧围绕市委、市政府“项目深化年”的工作部署，围绕创建国际性综合交通枢纽城市总目标，从国际、国内、省会、市域、中心城区 5 个维度，聚焦铁路、公路、机场、水运、城市道路、轨道交通、公共交通、枢纽场站、“交通 +”融合发展 9 个领域，不断提升济南交通通达能力，加快打造省会综合立体交通网，持续扩大有效投资，确保年内完成 800 亿元投资任务，力争完成 850 亿元投资目标，继续在全省交通投资考核中走在前、做表率，争当新时代现代化强省会建设开路先锋。

一是全力推进项目建设。盯紧高铁、高速、机场、轨道交通等重大交通项目，协同省市平台企业，加大投资建设力度，在项目谋划、落地、建设、见效、服务等五个环节上做到“三看三深化”，努力实现八个“新提升”推动项目早落地、见实效、促发展，奋力打好项目深化“攻坚战”。重点抓好济滨高铁、济枣高铁、绕城大北环、绕城高速、机场二期、工业北路快速路东延、奥体西路、轨道交通二期等重大项目建设，稳住增长基本盘。

二是做好项目谋划储备。按照全市项目谋划储备工作专题会议要求，重点对 2024 年全市续建和拟新开的交通重点项目进行再梳理、再研究，加快做好庆云至章丘高速南延、城市高架路、跨黄桥隧、交通产业等项目谋划储备和前期工作，强化投资任务落实。

三是强化资金要素保障。全力争取地方政府专项债券、部省补助资金支持，对接国开行、农发行等政策性银行，多渠道破解融资难题。坚持“5321”

项目推进、领导分片包挂、“红黄绿牌”问题解决和“一线工作法”等工作机制，全力破解土地、征迁难题，保障项目建设高效有序推进。

交通强国山东示范区建设标志性工程——济郑高铁

建设生态济南　彰显一城山色

济南市园林和林业绿化局

山是济南的风骨，仅绕城高速内就有168座大大小小的山，形态迥异、各领风骚。近年来，济南市立足“山泉湖河城”浑然一体的独特自然禀赋，坚持以创新引领园林事业发展，大力实施山体绿化提升、山体公园和山林绿道建设，创造性地将近郊山体打造成优质便利的市民休闲健身游憩好去处，近山游山、赏山乐山已融入市民日常生活，“一城山色”成为济南生态文明建设最新最好诠释。

一、践行绿色发展理念，最大限度厚植生态本底

（一）因山施策、分类实施。编制《济南市主城区山体情况分类研究及建设指引》，在综合评估山体地质条件、生态本底、景源潜力、资源承载能力以及区位、周边配套等因素的基础上，以封山育林、生态绿化、景观提升为主，视情实施山体公园、山林绿道建设，不搞“一刀切”。截至目前，全市陆续完成山体绿化提升140座，建成并开放山体公园87处，打造连山串景山林绿道299公里，完成山体造林53余万亩，主城区内实现可视山体全绿化，佛山赏菊、鹊华烟雨等绝美胜景得以重现，青山入城、山色一体呼之欲出。

（二）渣土覆绿、变废为宝。把临山近山的渣土堆、裸露地块一并纳入山体生态修复范围，同步谋划、同步治理、同步交付使用，确保生态系统的完整性、与周边环境的连通性。采取“削上角、填坡脚”等办法，对边坡进行土方平衡、内部消纳，营造缓坡地形，实现渣土循环利用；采取砌筑挡墙、设置

水平阶、自然叠石、客土上山等方式，改善绿化施工条件，全面推进生态覆绿。近年来，全市共治理渣土山 115 处，新增绿地面积 7000 余亩，真正将渣土山“变废为宝”。求是网等中央媒体点赞济南“把工作总结写在百姓的评价中”。

（三）随坡就势、巧植成景。尊重山体自然地形地貌，因地制宜优化山体修复工程竖向设计，随坡就势规划布局景观节点，科学配置植物群落，宜乔则乔、宜灌则灌、宜草则草，落叶与常绿相结合，丰富林相、季相变化，提升生态景观功能。燕翅山山体公园结合原有地形，通过种植泰山黑松等常绿树种和红栌等色叶树种，打造“燕子展翅”景观造型，引得市民游客纷纷前往打卡游玩。蝎子山以山脊线为界，在南坡片植黄栌等色叶树种、北坡种植侧柏等常绿树种，每年深秋呈现出“半边翠绿半边红”的独特景观，成为众多山体绿化中的一大亮点。

二、践行低碳节约理念，最大限度促进和谐共生

（一）立规保护有“尺度”。印发《山体公园规划建设导则》《城市生态绿化提升工程技术要点》等标准规范，将严格保护原则贯彻规划建设始终，杜绝“过度设计”和大拆大建，严禁采集原有山石，最大限度保护山体现状植被、古树大树、野生小动物和历史遗迹、文化遗产，多做加法、少做减法。大千佛山片区绿道建设，坚持“道为树让路、人绕树行走”，将 4912 棵“拦路树”保留在了路中间，泉城百姓亲切称为“会呼吸的景观线”。

（二）生态优先有“力度”。遵循“生态、自然、野趣、节约”原则，以植物造景为主，减少亭台楼阁和硬化铺装，多绿化、少硬化，充分发挥山体生态、景观、林荫、碳汇效用。大力推广病虫害生物防治和绿色防治技术，禁止使用除草剂、高毒高残留农药，避免出现土壤板结、环境污染问题。广泛应用原石原木等天然材料、太阳能等清洁能源、雨水收集等技术措施，倡导利用建筑垃圾资源化处理再生骨料及衍生品，努力用近自然、低维护、可持续、无污染的方式，维育健康稳定的山体原生态系统。金鸡岭山体公园采用铁路上废弃的枕木，打造休闲路径和休憩座椅，既保证了景观效果，也增添了生态和艺术气息。

（三）和谐关爱有“温度”。深入开展山区野生物种保护和古树名木资源本底调查，加强河滨、溪谷、山脊等自然生境修复，打通动物迁徙扩散廊道，营造生物多样性共生环境。望花楼、蒋山等山体公园通过打造生态旱溪、搭建人工巢穴，吸引麻雀、山雀、啄木鸟、小松鼠栖息，“松鼠部落”等人与小动物亲密互动场景获得高度评价。佛慧山生态廊桥连接大千佛山—奥体文博片区两大山林绿道系统，是省内第一座兼具生态、通行的景观桥、观景桥，桥面覆土深度最大 1.5 米，可以满足小型乔木、灌木、草花等植物群落生长，既方便了市民群众登山远行，也为陆生野生动物迁徙提供了安全通道。

三、践行生态惠民理念，最大限度提升功能品质

（一）叠加教育功能，提升文化品质。深入挖掘山体周边历史遗迹、人文古迹、生态文化等资源，坚持守正创新，通过点缀楹联匾额、雕塑小品，以及打造自然观察径、科普教育基地等形式，将优秀文化融入山体景观风貌中，让市民在游览休憩的同时，学习文化知识，感受自然魅力，领悟人文情怀。洪山山体公园以园内 49 块石刻、11 块展板、10 组格言和 7 组景窗为载体，全面展现宪法全文，清晰勾勒出宪法在世界范围内的发展轨迹和我国宪法的历史演变进程，让市民在休闲的环境中得到法治文化熏陶、培育宪法精神。

（二）叠加展销功能，提升消费功能。借助林下空间和广场绿地，搭建线下销售场地和线上林果展销平台，通过网红打卡、直播推介、短视频等形式宣传推广，策划打造“天天有活动、终年不闭市”的“园·林市集”品牌，推动山区变景区、果园变公园、青山变金山，努力让市民的“果篮子”更丰盈，让果农的“钱袋子”更饱满。2023 年 9 月 3 日，借助“醉美山色·悦动泉城”第三届济南登山节开幕式，在佛慧山生态廊桥附近和佛慧山北广场举办首个

“园·林市集”开市活动，邀请30余家入市主体参与，展销梨、葡萄、山楂、平阴玫瑰、商河花卉等约80种林果、花卉等林产品，点燃“园·林市集”中引爆点。

（三）叠加文体功能，提升宜游品质。依托优质自然生态资源禀赋，在山体公园、山林绿道中有序推进驿站建设和标准化导识安装，有机融入文创、休闲、运动、游乐等多元功能，配套发布“一城山色”登山护照，吸引市民游客登山打卡，深入探索点“绿”成“金”文旅发展新路子。千佛山风景区以现有舜文化游线为依托，在保留新春游园会、“三月三”民俗文化庙会、“九九”重阳山会等传统游园项目基础上，精心策划打造全民健步、文创展销、网红咖啡等消费新场景，景区文化感召力和旅游品牌影响力不断增强。

创新“林长 +”机制 筑牢生态安全屏障

济南市园林和林业绿化局

近年来，济南市园林和林业绿化局认真贯彻落实中央和省、市全面推行林长制工作部署要求，坚持系统观念，强化机制创新，探索开展“市区镇村四级林长 +”创新实践，着力打造“林长 + 民间林长”“林长 + 公交林长”“林长 + 检察长”协作机制，有效提升了全市森林资源保护管理水平，实现了林长制从“建章立制”向“推深做实”转变。济南市在全省林长制工作绩效评价中连续三年获得“优秀”等次，连续两年综合得分排名第一位，全省林长制工作标杆的品牌效应愈发突出。

一、着力打造“林长 + 民间林长”机制

着眼完善林长制社会监督体系，广泛动员社会力量参与森林资源保护管理工作，作为各级行政林长的有力补充，搭建起各级林长与社会联动平台。一是成立民间林长队伍。采取个人自愿报名和区县推荐相结合的方式，由林长制办公室严格筛选确定人员，优先选择有森林资源保护工作经历、有强烈山林保护意愿、有林业相关法律法规知识的本市常住公民，统一颁发聘任证书，每届聘期两年。截至目前，全市共聘任民间林长 221 人。二是明确民间林长职责。民间林长是森林资源保护发展公益活动的志愿者，主要职责是自觉践行爱绿护绿行动，广泛宣传林长制工作的意义、部署和推进情况，引导周边群众提高森林资源保护意识，发现资源保护中存在的问题并及时向本

级或上一级林长、林长制办公室反映情况，监督举报破坏森林资源的违法行为，及时反馈市民群众对森林资源管护工作的意见建议。三是加强民间林长管理。出台《济南市民间林长管理办法（试行）》，明确民间林长的权利义务及管理办法，按照分层管理的原则实施管理，市林长办公室编制民间林长活动、培训计划，区县林长办公室制订具体方案并负责民间林长管理工作。开展“最美民间林长”评选活动，10人被评为“最美民间林长”，50人被评为“优秀林长”，体现了社会各界对林长制工作的充分肯定。长清区成立全省首支巾帼红护林志愿服务队，设立巾帼林长36人；章丘区设立校园小林长40人，进一步推进“民间林长”机制走深走实。

二、着力打造“林长＋检察长”机制

着眼提升依法管林治林水平，出台《关于建立“林长＋检察长”工作机制的意见》，充分发挥检察机关在林长制工作中的助推作用，形成检察监督与行政履职同向发力的生态保护新格局。一是建立协作机制。市人民检察院、市林长制办公室及相关责任单位建立沟通联络协调机制、信息通报共享机制，确保重要工作情况互相沟通、重大涉林问题信息共享，努力做到在理念上认同、工作上支持；建立违法线索移送机制、调查取证协作机制，合力推动涉林违法案件有效落实，共同建设和维护好全市森林生态环境。商河县建立协作机制后，成功落实1起滥伐林木公益诉讼。二是联动执法检查。市人民检察院、市林长制办公室及相关责任单位，紧紧围绕贯彻黄河流域生态保护和高质量发展重大国家战略，聚焦森林、野生动植物等资源保护管理问题，发挥各自职能优势密切协作配合，组织开展联合检查和专项执法活动，积极推行检察长参加同级林长会议、检察机关参与林长巡林巡查等方式，形成司法、执法合力推动各项保护管理措施落实。章丘区检察院成立“黄河生态保护检察工作站”，与林长办、黄河河务局等部门加强联动，对辖区内发生的滥伐防护林木等破坏环境资源犯罪实施集中管辖，常态化开展专项监督活动，为黄河流域生态保护和高质量发展贡献了检察力量。三是督促依法履职。检察机关在履行职责中发现市林长制相关责任单位违法行使职权或者怠于行使职权，可向相关责任单位提出诉前检察建议，并将相关情况通报市林长制办公室。相关责任单位逾期未整改或整改未到位的，检察机关依法提起行政公益诉讼，督促其依法履职。市林长制办公室督促相关责任单位代行生态环境损害赔偿权利，并及时将相关情况通报检察机关，必要时向检察机关移递有关材料，由检察机关依法提起公益诉讼。历下区发挥“林长 + 检察长”优势，协调解决疑似破坏林地及景区内文物保护等案件 2 起。

三、着力打造“林长 + 公交林长”机制

着眼夯实林长制改革成效，积极借力公交驾驶员人员数量、工作环境和时间等优势，在保护发展森林资源上凝聚合力，助推全市园林和林业绿化高质量发展。一是全国首创公交林长机制。遵循“自愿、无偿、平等、诚信、合法”的原则，采取个人自愿报名和济南公共交通集团推荐相结合的方式，全市首批 186 名市级公交林长受聘率先在南部山区上岗，在全国首创建立了市级公交林长队伍，成为守护绿水青山的重要力量。长清区受聘 15 名“公交民间林长”，打造首支区县级民间公交林长队伍。二是合力保护森林资源。充分发挥公交驾驶员多、在山区活动线路长的优势，及时发现并报告公交线路周边森林火情和各种毁坏林木、侵占林地（湿地）、乱捕滥猎野生动物、乱采乱挖野生珍稀植物等违法违规行为，形成守护森林资源安全的强大合力。三是共同营造发展氛围。公交林长穿戴有森林防火标识的马甲和袖标，加强森林防火等生态保护知识宣传，利用公交移动电视播放森林防火公益视频，利用公交车尾电子屏循环播放“防火意识记心中，保护森林靠大家”“沐浴阳光享受绿色，走进森林注意防火”等标语，进一步增强了市民群众森林防火及生态文明意识，为建设人与自然和谐共生美丽泉城营造良好氛围，宣传效果显著。

数字引领助推全民阅读迭代升级

——“泉民悦读”扫码看书项目建设经验

济南市文化和旅游局

“泉民悦读”扫码看书项目是由中共山东省委宣传部指导、济南市文化和旅游局主办、济南市图书馆具体承办的大型免费公益电子书阅读项目，旨在以最便捷的“扫码看书”方式，大力推广“互联网＋公共文化”，通过在全市公交、地铁车厢实现融媒体全覆盖，实现图书馆服务的泛在化，让人们随时随地“扫一扫”即可畅享“一屏万卷”“一卷万读”的高质量数字阅读自由。2023年，“泉民悦读”扫码看书项目荣获第六届山东省文化创新奖。

一、打造优质的“泉民悦读”数字阅读平台

（一）精心打造优质数字阅读平台。吸引多家数字资源供应商平台融合发展，整合超星移动图书馆、QQ阅读、懒人听书等多家平台资源，打造“泉民悦读”小程序，平台拥有200000册优质电子书籍、绘本和3500种期刊，听书、讲座、慕课等有声资源量超过440000小时的版权，供用户永久免费使用。此外，搭载的精彩活动、直播互动、知识挑战、学习打卡、积分商城等多项功能，可以满足读者综合性、多元化数字阅读需求。

（二）线上线下联动更新数字阅读资源。及时购买当下畅销书电子资源版权并在“泉民悦读”平台首页实时更新展示，线下同步采购对应实体图书并上架流通，方便用户第一时间获取阅读。根据社会热点和用户需求进行针对性的资源定制更新，如：为了确保青少年阅读权利，寒暑假期间将中小学

推荐阅读书目电子版全部上架，让学生通过云端完成推荐书目阅读；疫情期间多次更新抗疫主题书单，丰富市民居家文化生活，助力疫情防控工作；为了方便“小哥”群体阅读，平台根据2021年出台的《网约配送员国家职业技能标准》及时更新相关数字资源，助力“小哥”通过阅读笑傲职场。

（三）保障用户便捷数字阅读体验。优化登录流程，采取零门槛、零注册的方式提供免费服务，实现多平台、多渠道“+小程序”快捷登录，人们可扫码进入，也可随时通过微信、云闪付直接进入。优化界面设置，首页增设畅销书推荐界面，由济南市图书馆高价购买有关图书单本版权，定期更新供读者便捷选读。优化阅读体验，精准对接群众需求，优化各类阅读文本的呈现方式，并向公众无限免费开放，提高优质内容的到达率。其中，所有图书以源文件格式保存、呈现，适应不同型号移动终端，海量绘本通过声画同步方式提供沉浸式亲子阅读体验，3500种期刊全部实现与出版社同步发行更新，部分期刊可以看到从创刊到当月的全部文章。

二、构建多元主体共建共享的数字阅读推广格局

（一）积极争取政府支持。“泉民悦读”扫码看书活动的主办单位是山东省委宣传部、济南市委宣传部、济南市文化和旅游局等省市两级宣传文化部门，不仅为图书馆提供项目经费和政策支持，还利用其官方权威性在整合资源、宣传推广、号召社会参与等方面为项目成功实施提供了推动力。2022年，“泉民悦读·书香满城”被纳入2022年济南市政府民生实事项目，这也是全国首次地方政府将数字阅读推广项目纳入年度民生事项。同时，济南市委、市政府在疫情防控工作新闻发布会上多次向媒体和市民推荐该项目，极大地推动了“泉民悦读”平台在全市范围内的普及。

（二）联合多元主体参与。一是数字资源提供商。数字资源提供商拥有丰富的数字资源、成熟的内容平台和先进的硬件设备，而这正是公共图书馆在面临数字资源版权局限和数字阅读推广渠道困境时所需要的。“泉民悦读”

平台最初由济南市图书馆与世纪超星公司联合打造，后又陆续引入QQ阅读、懒人听书等多家第三方数字资源平台（供应商），为市民提供更丰富的多样化数字资源选择。二是各类企业。如济南市图书馆与云闪付联合推出扫码看书数字阅读奖励机制，有效激发了人们参与扫码看书活动的热情，也让云闪付的用户数量实现了大幅增长，公共文化服务机构与企业实现了双赢。三是城市公共交通平台。济南市图书馆与济南公交公司、济南轨道交通集团等开展全方位合作，将公交车、地铁打造成“泉民悦读”扫码看书的流动阵地。四是公共媒体。济南市图书馆与中国文化报、济南日报、济南电视台、济南时报、天下泉城新闻客户端、新黄河等各级各类主流公共媒体合作，不仅全方位宣传展示扫码看书活动的新闻报道，还多次直接将数字阅读平台的二维码直接通过公共媒体展示给社会大众，取得显著效果。

三、塑造无处不在的扫码看书服务场景

以“天上一朵云，地上一张网”为理念，通过网络平台、公共场所、创意场景三个渠道，织起一张无处不在的扫码看书服务网络。

（一）充分利用网络阵地，维持活动宣传热度。将图书馆官方网站、微信公众号、微博账号等作为首选线上场景，定期推送“泉民悦读”扫码看书服务信息，保持该项目在市民中间的热度，同时，充分利用济南公共新媒体平台流量优势开展宣传。

（二）实现公共场所全覆盖，延伸活动参与广度。1. 公共场馆。依托泉城图书馆联盟，将“泉民悦读”扫码看书活动覆盖省图书馆、济南市图书馆、12个区县图书馆、44家泉城书房、54家分馆、各镇街图书馆、部分驻济高校图书馆等全部联盟单位线下阵地。2. 公共交通场景。济南市图书馆2021年10月联合济南公交公司举行“爱阅巴士”首发式，2022年4月联合济南轨道交通集团打造地铁“书香专列”，将4000块地铁车厢电视、781块地铁站台大屏、5500块公交电视、1000余辆公交车厢铺满“泉民悦读”扫码看书宣传元

素和二维码，实现全市公交、地铁融媒体宣传全覆盖。乘客随手“扫一扫”即可将海量优质数字阅读资源装进手机、带在身边，随时随地实现数字阅读自由。3. 村居。社区乡村是居民集中居住区，也是公共图书馆扫码看书服务的重要延伸阵地。济南市图书馆通过与各区县图书馆联动，成功将“泉民悦读”扫码看书活动覆盖到全市 1000 多个社区、乡村，打造覆盖城乡的数字化“书香村居”。

（三）积极开拓创意场景，彰显活动“抗疫”温度。在恰当时间节点推广数字阅读，可以起到事半功倍的效果。新冠疫情虽然给我们的工作生活带来了很多不便，但也为图书馆开辟了新的全民阅读推广路径。2022 年 4—5 月，济南市图书馆也正是在城市经济社会发展因为疫情按下暂停键的紧要关头，利用馆员下沉社区支援疫情防控的机会，将“泉民悦读”二维码贴在了社区“大白”身上，吸引临时管控社区居民纷纷对着“大白”扫码。有段时间，济南全体市民需要每天进行核酸检测，做完后每人都会领到一张小贴纸作为凭证。济南市图书馆抓住机遇，积极与有关部门沟通协调，将“泉民悦读”平台二维码印上了全市核酸检测贴纸，并维持了半个月左右。这是全国首个出现在核酸检测贴纸上的二维码，在方寸之间将图书馆的数字阅读平台推广给了全市人民，在改变人们对公共图书馆固有认识的同时，极大提升了“泉民悦读”平台用户量和该活动的社会影响力。

四、实施精准有效的数字阅读激励机制

（一）实施数字阅读现金奖励。与云闪付合作推出扫码看书数字阅读奖励机制，由云闪付分两次投入 130 万元用于奖励首次扫码进入“泉民悦读”平台的用户。用户首次进入平台时可领取 3 元闪付红包，累计阅读 2 小时可额外领取 1 元云闪付红包，红包额度可用于抵扣在云闪付平台上的消费支出等，这一举措让读者在免费享受海量数字阅读资源的同时获取到了 4 元红包的真金白银，直接推动泉民悦读平台和云闪付 App 的用户数量的大幅增长。

（二）推出平台商城积分策励。联合银联山东分公司联合打造了“泉民悦读”积分商城即将上线，上线后，读者在“泉民悦读”平台的阅读资源数量和在线时长等数字阅读行为可获得积分奖励和积累，阅读积分可用于换购相关平台的话费券、购物券、信用卡还卡券等各类代金券，将有效激发人们参与扫码看书服务的热情。

（三）开展荐书讲书活动激励。举办“泉民讲书人”和“码上读荐书”平台推广活动，邀请市民以短视频形式分享推荐“泉民悦读”平台电子图书，发布热门书单邀请市民票选，并将得票最高的12本图书版权买下，作为热门图书放在平台首页供市民使用。惠民利民的激励方式和推广形式，大大提高了“泉民悦读”扫码看书的社会影响力，“泉民悦读”平台用户数量实现大幅增长。

将阅读“快递”到“小哥”群体身边

——泉城书房“快递小哥”阅读驿站建设经验

济南市文化和旅游局

泉城书房“快递小哥”阅读驿站项目发起于2020年3月，是全国首个针对“小哥”群体开展的阅读推广项目。它依托遍布济南12个区县的50多家泉城书房组成的公共阅读服务网络，面向以快递小哥、外卖员、专车司机为代表的网约配送员（“小哥”）这一特殊群体提供专业、便利、个性化的专属阅读服务。通过织密“小哥”群体服务阵地网络，调研“小哥”群体阅读需求，成立全国首个“小哥”读书会，开展针对“小哥”及其家属的多种形式的特色阅读、关爱主题活动，使得“小哥”成为泉城书房的“常客”，成为全民阅读的重要组成部分。该项目荣获2021年度IFLA国际营销奖（第2名），是我国新型公共阅读空间和图书馆特殊群体服务方面获得的首个国际大奖，在全民阅读领域产生了广泛的行业和社会影响。

一、主要经验做法

（一）以需求为核心，突出精准服务。通过网络调研、电话访谈、实地走访、调研问卷、对接企业等形式，对“小哥”群体进行访谈调研，全面了解该群体的阅读需求、影响其参与阅读的主要因素等现实问题。根据调研结果反馈，结合“小哥”日常工作实际，针对“小哥”群体的共性、个性化需求，认真研究制定针对性强、落地效果好、便于推广的项目方案，通过打造阅读驿站、设置“小哥”图书专架、开设阅览专座、举办读书沙龙、推广数字阅读等

6 项专属服务形式，力求更深层次、更广范围地为“小哥”群体提供全方位阅读推广服务，确保服务既“走心”，又“入心”；有温度，又有“深度”。

（二）以效能为导向，打造服务网络。结合“小哥”群体穿街走巷、工作流动性强的特点，借鉴遍布街巷的户外劳动者驿站组织形式，整合全市 12 个区县 3 个功能区的 51 家泉城书房，开设“快递小哥”阅读驿站，通过发放数字阅读卡、推广“全民阅读”小程序，构建了线上线下全方位、全时段的阅读服务网络。按照统一标准、统一服务、统一标识的“三个统一”原则在每家书房设置了“小哥”图书专架、阅览专席和绿色借还通道的醒目标识，方便“小哥”群体在快节奏的工作之余能够快速借阅图书，同时引导社会成员主动关注、关心“小哥”群体，提升该群体的职业满意度和职业幸福感。借助覆盖全市、方便快捷的泉城书房，实现了“15 分钟阅读圈”与“15 分钟服务圈”的融合共享，让“快递小哥”阅读驿站这项惠民暖心服务，落实到细枝末节上，为该群体及时有效获取信息、阅览图书搭建有效途径。截至 2024 年 3 月，泉城书房为“快递小哥”借阅图书超过 40 万册，服务人数达 10 万人次，有效提高了图书馆资源利用率。

（三）以服务为根本，完善长效机制。一方面建立需求反馈长效机制。通过搭建阅读驿站—物流平台联络机制、开展网络调研、建立读者意见反馈清单等方式，定期收集“小哥”群体意见、需求，并制订针对性服务改善方案，不断提升服务效能及满意度，逐步建立“小哥点单，驿站服务”的运营模式。另一方面建立服务保障长效运行机制，制定《泉城书房运营服务管理绩效考评细则》等管理办法，明确规定每个泉城书房每季度应至少开展 1 次面向“小哥”的阅读推广活动，并将活动组织实施情况纳入泉城书房年终绩效考核，确保阅读推广活动的规范化、常态化、长效性。截至 2023 年 4 月，面向“小哥”群体共开展各类型活动 200 余场，服务人次近 5000 人。

（四）以人才为引领，汇聚发展动能。充分发挥志愿服务组织、队伍在服务基层、服务发展、服务群众中的重要作用，有效盘活人才资源，打造专业志愿服务力量。一方面，借助济南市图书馆“书香泉城”志愿服务队力量，定期为“小哥”群体及其家庭成员开展上门服务，打破阅读“壁垒”，增强阅读效果。另一方面，在济南市图书馆“书香泉城”志愿服务队基础上，广泛吸纳高校社工组织、心理学领域专业人士等，组建“小哥”心理疏导志愿服务小组，为“小哥”提供一对一专业心理辅导，“小哥”们可通过微信预约时间地点与志愿者开展一对一交流，给予“群体”人文关怀，体现城市文明底色。

（五）以品牌为依托，拓展项目优势。依托泉城书房等公共阅读服务网络，发挥阵地辐射作用，深化多元合作，联动共青团济南市委，顺丰、邮政等物流运输平台联合举办主题丰富、形式多样的阅读推广活动，提升服务质效，引导“小哥”群体主动学习、利用图书馆阅读资源提升自身职业素养、丰富技能体系，通过“小哥”群体的口碑宣传，在社会上形成一定的品牌价值和品牌效应。深化媒体宣传赋能效应，联合驻济各大媒体开展线上线下联动宣传，进一步壮大活动声势，扩大活动影响力，吸引更多社会力量参与到该项目中来，形成良好的示范作用。

二、主要创新成绩

（一）全国首个面向“小哥”群体的阅读推广项目。“小哥”官方称谓为“网约配送员”，作为新就业形态该群体数量庞大，工作时间灵活、流动性强，权益保障相对薄弱，无法经常进入图书馆，是图书馆等公共服务机构无法忽视的潜在用户。当前，图书馆行业内开展的特殊群体服务主要面向残障人士、老年人、流浪群体等，针对“小哥”等城市新兴群体的阅读推广活动并不多见。本项目首次将服务聚焦于“网约配送员”群体，通过开展图书荐读、阅读沙龙，推广数字阅读，设立专题书架等形式，面向该群体开展阅读推广服务，搭建社会组织与新就业群体的情感纽带，在提升其社会归属感、认同感的同时，充分彰显了公共文化机构公益、平等的服务理念。

（二）全国首个依托城市书房联动开展的常态化阅读推广项目。过去，公共图书馆并不重视阅读推广项目的规模性、长效性，大多数阅读推广活动具有“小而精”“次抛”等特征，因资源、人力、推广成本等因素的制约，收效甚微。本项目突破传统的阅读推广模式，结合“小哥”职业属性，联动整合全市公共阅读服务设施和阅读资源，通过在全市 51 家泉城书房设置“小哥”专架、开通绿色通道、推广“泉民悦读”数字阅读平台等形式，丰富阅读资源供给，有效扩大该项目的覆盖面、影响力。同时，泉城书房超长的待机时间、广泛分布的特点，打破时空局限，为“小哥”群体阅读创造了有利环境条件，也促使本项目效能实现最大化。

（三）开办全国首个“小哥读书会”。长期以来，社会对于务工人员境况的关注，更多侧重于关注他们和子女的生存状态，很少顾及精神文化需求及个体发展要求。本项目立足于“小哥”群体及其家庭精神文化需求，通过发放调查问卷、访谈等形式充分了解掌握“小哥”群体阅读需求，联合共青团济南市委、济南快递协会、各快递公司以及美团、饿了么等互联网平台联合成立了全国首家“小哥读书会”。以“小哥读书会”为载体，搭建起了不同公

“快递小哥”读书会

司、平台的“小哥”的互动、交往平台，通过定期开展职业素养培训、阅读沙龙等活动以及为其家庭定制开展亲子阅读活动等形式，打造精准贴心的专属阅读服务，从而打破阅读壁垒，拓展职业发展空间，帮助他们更好地融入城市。

（四）重视人文关怀及个人职业发展。从行为心理学等角度出发，参与主体自身的心理状态、活动动机等因素一定程度影响了该活动的成效，对于阅读推广活动更是如此。本项目不仅关注“小哥”群体的阅读需求，更紧密结合国家大政方针及该群体的职业发展需求，根据 2021 年国家出台的《网约配送员国家职业技能标准》，及时更新线下专架图书资源和数字阅读平台上的数字阅读资源，助力个人职业发展。组建“小哥”心理疏导志愿服务小组，为“小哥”提供一对一专业心理辅导。同时，定期组织泉城书房工作人员就近到物流园、快递点等地开展夏日送清凉、冬季送温暖等活动，充分利用提升该群体的城市归属感。该项目发起以来，受到社会各界广泛关注和一致赞誉。2022 年，共青团济南市委将“快递小哥”阅读驿站项目列入户外工作者五项服务清单，进一步扩大活动的社会影响力。2022 年 7 月，在共青团山东省委牵头主办的第四届山东省青年志愿服务项目大赛中，该项目在山东省各类青年志愿服务团队、青年社会组织和社会各界申报的 613 个志愿服务项目中，获得大赛银奖。

创新运用DNA技术
让“无名烈士”得以“留名青史”

济南市退役军人事务局

济南市退役军人事务局认真落实做好烈士褒扬纪念各项要求，通过建机制、立规范、强宣传等措施，持续运用DNA技术推进济南战役无名烈士寻亲，在全市深入营造崇尚英烈、缅怀英烈的浓厚氛围，为加快建设“强新优富美高”新时代社会主义现代化强省会注入红色文化动能，汇聚强大精神力量。截至2023年底，累计寻亲成功103名，全国政协、退役军人事务部先后来济南调研退役军人工作，多次在退役军人事务部组织的会议上介绍济南经验做法。

一、“三个结合”强机制，合力构建“一盘棋”

健全完善合力共为的寻亲工作机制，形成一体联动的寻亲工作格局，为开展无名烈士DNA寻亲工作提供坚强保障。一是党委领导与区域协作相结合。市委退役军人事务工作领导小组会议专题研究部署烈士寻亲工作，纳入年度服务退役军人事项清单，高位推动实施。市委主要领导多次批示，提出要求；市委、市政府分管领导参加寻亲成功烈士立碑仪式。省退役军人事务厅大力支持、统筹协调，省内有关地市退役军人事务部门全力配合，积极协助核实烈士信息，联系烈士亲属，陪同开展实地寻访，有力推动了寻亲工作顺利开展。二是部门联动与社会参与相结合。纵向上，逐级向省退役军人事务厅、退役军人事务部请示汇报，把准政策原则、严格依规推进；横向上，市委退役军人事务工作领导小组办公室牵头主导，济南警备区、教育、公安、卫健、应急等部门提供技术数据支撑、参与仪式活动保障，形成工作合力。充分发挥社会组织和志愿者作用，不断壮大寻亲工作力量，济南市关爱退役军人基金会主动保障寻亲车辆，提供寻访经费，参加寻访活动；寻亲中心开通 24 小时寻亲热线，发动社会志愿者和志愿团队提供线索，协助核实信息，大大提高了寻亲工作效率。三是专设机构与专业力量相结合。加强“济南革命烈士寻亲中心”人力物力财力支持，统筹调剂编制，抽调精干力量，建强寻亲工作专班，投入财政资金 300 万元，保障烈士寻亲工作有机构、有人员、有经费、有保障。抢抓烈士纪念设施修缮维护、迁移保护等契机，协调济南市公安局物证鉴定处，现场指导开展烈士遗骸 DNA 样本提取工作。委托退役军人事务部、济南市公安局专业机构开展 DNA 样本鉴定、比对，为烈士寻亲科学化实施、精准化寻访提供了有力技术支撑。

济南市为第二批寻亲成功济南战役无名烈士举行立碑仪式

二、“三个环节”强质效，形成规范“全链条”

以对烈士、烈属和历史负责的态度，科学组织、严密实施、规范开展烈士 DNA 寻亲工作，确保程序严谨、数据精确、认定无误。一是精准提取鉴定。严格落实《英雄烈士保护法》《文物保护法》等法律法规，建立严谨规范的 DNA 信息提取鉴定机制，完善“标记、发掘、取样、拍照、记录、存放”标准流程，对烈士墓逐一编号、标记，实行封闭式施工管理，严格按照标准要求提取、存放样本，全过程影像记录，做到逐一对照、有据可查。委托退役军人事务部烈士遗骸搜寻鉴定中心、济南市公安局物证鉴定处等专门机构、专业力量，承担 DNA 鉴定工作，确保鉴定结果准确、权威。2023 年共完成 161 份 DNA 样本提取鉴定工作，获得有效 DNA 信息 121 份。二是全面比对筛查。委托济南市公安局物证鉴定处，依托专业平台开展烈士 DNA 数据比对，通过大数据比对分析，初步研判烈士籍贯地大致方向和范围。寻亲工作专班根据比对结果和筛查范围，逐一对照查询济南战役牺牲烈士名单、山东省革命烈士英名录、中华英烈网、山东英烈网，筛选出指向地域范围内的烈士信息。对筛选出的烈士名单，第一时间联系当地退役军人事务部门，查询烈士相关情况，对信息吻合程度高的，联系亲属进一步核实确认。三是现场核对确认。根据比对筛查和对接核实结果，对烈士信息基本吻合的，安排专人前往烈士籍贯地，寻访已核实信息的烈士近亲属，现场核实烈士证、烈士牺牲证明书等有效材料，并最终确认烈士姓名。2023 年，寻亲工作专班先后赴 2 省 30 余区县，开展 5 次实地寻访，行程 2 万余公里，为 54 名无名烈士找回姓名、找到亲人，实现了烈属 70 多年的夙愿。

三、“三项举措”强宣传，传播弘扬“正能量”

坚持烈士寻亲与宣传教育同步谋划实施，以高规格仪式彰显全社会尊崇，让英烈精神“正能量”汇聚社会尊崇“大流量”。一是全过程挖掘英烈事迹。在核实烈士信息过程中，通过查阅烈士英名录、战史资料，掌握烈士基本情况；实地寻访时，翻阅当地县志、村志、族谱等资料，探访烈士亲属、参战老兵等历史见证人，深入挖掘烈士事迹。邀请中央和省、市媒体随队采访、全程报道，挖掘英烈感人故事40多个，编发各类新闻200余条，8条寻亲短视频冲上微博和抖音热搜榜。中央电视台新闻频道黄金时段播发6分钟专题视频，介绍济南市无名烈士寻亲工作。二是高规格举办立碑仪式。为告慰烈士英魂、继承英烈遗志，2023年9月24日，济南解放75周年纪念日，济南市为第二批54名寻亲成功济南战役无名烈士举行高规格立碑仪式。仪式当天，开辟绿色通道、交警全程护卫、市民群众沿途致敬，隆重迎送106名烈属。仪式现场奏唱国歌、肃立默哀，市委负责同志宣读祭文，大屏幕上为54名烈士依次揭碑，退役军人事务部、省退役军人事务厅、驻济部队大单位、市委市政府领导同志敬献花篮、整理缎带；武警礼兵到位保障，社会各界代表1500余人观礼致敬，泉城济南以最高礼遇为烈士树名立碑。活动圆满成功、反响强烈，赢得退役军人事务部和省、市领导高度肯定，烈士亲属、社会各界一致好评。三是全媒体开展宣传报道。与济南日报报业集团新黄河客户端签署战略合作协议，通盘谋划烈士寻亲宣传报道工作。实地寻访、立碑仪式开始前，组织新闻媒体吹风会，为英烈事迹和仪式活动宣传预热。邀请中央和省、市主流媒体现场采访报道，组织报网端微全方位、多视角、立体式宣传英烈事迹，讲好红色故事。立碑仪式当天，新华社、人民网、山东电视台、大众日报等20余家中央和省、市主流媒体集中宣传报道，播发各类新闻120余条，全网点击超4亿人次。

聚焦“五大转换”全力打造“绿色新城”

济南新旧动能转换起步区管委会

作为黄河流域生态保护和高质量发展的引领示范区，济南新旧动能转换起步区（以下简称“起步区”）坚持走“生态优先、绿色发展”道路，着力在新旧发展理念转换、新旧生态格局转换、新旧产业结构转换、新旧建造方式转换、新旧生活方式转换上推进集成式改革，全力打造“绿色新城”，取得了一系列实践成果，有效发挥了引领示范效应。起步区成功入选山东省绿色低碳高质量发展先行区建设试点。

一、聚焦新旧发展理念转换，打造绿色希望新城区

加强总体设计、系统谋划，高站位开展绿色城市建设顶层设计，全方位搭建“绿色新城”建设的“四梁八柱”，努力让绿色成为起步区最鲜明的底色和最显著的特征。一是坚持高标定位，省市一体合力推进。山东省和济南市将起步区作为推动绿色低碳高质量发展的主战场，均成立主要负责同志任双组长的推进起步区建设工作领导小组，在组织领导、机构设置、政策配套等方面给予顶格支持，推动起步区纳入国家绿色城市建设试点，在省政府与住建部签署的《共同推动城乡建设绿色低碳发展合作框架协议》中，明确支持起步区打造绿色生态示范城区。二是坚持规划引领，明确绿色城市建设路径。聘请国内外顶尖专家团队编制“1+4+16+N”规划体系，将生态保护规划作为4个综合性支撑规划之一，配套编制绿色城市、蓝绿空间、防洪排涝、节水型

城市等12项专项规划，对各生态要素进行分级分类管控，为起步区绿色低碳高质量发展提供了科学指引和强力支撑。三是坚持刚性约束，健全管控指标体系。以绿色城市规划为基础，搭建绿色建筑、绿色能源、绿色交通、绿色市政、海绵城市等五大领域框架体系，明确40项绿色生态建设指标，制定绿色建筑设计导则、可再生能源建筑应用技术导则等标准要求，出台绿色建设新技术新材料应用的指导意见，实现绿色城市建设全方位科学管控。

二、聚焦新旧生态格局转换，打造绿色生态新城区

规划蓝绿空间占比超过70%，划定25平方公里生态保护红线和205平方公里一般生态空间，全域打造“一河七廊、四泽八苑”生态格局。一是突出“城园相融”，建设新时代现代化田园城市。针对起步区基本农田占比超过30%的实际，丰富“田园城市”的时代内涵，创新提出建设“新时代现代化田园城市”，编制了目标体系与规划导则，确立了“绿色低碳典范”“城乡融合典范”“品质生活典范”“持续发展典范”四大目标，构建了42项指标体系，在新城核心区域率先打造12平方公里的示范区，推进田园形态与城市空间深度融合。二是突出“保护优先”，着力恢复生态系统功能。立足优良生态本底，杜绝大规模人工造景，以保护和修复为主，坚定护绿、持续增绿。开展青宁沟、达利河、大寺河等22.6公里河道综合整治，完成齐济河、牧马河流域29.8公里生态修复，塑造疏密有度、水城共融的城市风貌。实施城市副中心水系联通工程，开工园林绿化类项目60余个，新增绿地面积133.5万平方米，总面积达到258万平方米，起步区黄河段获评省级美丽幸福示范河湖，黄河北生态走廊示范段成为市民休闲打卡新去处。三是突出“综合治理”，全面提升生态环境质量。改变“单打独斗”“单个因子”保护修复模式，推动“山水林田湖”系统保护修复，构建部门、街道、园区、企业四级联动机制，提升环境治理智慧化水平，搭建现代化生态环境监测网络，建设温室气体监测和鸟类等生物多样性自动观测站，建立全市首个细化到街道的河流水质监控网

络，对全域水体进行拉网排查，实施点穴式治理行动。全区环境空气优良天数比率高于全市 2.2 个百分点，水质综合指数同比改善 13.4 个百分点，大寺河主要指标首次达到“好三类”水质标准，达利河生态修复工程入选省级环保资金项目库，成功入选国家首批减污降碳协同创新试点。四是突出“安全韧性”，筑牢绿色发展安全底线。树牢安全韧性“新理念”，严格落实“四水四定”原则，强化水资源刚性约束，在全省率先编制完成《济南新旧动能转换起步区节水型城市专项规划》，创新提出“管委会主导、水务发改双牵头、第三方支撑、部门负责、属地落实、社会参与”的大节水工作格局，实现了对生产、生活全生命流程的节水管理，起步区作为全省唯一功能区，被评为全省县级水网示范区。系统推进全域海绵城市建设，新建房屋建筑、市政基础设施、公园绿地等工程项目均按照海绵城市标准管控建设。针对起步区地势平缓现状，模拟极端天气影响，适度抬高各组团用地，形成“岛屿式”三维空间形态，塑造“中间高、四周低”的“龟背式”微地形模式，保证重要设施位于安全高程，利用生态公园作为汛期蓄滞空间，预留生态廊道作为极端洪水行泄通道，城区防洪标准提升到 200 年一遇、排涝标准达 50 年一遇。

三、聚焦新旧产业结构转换，打造绿色制造新城区

瞄准智能化、绿色化、服务化发展方向，改变过多依赖增加资源消耗、规模粗放扩张、高耗能高排放的产业发展模式，推进产业结构绿色转型。一是构建绿色产业体系。构建以新一代信息技术、高端装备、新能源新材料等战略性新兴产业和先进制造业为主体，高端服务业为支撑的“3+1”现代产业体系，对外发布智能制造、新能源等 5 大领域 1222.7 亿元的合作机会清单，累计引进产业类项目 278 个，其中 500 强企业项目 60 个。按照“入园一批、腾退一批”的思路，组织推动传统产业升级，对符合条件的建设项目，积极推动入园发展。二是打造绿色产业集群。大力招引新能源产业龙头企业、链主企业，着力推动“强龙头、补链条、聚集群”。落地比亚迪新能源乘

用车及零部件产业园项目，与比亚迪半导体、弗迪动力电池等项目共同构建新能源汽车产业链，助力济南打造华北乃至中国北方新能源汽车产业集聚发展新高地。引进全球光伏电池主要供应商之一爱旭新能源股份有限公司，建设 30GW 高效晶硅太阳能电池项目及其配套 30GW 组件，首期 10GW 电池及组件项目预计 2025 年上半年投产达效，有效弥补市场对光伏高效组件的需求。三是搭建高能级科创平台。围绕低碳、零碳等关键核心技术，建设高能级科技创新平台。建成投用国电投氢能产业基地研发创新中心与氢燃料电池中试基地，与国电投联手共建黄河流域氢能产业基地，成功发布“氢腾”品牌发电燃料电池、空冷燃料电池产品，将打通热电联供氢能全产业链，构建“电—氢”能源体系，有力推进氢能在交通、能源、建筑等领域推广示范。引进中科院济南先进动力研究所，完成填补国内技术空白的 20 兆瓦燃气轮机研发制造，有力提升了绿色低碳前沿技术原始创新能力；联合山东产研院部署“全球重点目标碳排放监测卫星”星座建设，2023 年 1 月成功发射长征二号丁运载火箭，第一批组网 10 颗卫星计划至 2025 年发射完成，将具备对全球 10000 个重点目标进行高精度碳排放监测能力，打造全球首个碳排放监测微小卫星星座。

四、聚焦新旧建造方式转换，打造绿色建造新城区

改变传统建造方式，全面推广应用绿色建造技术，打造“全域全绿”引领示范区。一是全域落实绿色建筑标准。大力推广高星级绿色建筑，发展超低能耗建筑，积极发展装配式建筑，一体化实施绿色建筑设计、施工和运行，打造高品质绿色建筑示范区。安置房、保障性租赁住房以及政府投资的公建等项目，全部按照绿建二星及以上标准建设。目前全区在建绿色建筑已达 1040.51 万平方米，竣工 130.89 万平方米，其中高星级（二星级及以上）在建 717.56 万平方米、竣工 78.35 万平方米。二是全链建立跨部门管控机制。创新采用“1+4+N”的模式，打造 1 个 CIM 基础平台，规划一张蓝图、BIM+ 智

能审查、绿色建设监管、绿色城市运营 4 个业务系统，下设 N 个应用，实现项目在规划、建设、管理等领域全过程数字化、可视化、智能化，为新建建筑在项目规划选址、土地出让（划拨）、方案设计、建设实施、竣工验收等环节提供全过程技术引导和监管核实，确保绿建要求精准落地。三是全力开展超低能耗、低碳零碳建筑试点。在国际标准地招商产业园建设省内面积最大的采用被动式、超低能耗技术的绿色工业厂房，零碳智慧创新运营中心项目荣获“全球人居环境规划设计奖”。创新开展“碳中和综合试验社区”试点，探索搭建建筑能耗监测平台，加大可再生能源在建筑中的应用，构建全域绿色智慧建设应用场景。积极推动绿色建设新技术新材料（产品）试点示范应用，建立绿色建材采信应用数据库，成立绿色建材创新应用联盟，开展绿色建材试点应用、集中采购等，系统推进绿色建材应用，在建筑、交通、市政、园区开发等领域，实现装配式钢结构技术、被动式超低能耗技术、高性能保温材料、高性能保温门窗等 10 余类绿色建设新技术新材料产品的试点应用，逐步形成完整的绿色建设产业链条。

五、聚焦新旧生活方式转换，打造绿色宜居新城区

坚持以完善绿色市政体系、构建绿色生活方式、增加人民群众绿色福祉为目标，加快绿色宜居新城区建设。一是系统规划“绿色交通”体系。规划以轨道交通为骨干、以城市公交为主体、以慢行交通为补充的绿色交通网络，科学布局城市轨道交通框架，系统推进“小街区、密路网”交通布局，将连接主城区的跨河通道规划加密至 21 处，新建市政道路里程突破 210 公里，新建道路配套的智慧照明设施，节能率可达 30% 以上。以人为本织密绿道通行网络，推动区域路网、慢行绿道、社区公共通道三网融合，在鹊华生态文化区率先规划绿网环通、城绿交融、游憩一体的通勤网络，实现市民“出门见绿”。二是大力推动“清洁能源”应用。构建以电为中心的能源互联网和以新能源为主体的供热系统，推动绿色能源在各类生活场景的多元化应用，率先启动氢能社区建设，计划到 2025 年，新建安置小区、工业园区、公共场所配套建成充电设施超过 700 处，实现新能源汽车使用清洁“绿电”并与公共电网智能互动。三是全面释放“未来城市”效应。将现实城市与智慧城市同步谋划、一体推进，适度超前布局新型基础设施，运用“BIM+CIM”技术打造数字孪生城市系统，探索开展全区域、全领域数字化发展试点示范，布局智慧黄河创新应用平台、智慧园区等一批数字应用场景，建成智慧城市运营指挥中心平台，接入 26 个信息系统，融合雪亮工程、全域视联、建筑垃圾处置监管等系统前端视频 7412 余路，汇聚信息数据 4.2 亿条。四是加快塑造“无废城市”示范。发挥起步区新建基础设施多、项目集中的优势，以高标准建设项目为支点，带动全域化“无废城市”创建。新建起步区垃圾转运中心，打造省内首个融合垃圾转运、渗滤液处理、大件及装修垃圾分拣拆解、环卫宣教等多功能于一体的智慧化、集约型环卫设施综合体。新建大桥水厂，按照“地下是污水处理厂，地上是主题公园”设计理念建设，利用多层植被营造多样化生态景观，打造花园式水厂标杆。新建济南首家“无废餐厅”，示范推动餐厨垃圾源头减量，减量率达到 75%。

构建“四课堂多平台”助力“三全育人”提质增效

济南工程职业技术学院

近年来，济南工程职业技术学院落实立德树人根本任务，以党建为引领，坚持“大思政”教育观，立足全员参与、全时贯穿、全域协同的育人起点，构建“三全育人”运行机制持续优化改革路径，形成“人人、事事、时时、处处”育人的良好局面和强大合力。学校先后获评全国职业院校学生管理50强、全国创新创业典型经验高校50强、第六届黄炎培职业教育优秀学校、全国高校心理委员工作示范单位等荣誉称号。

一、加强党建引领，构建“三全育人”运行机制

一是建立全员育人责任制度。依托党建工作引领，建立党委统一领导，党政齐抓共管，相关部门各负其责，全员协同配合的育人模式。构建纵向联动育人层级，形成从党委、院系、年级、班级、个人的纵向育人体系，为全员育人提供坚实的组织保障；建立横向联动育人网，发挥教学、管理、家庭、企业、社会为主导的横向主体育人功能，实现多元育人主体同心同向同行。

二是打造“五位一体”育人范式。突出教师育人主力军作用，发挥辅导员育人排头兵作用，畅通家校育人渠道，丰富校企育人方式，挖掘社会育人功能，逐步厘清全员育人主体边界，实现教书、管理、育人相统一，激活校内外主体活力。同时，立足职业教育特色，进一步扩大专职辅导员与班主任结合、与兼职辅导员结合、与企业导师结合的“三结合”育人品牌效应。

三是构建以教师为中心的教书育人队伍。发挥专业育人功能，实施技能培养，营造知识育人生态，提升人才培养水平。构建以辅导员为中心的管理育人队伍。形成“辅导员＋班主任、行政干部、后勤人员”的管理育人队伍，协同推动思想政治教育、行为养成教育、安全教育、日常管理工作深入开展。构建以企业导师为中心的实践育人队伍。发挥企业实践育人功效，开展大学生职业生涯教育、职业规划教育。构建以家校互动为中心的协同育人队伍。发挥家庭育人作用，打造网络云端育人体系，通过“云”服务，实现家校育人同频共振。构建以榜样为中心的社会育人队伍。发挥榜样引领作用，围绕学生成长规律，渗透理想信念教育，实现社会育人功能。

四是建立师德师风评价体系。聚焦主体育人职责，发挥相关部门协同配合的职责，形成外部推动、内部发展、上下联动的师德师风建设管理体制。构建与职业发展、教书育人、科研提升相结合的多类型、多层次师德标准框架，明确主体要求。建立师德师风评价指标体系。以教师、学生、家长、企业等为共同参与的多元评价主体，将定性评价和定量分析相结合，实现教育行为的内在动机与外在效果统一。建立师德师风动态跟踪系统。通过长期跟踪、动态反馈、综合评价，建立师德师风预警机制，强化师德师风规范，明确师德“一票否决制”，有效治理师德领域的突出问题，实现师德师风建设服务“三全育人”的内在发展需求。

二、创新“四个课堂”，推动“三全育人”阵地建设

一是融合“全元素”统一，打造“思政教学”第一课堂。学校以山东省示范马克思主义学院建设为依托，思政课程以马克思主义毛泽东思想教育、社会主义核心价值观教育、时事政治教育等为主题，建成虚拟仿真思政课教学体验中心，实施智能化实践教学。思政课程贯穿各科教育教学的全过程，重点突破三大瓶颈思政元素挖掘瓶颈、思政元素与专业课内容熔点低的瓶颈以及学校、教师、学生共识度不高的瓶颈，打通课程思政的“最后一公里”。

二是挖掘“多靶向”资源，丰富“校园文化”第二课堂。充分利用学校现有资源，打造环境文化。突出显性文化的特点，以党建为引领建设党史馆、文化长廊、文化墙等，以工匠精神为主题建设文化广场、主题公园等，以传统文化为底蕴建设传统文化学院、工匠坊、大师工作室；注重精神文化建设，全方位多角度发挥校训、校风、教风、学风、校歌等的精神浸润作用，完善CIS识别系统；提升“二课”文化，以“五星成长”为目标，精心设计校园文化活动。开展经典诵读、琴棋书画学习、礼乐践行等传统文化传承活动，开展校内外爱国教育基地考察学习、慰问老战士、党史宣讲等革命文化发扬活动，开展乡村振兴、社会调研等社会主义先进文化践行活动。

三是联动“四合一”育人，组织“职业实践”第三课堂。围绕人才培养产出与质量提升，坚持理论教育与实践养成相结合，构建以顶岗实习、技能大赛、科技创新、社会实践组成的“第三课堂”。紧紧抓住第三课堂开放性、社会性特点，开拓学生视野，固化学生世界观、人生观、价值观。利用顶岗实习“课堂”，在实践中熟练专业技能、培养职业道德、树立职业理想。利用技能大赛“课堂”，以赛促学，将技能成才、技能报国的理想信念扎根学生心中。利用科技创新“课堂”，引导学生将理论研究与科技创新相结合，形成支持开展学生学术科研活动的良好氛围。利用社会实践“课堂”，开展志愿服务、社会调查和“三下乡”等精品活动，促进学生服务意

四是集成“微互联”矩阵，塑造“网络媒体”第四课堂。用“口袋里的思政教育”理念，搭建由红色专题网站、课程网络资源、掌上校园文化、群策群力平台组成的网络思政第四课堂。红色专题网站，通过“互联网+红色教育”的形式，整合红色基因资源，扩大红色基因传承的影响力；课程网络资源库，包括思政理论课、军事课、党课、团课、人文类课等，实现课程资源量变到质变转换、广泛化到精品化转化；掌上校园文化，以“i工院”为平台，打造美誉度高、信任度高、追随度高、育人力强的线上品牌；以即时通信软件为基

础，建设灵活自主、实时互联的群策群力平台，由点及面，发挥全方位、立体化的集群传播效应。

三、创新多维育人平台 构建“三全育人”立交桥

推进党建工作、阵地“双体系”建设，打造党建育人平台。学校聚焦理论阵地，办好校院（系）二级党校，开展“三级书记”上党课，发挥党建引领作用；聚焦文化阵地，打造廉政文化示范点、党建文化长廊，发挥党建浸润作用；聚焦党建工作阵地，建设公寓党建、教学楼党建，发挥党组织战斗堡垒作用；聚焦实践阵地，开展社区双报到、组织暑期三下乡，发挥党建辐射带动作用；聚焦网络阵地，建设网上党校、打造“智慧党建”信息平台，发挥新媒体助推党建创新作用。开展“青马工程”，打造青年马克思主义者培育平台。学校着力加强对青年的政治引领，推动马克思主义理论在青年群体中的传播。选拔推荐优秀学生，组建校院两级“青马班”，开展为期一年的系统培养，带动周围学生，形成“1+X”示范引领效应。培育大国工匠，打造工匠文化育人平台。学校融合技术技能和人文情怀，构建工匠文化育人体系，实施工匠精神进校园、工匠故事进班会、非遗文化进课堂，全维度涵养学生匠心匠魂。整合校内外资源，打造创新创业教育平台。以服务地方经济社会发展、服务学生可持续发展为出发点，学校搭建政校、行校、企校、校校“多边形”创新创业实践平台，实现“思创融合、专创融合、产创融合、师徒融合”育人。优化服务内容，打造学生管理服务平台。学校构建“学生吹哨，老师报到”学生管理、“扶智 + 扶志”发展型资助育人、“一心六化”全域式心理育人和“个人画像”学生质量诊改 4 个服务平台，把“三全育人”内化到学校管理的各阶段、各层级。实施平安校园建设，打造安全育人平台。学校坚持“宽严相济，学生终身受益”的管理理念，构建安全育人网格化责任、全领域防范、规范化治理三大平台，开展“安全生活化”教育。助力“五星成长”，打造人人出彩平台。学校将“第二课堂”纳入人才培养方案，引入网络管理

平台，实施“五星成长”工程，从“理想信念、道德品质、文化修养、身心健康、综合能力”5 个方面打造 15 个品牌活动，实现学生个性发展。

打造职高院校“五气”体系
赋能乡村振兴“加速跑”

莱芜职业技术学院

莱芜职业技术学院锚定国家重大战略方向，科学谋划、精耕细作、持续发力，坚持“五气”并举赋能乡村振兴，牵头成立乡村振兴产教融合共同体，打造非农高职院校赋能乡村振兴的新模式，开创了服务乡村振兴工作新局面，并引发中央主流媒体持续关注。

一、党建引领树正气

突出党建引领，先后派出 13 名干部驻村、4 名博士挂职科技副镇长（副主任），对口帮扶 3 个乡镇、15 个村，立足乡村实际，深入推进“党建”强村，抓班子、带队伍、强堡垒，借助三会一课、主题党日 + 阳光议事、党建超市、民主评议党员、党员读书会等党建活动载体，凝聚发展合力，让基层党组织成为带领村民脱贫致富的战斗堡垒，把党员培养成带领村民干事创业的先锋模范。学校多人被评为济南市优秀市派第一书记、济南市五一劳动奖章、济南市脱贫攻坚先进个人、新时代泉城最美青年等。突出组织引领，驻村第一书记发挥党组织领办合作社功能，依托学校电商专业，探索互联网 + 农产品销售模式，广开销路，解决农产品滞销问题。第一书记帮扶村被评为脱贫攻坚先进单位、乡村振兴先进单位、省级文明村、先进基层党组织等，2 个帮扶村被评为乡村振兴示范单位，学校被评为济南市第三轮、第四轮第一书记工作先进单位。

二、科技支农强底气

一是引智到田。围绕技术提升与人才培育，组建成立11位博士参与的“教授博士科技支农服务队”暨“山东省科技特派员科技支农服务队”，依托学校长期合作的农民合作社、生态农业发展协会，开展技术指导和科技帮扶，邀请相关领域专家到合作社与新型职业农民进行技术交流、现场示范和指导，指导新型职业农民进行科学管理，提高种植科学化水平。积极对接农业农村及涉农企业，先后为20余家企业提供技术服务，到位资金500余万元，企业累计产生经济效益2600万元。打造“雁埠”“秦菊”等6个农产品品牌，助力“鲁赢”“山歌”等品牌提升知名度，创造经济效益7000多万元。二是引项到位。紧紧围绕农业产业发展需求选题立项，创新技术应用模式。建设国家级现代中草药开发应用协同创新中心、省级药用植物引种栽培技艺技能传承创新平台、市级节水灌溉信息化工程技术研究中心等16个科创平台。在莱芜区苗山镇推广种植白花丹参新品系5000余亩，带动其他中草药种植2万余亩，实现年产值上亿元；助推钢城区完成省级现代农业产业园建设；协助青岛神农本草农业科技公司进行铁皮石斛产品开发，实现年产值上百万元；

莱芜职业技术学院博士服务助农团队指导农民种植

与莱芜紫光生态园有限公司合作共建中草药种植基地，获批济南市农业产业化示范联合体和第二批中医药健康旅游示范点；协助苗山镇立项第四批国家农业产业强镇并获建设资金1000万元。三是引农入网。充分发挥学校大数据团队、电子商务团队、遥感团队的科技人才优势，完善优质农产品大数据库；优化拓展“we来新农”等电子平台功能，通过线下看样、线上扫码下单的购买方式，为消费者提供更优质的体验场景；商务管理系成立电子营销工作室，推进优质农产品营销。

三、育训结合聚人气

一是充实一线力量，锻造乡村振兴“新人才”。创新布局，建设优化面向乡村振兴的新兴农科专业群，调整优化专业结构，开展中药制药技术专业对接中草药种植与加工、电子商务专业对接农产品网上销售、食品营养与检测专业对接农产品安全与检测、电子信息工程技术专业对接农业微滴灌推广应用、康复治疗专业对接农村医疗、旅游管理专业对接农村传统文化和红色文化、无人机专业对接农村农业规划等相关涉农专业的人才培养，为乡村振兴培养了一大批新型职业农民、涉农企业员工、返乡创业大学生、大学生村官。近三年向农业农村输出228名复合型技术技能人才，其中56名学生成为乡村创业骨干。毕业生李硕回村创办豆腐工坊，以“95后豆腐小哥”的身份登上央视一套《晚间新闻》。二是开展社会培训，实施乡村振兴“头雁”工程。变“输血”为“造血”，开门办学加强基层培训服务。承办耕地质量提升、水土保持、高效生态农业发展、关键生物技术推广应用、中草药高效生态种植技术开发与利用多期省市高级研修班，参训人数500余人；组织开展8期共计1500余名村（社区）书记、主任素质提升培训班，就农村电子商务、乡村旅游、乡村创业和高效生态农业等专题培训；组织开展农业扶贫培训班，400余人参加培训，增强参训学员的创业本领和脱贫致富能力；组织举办农药经营人员培训班，300余名学员参加培训，提升农药经营人员的业务水平和服务质量。思想观念的革新、科学素养的培养，正引领着农村生产力潜能的酣畅释放。

四、传承创新接地气

一是植根乡村传统文化。学校先后在校内建立莱芜梆子、于家布艺、邹家木雕等名师工作室，将传统文化引入校园，连续6年累计开设13门选修课，在校内建立名师工作室，于家布艺、靳氏针绣、葫芦烙画、莱芜剪纸、刘家面塑、莱芜梆子、邹家木雕、形意拳、鱼拓、渔鼓、内画、釉上彩绘、拓印 13 门非物质文化遗产项目被引入校园、列入课程，破解了传统文化“后继无人”困境。二是激活乡村红色文化。挖掘红色文化和非遗资源，编写教材走进乡村，传播红色文化，重塑乡村文化，助力乡村文化振兴。一批当地红色文化得以挖掘，师生共同撰写的《红色故事》一书获评省社会科学普及优秀读物；学校获省高校思想政治工作优秀案例二等奖 1 项；在山东省首届高校思政短视频大赛中获优秀奖 2 项，在全市职业院校中位列第一；《学习时报》以《担起铸魂育人使命　构建“大思政课”体系》为题报道学校典型做法。三是创新乡村网络文化。主动对接农村和农业产业，充分发挥电子商务、旅游管理等专业资源优势，利用电子商务技术手段宣传推介当地旅游文化、特色农产品，以文化体验带动产品消费，盘活优秀乡村文化，促进乡村经济发展。

五、绿色发展育灵气

一是拉满“科技值”。积极推动产学研紧密结合，加强绿色科技创新和成果转化，近四年共有《一种高效处理污水的分离膜及制备方法》等 15 项发明专利实现成果转化，技术成果直接服务地方农业经济发展。积极开展适合当地经济与社会发展的绿色创新项目和课题研究，近四年立项《绿色循环农业模式在中药材种植和畜禽养殖应用》等教师学生项目 46 项。二是注入“价值”。依托山东江河湿地生态研究院、无人机学院，开展雪野湖生态保护、大汶河流域生态规划设计、黄河流域生态保护、湿地受损水体保护与修复、田园综合体规划设计等15项生态规划和治理工作，盘活山水林田湖等资源，变乡村生态优势为经济发展优势，把“绿色”资源转化为“绿色”经济，促进农业增产、农民增收，真正实现以“绿”促“富”，以“富”带“美”。三是提升“颜值”。先后为钢城区汶源街道杨家大峪村改善道路、村庄亮化提供资金支持，为莱芜区大王庄镇东王家庄村解决了“户户通”人工及机械费用等问题，汇聚起加快建设绿美乡村的强大合力，努力打好乡村颜值提升“组合拳”，扮靓面子、做好里子、夯实底子，让绿色成为乡村振兴的亮丽底色，让美丽乡村“施工图”变成群众美好生活“实景图”。

以优化一线结构布局为牵引
加快推进全市消防救援队伍建设现代化

济南市消防救援支队

优化一线消防救援力量结构布局，是贯彻落实党中央关于国家综合性消防救援队伍整合改革决策部署的重要举措、重大课题。自2022年以来，济南市消防救援支队按照国家消防救援局和省消防救援总队统一部署，坚持战斗力标准和实战化导向，扎实开展优化一线消防救援力量结构布局试点工作，经过近一年半的探索实践和优化完善，相关工作取得阶段性成效。2023年10月23日，国家消防救援局在济南召开全国优化一线消防救援力量结构布局工作现场会，实地观摩并向全国消防救援队伍推广济南工作经验。

一、坚持高站位谋划，优化消防队站编制结构

一是根据布防体系优化消防救援站编制类型。基于消防救援任务需求和队站分布，将全市15个行政区、功能区科学划定为17个应急救援任务区，将71个消防救援站明确为17个“中心站”，54个“卫星站”，对28个队站类型进行优化，其中新增2个特勤站、10个一级站，其他二级站、小型站同步进行规模增减，同时明确市区“中心站”达到一级站以上规模，县域“中心站”达到二级站以上规模，全面满足各任务区作战需求。

二是根据灾情实际优化国家队编制结构。目前市消防救援支队共编有33个国家队站，主要集中于老城区和老工业区，近十年间建设的近40个消防队站一直处于“无编”状态，“大站无编、小站占编”问题突出。支队综合评估

近5年来接处警数据和队站任务需求等实际，对国家队指战员编制进行调整优化，将7个政府专职消防队调整为国家队站、7个国家队站调整为政府专职消防队，累计调整干部编制43个，消防员编制297个。在现有编制总数不变的前提下，确保大部分国家队指战员编制向“中心站”转移，既实现了编制结构更加适应任务需求目标，又满足了未来新建队站骨干配置需要，更解决了国家队站“空心化”问题。

三是根据发展现状优化政府专职消防队员编配。聚焦长期以来政府专职消防队“编未定”、队员“随意调”现状，精准测算政府专职消防队任务量和队员规模体量，对38个政府专职队站和森林消防中队全部明确队站类型并进行精准核编，将市政府新增审批政府专职消防队员编制全部核定到相应政府专职消防队和小型站，同步预留540余名编配员额，根据城市队站未来发展及时补充编配。

二、聚焦实战化应用，优化作战协同响应模式

一是科学优化力量调派。将试点工作与队伍初战联战“两项改革”统筹推进，出台《消防救援力量调派暂行规定》，建立“一点一调、一调多备、一点多调、一区多备、多区协同”的“一键式”智能调派模式，同时将企业专职消防队、微型消防站同步纳入初期处置力量，实现了可控事故快速歼灭、难控事故有效攻坚、失控事故有效应对。

二是细化完善力量集成。将消防救援站级编成细化为特勤站、一级站、二级站和小型站4类编配层级，制定作战单元、队站人员、车辆装备3大类18项编配标准，明确不同编成出动车辆、人员、乘车位置、登车顺序、器材放置和作战任务，确保每个单元能够独立或配合完成至少一项现场具体任务。

三是协同增强训练演练。依托“中心站”组建高层、地下、大型综合体、山林、地震等8类17支专业救援队伍，整合取得相应资质的业务骨干人才充

实到专业队，依托“卫星站”组建照明、举高、供水等54个辅助作战单元，完善了从编组到编队的执勤训练体系，整建制、成体系开展实战演练，进一步提升队伍实战合成联动能力。四是体系配备装备器材。71个队站按照作战单元类型及数量确定人员基数，明确22种个人基本防护装备配备比例，并按照人员基数确定配备数量。30种特种防护装备按照“中心站”“卫星站”分别制定配备标准，29种常用车辆、127种灭火救援装备按照作战单元需要进行模块化组合，使所配人员车辆装备与执勤任务相适应。

三、注重链条式驱动，优化消防大队党委运行模式

一是规范设置大队党委。制定出台《大队党委规范化建设指导意见》，对大队党委设置进行规范。规范前，大队党委主要由大队主官、副大队长和各消防队站政治指导员组成，委员职级跨度大，议事参与度低；规范后，根据任务区划分，明确设置7—9人党委，政治教导员为党委书记，大队长为党委副书记，副大队长为党委委员，同时明确任务区“中心站”两名主官配置为大队级正职，确定为党委委员，另外一名党委委员为“卫星站”政治指导员，更好地适应了“中心+辐射”的编配模式。

二是创新细化党委分工。严格执行党委统一的集体领导下的首长分工负责制，大队长、政治教导员在大队党委统一领导下，共同负责大队的全面工作。成立办公室，作为党委办事机构，一名副大队长任办公室主任，协助大队主官负责后勤保障工作，另一名副大队长协助大队长负责防火监督工作，“中心站”站长协助大队长负责执勤训练、灭火救援工作，“中心站”政治指导员协助政治教导员负责大队的思想政治工作、队伍管理及纪检工作，“卫星站”政治指导员协助政治教导员负责大队群团工作，确保各委员之间分工明确、各负其责，有效形成了工作合力。

三是合理下放党委权力。支队党委向大队党委充分放权，研究出台大队党委权责清单，涉及9大项15条自主权利，工作积极性、主动性得到有效调

动。结合党委“七议”制度要求，印发《大队党委议事内容清单》，清单式、项目式明确了“组织教育”“作战训练”“队伍管理”等“十个必议”共计68项议事内容，做到权责相宜，增强大队党委权威。

四是实体推动党委运行。实体化设置大队办公室，作为党委办事机构，主要承担党的建设、政治工作和考核考评工作，同时负责后勤财务、信访举报、公文收发、档案管理等行政事务，由1名副大队长任办公室主任，确保党委各项工作机制高效运行。

五是多措强化党委监督。以监督执法权力监督为重点，创新制定消防安全重点单位联络指导机制，与“双随机、一公开”检查互为补充，分设监督检查组，兼顾消防宣传、火灾调查、法制审核等工作，实行组长负责制，工作情况定期向党委汇报，强化大队党委对防火主责主业领导。同时，建立制度机制、社会监督、家队共育、风险预警“四道防线”，确保权力在阳光下运行。

四、立足整体性推进，优化落地综合保障政策

一是激发指战员履职尽责内生动力。面对改制后晋升通道变窄、成长发展受限的实际，研究出台《激励基层队站干部担当作为“十二条”措施》，在培养使用、表彰奖励、待遇补助等方面给予大力倾斜，将“卫星站”主官履历作为晋升大队级正职的必要条件，明确“中心站”主官由大队级正职干部担任，消防员骨干选拔、衔级晋升同步向中心站倾斜，形成梯次搭配、重点培养的人才队伍建设模式，有效激发基层指战员内生动力。

二是解决政府专职消防队员调配难题。明确了政府专职消防队员经费由市区两级财政按比例承担、市财政统一拨付的保障模式，保障标准由每人每年9.2万元一次性提升到13.3万元。制定出台政府专职消防队伍“一规定三细则”（即政府专职消防队员管理暂行规定、招录实施细则、等级晋升实施细则、职务晋升实施细则），健全完善“建管用养”机制，实现“统招统训、统一待遇、统一管理”。

三是理顺任务区管理指挥模式。结合应急救援任务区划定，特别是针对部分任务区打破行政区划后指战员互不隶属同一大队实际，专题研究制定任务区灭火救援协作和现场组织指挥有关规定，确定“辖区站初期控制、中心站主战攻坚、卫星站协同配合”的作战原则和“按编成调派、按单元指挥、按编组战斗”的作战模式，细化明确任务区内统筹管理和任务区间协调联络的职责分工和具体要求，实现“中心站”和“卫星站”平时强化业务培训、联合实战演练、定期轮岗交流，战时高效统筹调度指挥和单元协同配合。

改革向深　品牌向新　服务向精
织牢民生“保障网”撑起群众“幸福伞”

济南市市中区民政局

近年来，济南市市中区民政局在“惠民暖政”党建品牌引领下，坚持以“增进民生福祉”为发力点，聚焦多群体、多层次民生需求，用心用情用力解决群众急难愁盼问题，坚持在发展中保障和改善民生，围绕有力度、有温度的民生细节，多措并举开展惠民行动，以改革向深、品牌向新、服务向精“三大方向”，推动辖区保障群众生活持续改善，织牢民生“保障网”，撑起群众“幸福伞”。

一、顶层设计改革向深，全面提升保障水平

市中区民政局深学细悟习近平总书记关于民政工作的重要论述，深研上级民政部门政策，不断实现思想观念更新、体制机制完善、服务模式转型、服务效能升级，切实提高社会保障标准，延伸救助广度，以“三大转变”为引领，推进服务创新，高质量完成试点创建。

（一）深化救助帮扶，推动“兜底民生”向“品质民生”转变。“物质＋服务＋精神”相结合，积极发展服务型救助，先后开展“微心愿”活动、寒冬送温暖活动13次，满足困难群众、特困人员衣、食、住、行、学、娱、心7大类共430余条微心愿，实现救助需求与慈善资源有效对接、高效供给，让群众的获得感成色更足、幸福感更可持续、安全感更有保障。

（二）创新工作方法，推动“人找政策”向“政策找人”转变。一是首创

社会救助“四个一”工作法，即一周一次街道现场办公、一月一次救助情况收集、一季度一次工作案例汇报、一年一次救助业务培训，不断提升社会救助规范化、系统化、制度化水平。二是延伸“414”工作模式，即搭建区级、街道、社区、网格4级社会救助网络，设立1个社会救助窗口，建立4支队伍，包括街道层面的下沉包挂社区指导员队伍、社区层面的协理员队伍、网格层面的宣传员队伍、热心居民骨干的联络员队伍，通过“414”模式，将各类救助政策“送”到居民身边。

（三）持续争先创优，推动“试点工作”向“示范工作”转变。一是优化工作机制，突出制度保障。建立未成年人保护个案会商、部门定期会商等工作机制，联合市中区纪律检查委员会出台《济南市市中区社会救助工作容错纠错实施细则（试行）》，坚持落实“三个区分开来”，打造有所作为、敢作敢为、暖心善为的“三为”民政干部队伍，高质量推进全省首批社会救助综合改革实验区等多项试点创建工作。二是强化数字赋能，提升服务效能。以“指尖二维码”赋能“智慧宣”，制作社会救助政策码上通二维码展示牌4000余块，同时，将政务服务与低收入人口动态监测和常态化帮扶机制结合，借助跨部门跨层级数据共享交换，提高救助服务效能。

二、服务向上品牌向新，全面落实帮扶举措

精准落实市民政局“品牌民政”工作要求，以市中民政“惠民暖政”党建品牌为引领，精心打造“市中有爱·‘童’行未来”大型公益护童项目品牌，“始终有爱·惠救助”社会救助品牌，持续加大品牌宣传力度，延伸品牌服务广度，孵化特色服务项目。

（一）多元联动，提高品牌宣传广度。积极对接公交公司，打造“公交+”流动宣传阵地，利用公交候车亭八一立交桥南站点和英雄山路六里山南路站点发布候车亭公益海报2块，在K4路全线运行的60余辆公交车载LED屏上发布海报，每日累计播出频次约2万车次，日覆盖人群20万人次。

（二）延伸服务，提高品牌影响力度。以“始终有爱·惠救助”品牌为引领，成立“市中小妍”救助工作室——“小妍”帮您办，探索形成队伍联合、工作联手、资源联用、服务联动的“一站式”工作模式。截至2023年12月底，“市中小妍”救助工作室共有区级“救助顾问”8人，街道“救助顾问”17人，村居“暖心管家”218人，探索“线上数字化+线下实体化”融合路径，延伸救助顾问、暖心管家“触角”，立足“监测、救助、发展”三个层级救助网络，让困难群众求助有门、救助及时。

（三）项目孵化，提高品牌服务温度。一是推出“向阳花计划”，实施“131”全链条志愿帮扶，实现多元关怀，即为1名困境儿童提供3类帮扶团队及1名“专业妈妈”，3类帮扶团队主要包括爱心妈妈、志愿者、爱心企业，通过品牌化引领、项目化运作、社会化参与，形成未成年人救助保护融合发展新模式，实现困境儿童100%守护；二是推进“精康融合行动”项目，着力构建以家庭为基础、机构为支撑、社区为平台、政府为保障、社工为纽带的多部门联动模式，打造“社会化、综合化、开放式”的精神障碍社区康复服务体系，建设“精康之家”精神康复服务点，推动康复模式由“基础型救助”向“幸福型康复”升级。

三、向精而行服务向优，全面提高民生质效

民政工作是社会建设兜底性、基础性工作，聚焦“一老一小”“一残一幼”等群体，就要坚持稳字当头，坚决兜住兜牢民生底线，针对特殊人群，创新社会保障提供方式，满足多层次、多样化需求，实行“三步走”战略，加强社会力量参与、聚焦综合帮扶、贴近群众更近。

（一）政策宣传靠前一步。进一步加强惠民政策宣传力度，提高广大群众对惠民政策的知晓率和满意度，为幸福生活提供保障，让惠民政策真正走进千家万户。深入社区、公益慈善大集、养老服务大集等开展惠民政策宣传活动，设立独立展位，通过易拉宝展示等形式，向居民广泛宣传社会救助、儿

童福利、残疾人补贴等惠民政策，发放明白纸5500份；工作人员深入社区、村开展服务下基层活动，认真倾听困难群众家庭的真实情况，对居民提出的问题及需求，结合其自身实际情况给出建议或解决办法，及时登记申请人姓名电话等信息，便于进行后期回访，推进办理进度，提高社会救助兜底保障工作效率。

（二）社会力量向前一步。提高社会力量参与困境儿童保护的服务效能，建立网络化关系融通，进一步提升其链接资源和专业服务的能力。在全省成立首家未成年人救助保护协会，将受助群体从保障儿童辐射到全区困境未成年人，以传统节日、寒暑假为契机，组织开展“日照研学活动”“携手向阳共度佳节”等亲子类、研学类、科普讲座类主题活动23次，营造全社会关心关爱困境儿童的良好氛围，进一步扩大儿童救助服务供给，让儿童友好从理念变成可触可感的幸福场景。通过培育未成年人救助保护专业服务的社会组织，满足困境儿童的多样化需求，推动困境儿童保护工作的全面、长期发展。

（三）专业服务深化一步。坚持高标准推动、专业化保障、新人才赋能，深入推进“精康融合行动”。建立精神障碍患者家庭照护和精神健康志愿服务队伍，为精神障碍患者家庭提供照护资讯、政策资讯等专业服务，帮助其进行康复训练、社交技能训练、心理疏导、事前预防、危机介入、实时支援等。从资源整合、项目实施、服务落实等多个方面紧抓落实，确保“精康融合行动”真正落到实处。

“一核三化三新”工作机制激活新时代文明实践新动能

中共济南市槐荫区委宣传部

近年来，槐荫区委宣传部紧扣“凝聚群众、引导群众，以文化人、成风化俗”目标定位，不断创新提升新时代文明实践工作的方法路径，以“强阵地、创品牌、优服务”一体化融合为突破点，以“志行槐荫”新时代文明实践品牌为引领，推动“一核三化三新”，实现“规定动作”不走样，“基层首创”有新貌，用心用力做优槐荫文明实践惠民服务文章，有序有效推动新时代文明实践走深走实。

一、以坚持党的领导为核心，为新时代文明实践工作提供坚强组织保障

新时代文明实践工作开展，是时代之需、使命所系、群众所盼。槐荫区新时代文明实践工作始终以党的领导为核心，切实增强政治意识、大局意识，坚持以人民为中心的工作导向，构建党领导下的文明实践志愿服务体系，以新发展理念引领新时代文明实践中心建设高质量发展。一是坚持高位推动。槐荫区委把新时代文明实践工作纳入全区党建工作总体布局，区委常委会每半年研究一次新时代文明实践相关工作。各级主要负责同志分别建立责任清单，形成三级书记带头抓、职能部门齐落实、多方资源共聚力的工作格局，为推进新时代文明实践工作奠定坚实基础。二是加强领导重视。在全区文明实践工作中，区委主要负责同志针对新时代文明实践专项工作亲自观摩点位，并主持召开全区现场会议。区委宣传部按照区委要求，抢抓战略机遇，

在完成乡村文化振兴考核指标及打造“黄河岸边·稻香花海”乡村文化振兴展示带两个方面上实现了重点突破，形成了以文化文明串珠成线、以线带面的新格局。三是强化组织保障。在全市率先出台《槐荫区新时代文明实践工作三级党组织书记重点任务清单》，将文明实践工作列入“一把手”工程，明确文明实践工作中兜底责任，拓展文明实践开展渠道路径，为新时代文明实践工作提供了坚强的组织保障。

二、推动阵地建设一体化，打造文明实践“新模式”

坚持把新时代文明实践阵地建设作为基础性保障，制定《槐荫区关于深化拓展新时代文明实践中心建设的实施方案》，定期组织召开新时代文明实践联席会议。一是普通所站标准化建设再提升。以“打基础、出特色、上品牌”为目标，各新时代文明实践所（站）按照“五有”（有场所、有队伍、有活动、有项目、有机制）的标准建设新时代文明实践阵地，大力营造新时代文明实践浓厚氛围，集中展示宣传新时代文明实践服务相关内容，推出槐荫区西市场街道外卖驿站、张庄路街道如康家园、五里沟街道“搭把手”等12个特色阵地品牌，街道、社区（村）累计建设新时代文明实践所（站）222个，实现了全区“五有”建设三级全覆盖、标准再提升。出台普通所（站）规范化建设方案，排好时间表，画好路线图，采取典型带动、现场指导、互查互学等多种方式对全区新时代文明实践阵地进行全覆盖指导检查，形成了向外学先进、向内比赶超的良好发展态势。二是文明实践家庭站建设再创新。通过广泛征求群众意见，试点建设文明实践家庭站，以党员干部、文明家庭、出彩人家、道德模范等为主体，以特色志愿服务活动为支撑，建设新时代文明实践家庭站8个，其中“李蕾”家庭站、“沈瑶琴”家庭站被评选为济南市“文明家庭”，李蕾个人被评选为“济南好人”。三是文明实践基地建设再拓展。以资源共享、开放空间、拓展文明实践服务力为导向，试点建设区级新时代文明实践基地，累计挂牌法律、家庭教育、移风易俗、科技创新、心理健康5

个全区性专业性文明实践志愿服务基地。着力提升新时代文明实践工作“软”实力，充分利用基地优势资源，加强对志愿者、社区群众、学生家长等群体的专业知识再培训，拓展阵地赋能成长，形成了基地辐射所站、基地与所站联合开展志愿服务的三类阵地融合发展的全新模式。

三、推动品牌建设一体化，打造文明实践“新矩阵”

坚持把新时代文明实践品牌创建作为重要抓手，积极探索打造一批符合槐荫实际、具有槐荫特色的文明实践品牌项目，有力推动新时代文明实践精准触达。一是打造阵地品牌定位，提升文明实践广度、力度。深入打造“志行槐荫”新时代文明实践品牌，打造志愿服务的“全家桶”，以品牌塑造促精神文明建设，引导槐荫区社会风气向上向善。培育“兴福花开”“暖心家园”“西埠新声”等16个街道文明实践子品牌，重点培优40个新时代文明实践站微品牌，品牌塑造促进精神文明建设的效果持续显现，槐荫文明实践品牌影响力、覆盖面持续扩大。二是挖掘项目品牌特色，提升文明实践精度、温度。精准培育“槐荫榜样”典型选树品牌、“理响满槐”理论宣讲品牌、“艺润槐荫”文化文艺品牌，特色化推进槐荫各领域文明实践多点开花，举办区级典型榜样颁奖暨宣讲活动4场次，街道、社区层面巡回宣讲242场次，全年选树各行各业突出代表性榜样模范18人，槐荫良好社会风气持续向上向善。聚焦特殊群体，发挥引领导向，依托“志行槐荫”品牌矩阵，延伸打造槐荫“助老帮帮团”“家住槐荫·育见成长”“红领医养”等“五为”（为老、为小、为困难群体、为需要心理疏导和情感慰藉人群、为社会公共需要）新时代文明实践志愿服务项目品牌，让槐荫文明实践更接地气更有温度。三是提升宣讲品牌效应，扩大文明实践厚度、密度。秉持着“群众走到哪里就讲到哪里”的原则，开辟线下阵地、创设线上场景，“板凳课堂”创新宣讲方式，让群众的耳朵不断被“唤醒”。理论政策宣讲服务队深入开展理论下乡、理论下社区、理论服务进万家等宣讲活动，宣讲员以拉家常的方式聊政策、话文明。举办

“中国梦”百姓宣讲大赛，开展宣讲活动6000余场次，覆盖75万人次，先后涌现出“院落微课堂”“强国聊吧”“槐荫少年说”等一批基层“板凳课堂”。

四、推动服务群众一体化，打造文明实践“新名片”

坚持把群众满意作为新时代文明实践的出发点和落脚点，制定《槐荫区新时代文明实践工作三级党组织书记重点任务清单》，着眼高位、立足实际推进服务群众工作深入开展。一是“小切口”写好基层治理“大文章”。聚焦“一老”群体，整合辖区现有公共服务资源，通过常态化开展入户走访、问卷调查等方式掌握老人需求，打造集活动室、健身房、阅览室等功能区域于一体的“一站式”养老服务阵地。同时，为解决部分农村留守老人生活问题，在玉清湖街道新庞庄村、吴家堡街道七里铺村、美里湖街道刘七沟村建设文明实践爱老助老洗衣房，目前均已投入使用。聚焦“一小”群体，以儿童需求为导向，依托党群服务中心、新时代文明实践站，联合家、校、社等多方力量，定期开展各类儿童教育实践活动。联合山东纽扣远程教育咨询集团有限公司在振兴街街道阳光新城第四社区挂牌了槐荫区未成年人心理健康辅导站，开展心理健康复读6场次，覆盖儿童400余人次。二是“小程序”搭建群众“连心桥”。推出“文明槐荫”微信小程序，采用居民“点单”、志愿者“接单”服务模式，变“等居民求助”为“主动对接服务”；开展“微心愿”文明实践征集活动，精准收集、梳理、研判、实现群众对文明实践的诉求意愿。截至目前，全区注册志愿者133528人，注册志愿服务队伍1960支，月均完成群众反馈“微心愿”项目约500余条。三是“小活动”织密群众生活“幸福网”。在全区开展“一月一主题”文明实践活动，灵活运用“志愿宣讲、纾难解困、项目发布、积分兑换、医疗健康、文化文艺、典型评选、礼仪庆典、比赛竞技、公益微心愿”10种活动形式，累计开展主题活动1000余场次，服务群众20余万人次，实现主题活动点亮群众幸福生活。与印象济南商圈、幸福Mall商业综合体建立合作，依托商圈人流每周固定时间开展“一城大爱暖泉城”

爱心集市活动，累计举办活动 28 期，真正将政策理论与公益服务送到了群众家门口，用文明实践织密了群众生活“幸福网”，提升了群众生活“满意度”。

开展“一城大爱暖泉城 · 爱心集市”活动

探索建立“党建 +”模式
推动党史宣传教育创新发展

中共济南市槐荫区委党史研究中心

近年来，槐荫区委党史研究中心聚焦党史宣传教育，坚持“党史姓党”“党史为民”，积极探索“党建＋党史”新模式，以多元创新打造“红色迹忆”党建品牌、“鉴史育廉”廉洁文化品牌、“学史力行·助‘郦’惠民”双报到社区共建品牌、“史敢当”志愿服务等四大品牌，广泛凝聚爱党爱史社会力量，纵横联动，共建共融，讲好红色故事，传承红色基因，有效带动槐荫红色资源“活起来”“传下去”。

一、“党建＋滋养初心”，以史铸魂走实走新

坚持用党的创新理论武装头脑，牢固树立“抓好党建是最大政绩”理念，开拓“大抓党建、抓大党建”的工作思路，以高质量党建引领高质量党史发展。

（一）“线上、线下”强化党史思想铸魂。坚持以习近平新时代中国特色社会主义思想为指导，全面学习宣传贯彻党的二十大精神，认真落实习近平总书记关于做好党史史志工作的重要指示精神。

一是依托网络媒体平台，开展线上宣讲。充分利用“槐荫党史史志”微信公众号平台，创建党史我来说、行走的党课、红色记忆等专栏，共连载“党史记忆”“槐荫红色印记”180 期，让党史教育走进千家万户；创新开设乡村印迹专栏，公众号阅览创新高，全区农村的历史变迁和建设发展得到广泛传

播。二是立足主责主业，开展线下教育。发挥党史红色资源和专业优势，利用“七一”、国庆节、烈士纪念日、公祭日等党的重大节日和纪念日，深入基层社区、学校开展各类主题宣讲、我来讲党课等活动共计 15 场，受众人员 2000 余人次，让具有槐荫鲜明特色的红色故事、革命精神家喻户晓、学用结合。

（二）打通党史为民服务的“最后一公里”。找准党史与服务基层党建的关键点，以基层党建、党史国史教育、精神文明创建等重点工作为切入点，主动深入社区，以集中座谈研讨与“双报到”社区——兴福街道龙湖郦城社区共谋划、共建设、共提高。开展现场实地教学，组织社区党员、群众代表到“四五”烈士纪念碑、四五党性教育基地和铁路大厂厂史馆、“印象济南·一路清廉”廉洁文化教育基地开展红色主题月、主题党日等专题活动 15 次，参加人员 300 人次，引领社会各界群众坚定不移听党话、跟党走。

（三）学史铸魂服务基层党员群众。先后深入营市街、南辛庄、段北道、吴家堡、兴福等街道社区，与各界群众开展经常性座谈，建立健全与社区主题党日联办、资源共享、社会服务共同参与等长效机制，参与社区联席会议 10 余次。下沉双报到社区开展“上一线、察实情、练本领、促发展”群众工作教育实践活动，组建“史敢当”红色公益服务队，由中心主要领导带队，积极参与创卫创城、烟花爆竹禁燃禁放、暴雪天气除冰除雪等志愿服务活动 50 人次，为提升社区环境质量贡献槐荫党史史志力量。

二、“党建 + 党史教育”，以史育人入脑入心

充分发挥党史红色资源和专业优势，坚持以史育人、以史铸魂，引导广大党员群众学党史、知党情、感党恩、跟党走。

（一）社区共建开新局。与段北办事处、闫千户村委会联系沟通，加大党史资料、展陈设计等方面的指导力度，现场开展指导服务 5 次，帮助、推动闫千户村历史印迹馆的建设。组织社区党员、群众代表 20 余人，到槐荫红色

阵地拍摄“心手相牵　火炬相传——擦亮红色地标”短视频，淬炼初心，汲取力量。此视频被省委党史研究院（省地方史志研究院）评为全省一等奖。走进龙湖郦城社区，携手创建“红色书架”，帮助充实党史和地情书籍等红色文献 150 余册，让社区居民零距离学习红色经典、了解地方党史，受到社区群众一致称赞。

（二）编纂研究出新篇。编印《1921—2021 党史记忆》《槐荫红色印记》，生动展现中国共产党在各个时期的使命担当、革命精神和取得的辉煌成就，面向全区机关、学校、社区广泛发放。完成《区组织史（2000—2020）》，面对时间跨度长、机构变化大、人员范围广的复杂情况，积极协调区委办公室、组织部、档案馆等相关部门，将 86 个主要入编单位的机构沿革及领导人员的任职情况逐条梳理，圆满完成编纂任务。编辑完成《丰碑》一书，面向全区发放 500 余册，全面普及槐荫红色文化。持续开展红色资源调研和系统研究，走进铁路大厂厂史馆、四五烈士党性教育基地，对王尽美、王荷波、邓恩铭、刘谦初等革命先模人物的英雄事迹、廉洁故事进行深入挖掘 30 余篇，征集汇编《清风史话》。

（三）调查研究求突破。结合主题教育活动，深入开展党史史志红色资源调查研究。先后到营市西街、3520 社区，闫千户村等处开展专项调研 20 余次，对西沙村、闫千户村等村史馆、党史馆展陈设计进行规范指导，帮助闫千户村协调联系历城、青州等党史系统部门，为其搜集到珍贵的历史资料。围绕黄河流域生态保护和高质量发展，先后到玉清湖街道古城村，段北闫千户村，美里湖西沙村，吴家堡（席庄村、三教堂村、明里村、七里堡村）等村庄走访调研 10 余次，了解黄河红色文化现状，深挖西郊稻改启示精神。

二、“党建＋宣传宣讲”，以史明理有声有色

（一）加强协同合作，构建大党史大史志格局。与区纪委监委机关联合开展“清风史话”主题史料征集活动，深入挖掘槐荫廉洁故事，展现槐荫廉

洁文化。与区委党校密切合作，将中心原创编写的《党史记忆》等系列研究成果纳入党校培训课程。在市院支持、策划指导下，与区委宣传部、区文联联合出品并发布歌曲《南望》，讴歌“四五”烈士的英勇革命事迹。联合团区委、退役军人事务管理局，在清明前夕举办祭奠瞻仰活动，槐荫“史敢当”红色宣讲队、摄影队队员，小学师生代表等200余人参加，共同汲取奋进力量。通过合作共建，不断扩大党史史志工作的影响力和战斗力。

（二）加强青少年党史教育，营造红色基因代代传氛围。深入贯彻习近平总书记关于红色基因发展传承的重要指示精神，引导青少年从小追寻革命先烈足迹，感受革命情怀。走进清逸幼儿园、西城实验小学开展现场红色宣讲，大手拉小手，重温老一辈革命先驱的光辉事迹，激发师生们爱党爱国的热情。利用暑期，开展“红色讲堂”主题实践活动5次，带领社区中小学生走进济南青年运动史馆等处，教育青少年从小系好人生第一粒扣子，感悟党史力量。

（三）延伸党史服务手臂，凝聚爱史崇史社会力量。创新提升“史敢当”志愿服务品牌建设，不断拓展党史服务领域。以“槐荫‘史敢当’，党史我担当”为服务宗旨和服务口号，统一印制“史敢当”红色志愿服装、帽子和标贴，制定实施方案、服务制度，积极开展党史服务活动，让槐荫“党史红”成为宣传党史理论、开展文明创建的一道亮丽风景线。选聘18名热爱党史、国史宣传教育的社会各界人士、区委党校年轻教师成立了槐荫区“史敢当”红色宣讲队，结合党的重大纪念日，用诗歌朗诵、微党课等形式，走进机关、社区、学校、图书馆开展党史“七进”宣传活动10余次，受众人群近千人。选聘13名关注、关心槐荫区建设发展的摄影爱好者，建立了“史敢当”摄影服务队，用瞬间镜头书写中国式现代化在槐荫的生动实践。两支志愿服务队伍的成立壮大，逐步推动构建爱史崇史的社会氛围，努力把槐荫红色资源带动起来，发展起来。

创新人才驱动　打造智力引擎
以高质量人才工作助推经济社会
高质量发展

中共济南市历城区委组织部

近年来，历城区委组织部全面实施“智汇历城”人才集聚计划，坚持做实政策引人才、做强平台育人才、做优环境留人才，加快建设具有区域影响力的重要人才中心，全区人才总量突破 26.7 万人，人才引领经济社会高质量发展效应进一步凸显，先后获评山东省人才工作先进单位、山东省人才工作表现突出单位、山东省第六批科技副职工作先进单位。

一、构建“体系化”人才机制，汇聚人才工作强大合力

全面加强党对人才工作的领导，不断优化人才发展布局，凸显人才引领经济社会高质量发展的重要作用。一是实施“一把手”抓“第一资源”工程。实行区委人才工作领导小组书记、区长“双组长”制，坚持主要领导重大工作亲自推动、重要问题亲自协调、重点人才亲自对接。聚焦人才工作服务区域发展中的热点、难点问题，制定区委书记人才工作项目，通过书记选题、领衔攻坚，抓实人才引进培育，促进产业转型升级，推动经济社会高质量发展。“打造‘超算数字经济生态创新圈’人才高地”项目被山东省委组织部列入 2022 年度全省重点关注项目库。二是构建系统完备的人才政策体系。出台“智汇历城”人才集聚计划，构建灵活开放、务实有效的人才引育机制。支持高层次人才创新创业，聚焦重点产业，出台人才扶持政策“黄金十条”，先

后兑现高层次人才创新创业项目、企业创新平台建设、引才育才等扶持资金2824万元；出台全市首个“1+433”数字经济人才专项支持政策，评选“数字高端人才”“数字青年人才”项目355个，兑现奖补资金315.2万元。支持基础人才成长进步，实施“历城专业技术拔尖人才”“历城精英人才”等选优培树工程，为844名人才发放补贴资金840.6万元。三是打造素质过硬的招才引智队伍。建立重大事项领导小组会议、日常事项成员单位联席会议制度，协调职能部门与街道横向合作、纵向联动。持续加强人才工作者队伍“内功修炼”，举办人才工作者能力提升培训班，蓄力打造“知大局、善谋事、会创新、能落实、敢担当”的人才工作者队伍。出台社会化引才奖励办法，招募招才引智合伙人，与山东大学、中科山东先进技术研究院、山东省留学人员协会等高校院所和社会组织建立密切合作，凝聚社会力量参与引才聚才工作。

二、打造“专业化”人才平台，构筑双创人才集聚高地

积极融入“济青吸引和集聚人才平台”与“海归小镇”建设布局，筑牢一流人才发展阵地。一是建设高能级双创平台载体。依托“济南超算数字经济生态创新圈”“山东大学洪楼创新圈”“工业北路创新带”，引入泉城省实验室、山东高等技术研究院、齐鲁空天信息研究院、济南超级计算技术研究院等科研创新平台和新型研发机构，集聚由丁肇中、吴一戎、吴建平等院士领衔的科研团队140余个，吸纳研发人员4000余名。围绕“两圈一带”布局建设超算中心科技园、智能传感器产业园等高标准产业建筑群，打造“稼轩国际人才创业港”，共建山东大学国家大众创业万众创新基地和“数字金融联合实验室”，积极培育科技创新、成果转化、产业升级等创新发展新生态和产业发展新动能。全区建成国家级重点实验室4个、省级30个，省级新型研发机构8家，培育国家级众创空间5家、省级4家。二是强化企业创新主体作用。通过政策宣传、实地指导、跟进服务等方式，引导企业发挥在人才平台载体建设中的主体作用，依托企业产业优势和重点项目，积极申报建设科

技研发中心等各类创新平台。培育高新技术企业555家、专精特新企业203家、瞪羚企业75家；建成国家级企业技术中心2个、博士后科研工作站6个，省级院士工作站4个、企业技术中心20个、工程研究中心25个。三是发挥引才平台吸附效应。面向科技前沿和经济主战场，依托承办中国（济南）新动能创新创业大赛深圳赛区和西安赛区"以赛引才"机遇，向科技产业人才广发"英雄帖"，开展23场优质项目考察对接活动，做好数字经济等领域高层次人才项目参赛、洽谈、落地一条龙服务。征集项目1269个，16个项目在决赛中获奖，24个人才项目在历城落地，选聘123名专家人才担任企业科技创新特聘助理。

三、推进"品牌化"人才服务，营造宜业宜居良好氛围

持续深化人才服务创新，以人才"口碑"形成人才聚合发展"高地"，营造拴心留人优良环境。一是构建"智汇历城"信息网络。打造人才、平台信息数据库，摸清历城区高层次人才、历城籍在外人才、历城二中校友、历城平台载体底数，绘制历城"人才地图"，为发挥人才在促进经济发展中的第一资源作用奠定基础，已注册单位923家，采集各类人才信息6488条，认定历城区高层次人才2380人。开辟人才政策申领模块，提供"稼轩人才卡"自助申领、人才公寓入住申请、子女入学和随迁配偶安置申请等"一站式"办理服务，221名人才入住"稼轩国际人才社区"，100余名人才子女通过"绿色通道"就读历城名校。二是构建"党委—专家"联系网络。扎实做好党委联系专家工作，累计走访专家人才270余人次。举办企业家高级培训班7期、高层次人才爱国教育研修班3期、"智汇历城名师讲堂"3期，培训企业家、专家人才700余人次。持续开展"联校企　聚人才　促发展"走访调研活动，举办人才政策专场推介会，走访高校院所、企业300余家次。举办"人才金融对接会"，与合作银行对接优化信贷流程，建立快速审批通道，为辖区企业提供"人才贷"。三是构建"稼轩人才卡"服务网络。联合中信银行济南分行

在全市首发“中信银行—稼轩人才”联名卡，为稼轩人才提供专属理财、购房购车优惠、机场高铁贵宾厅服务等专享权益。借鉴“城市发展合伙人”理念创新推出“稼轩人才卡合伙人”制度，招募房地产、金融科技服务、餐饮娱乐等各行业合伙人400余家，为“稼轩人才”提供专属优惠折扣和优质服务。举办“稼轩人才特享汇”“稼轩人才”包场观影、“关爱稼轩人才”知识讲座等“稼轩人才”系列品牌活动，“热带雨林”式人才生态渐成气候。

聚焦房地产行业　强化多税种联动
探索打造“行业 + 税种”
税费全周期管理模式

济南市历城区税务局

历城区税务局聚焦房地产行业，以行业管理为主线，以涉房税种联动管理为切口，探索打造房地产“行业 + 税种”税费全周期管理模式，形成历城特色“打法”，有效增强涉房税费管理的系统性、整体性和协同性。有关经验做法得到省税务局主要负责同志的批示肯定。

一、靶向发力、精准施策，重点解决“成效不高”的问题，变“简单粗放”为“集约高效”

优化行业监管模式，实行房地产行业集中归口管理。归口管理以来，房地产行业热线工单同比下降 20%，管理实效整体提升。

（一）三级管理“建机制”。充分发挥历城区税务局党委的引领带动作用，成立由区局主要负责同志任组长的房地产行业专业化管理领导小组，抽调 7 名经验丰富、专业过硬的业务骨干，组建工作专班，下设专业管理小组和风险评估小组，打造“领导小组 + 工作专班 + 专项工作组”的三级管理模式。按照集团归属，先后对中海、龙湖、万科等 16 个集团企业的 172 个房地产项目逐个摸底调查，联合相关部门开展项目台账登记，定期与企业进行会谈，了解项目进度和下一步工作计划，确保台账数据时效性，做到底数摸清、一户不漏。

（二）集中归口“夯基础”。从优化调整征管职能入手，将 71 户集团性房地产企业统一调整到第二税务所集中归口管理，集聚人才、资源、信息优势；以街道规划地图为依托，按照集团项目分布区域，匹配房地产管理项目信息和地块信息，多层次信息叠加比对，形成涵盖王舍人、华山、港沟、唐冶等 7 个重点片区的三位一体项目图，集约化、专业化管理水平进一步提高，房地产行业管理基础不断夯实。

（三）定制服务“提质效”。建立“专属联络员 + 服务团队”的定制服务机制，将房地产行业管理服务事项引入到网格管理；坚持一户一策，打造“联络员吹哨、各部门报到、聚合力解决”的定制服务模式，广泛征求企业涉税问题及对税收工作的意见建议等，便于快速响应企业诉求。今年以来，开展专题政策辅导 6 次，跨部门解决涉税难题 7 项。

二、关联互审、融合联动，重点解决“衔接不畅”的问题，变“单一条块”为“闭环链条”

加强税费种数据集成融合，以土地增值税清算为中心环节，强化多税费种联动管理，构建税费种管理闭环链条。典型案例《多部门合作“穿透式”分析，一个案例带你走进“一审多得”土增清算》，荣获全省土地增值税清算案例评选一等奖。

（一）组建“交互式”清算团队。打造全市唯一的全程独立审核清算团队，建立“审核专项工作组 + 审核团队 + 工作领导小组 + 纪检全流程监督”的“3+1”清算工作机制，分别负责清算审核并出具初审结论，复核初审结论及复杂问题处理，集体研究特殊复杂事项，形成税费种管理闭环链条。同时，采取“理论学习 + 审核实践 + 案例剖析”三合一培训模式，通过“老税务”传帮带、项目实战等方式，培养青年干部。目前，该团队 90 后占比超 50%。

（二）创新“闭环式”清算流程。落实“分类、切块式审核”，完善“土地增值税清算审核流程”，探索制定《企业税收管理服务指引》和规范制式的

《房地产集团管理分阶段推进表》。建立“双人互审—交叉审核—核实调查—复盘总结”和“受理—初审—沟通—复审—补缴—尾盘管理”的“双闭环”工作模式，确保清算准确无误。

（三）拓展“关联式”税种通审。充分利用税种间及税种与收入、支出间关系，通过“倒推税率”“正推税额”“税票关联”等方式联动审核、校验疑点，其中对于少缴税收疑点成立的，及时通知其主管税务机关，由其核实并催缴入库；对于确认为不合规票据的，一并在成本扣除、企业所得税汇缴等各个业务环节进行调整。同时，关注风险纳税人或高频次、大金额接收异常凭证，以及列支的由自然人开具的大额劳务发票，均纳入清算扣除项目审核的重点。

三、数据共享、协同共治，重点解决“信息不通”的问题，变“短期治标”为“长期治本”

积极探索与发改、财政、工信、住建以及各街道的常态化、制度化数据共享机制，进一步强化数据共享，深化分析应用。

（一）税地联动，按下财源建设“快捷键”。根据历城区政府印发的《关于进一步加强财源建设工作方案》，成立由区长任组长、38个区直部门和街办为成员的财源建设领导小组，全面构建“政府领导、财税主管、部门合作、社会协同、公众参与、信息化支撑”的财源建设体系，全面提升我区财源建设治理能力和治理水平。依托区政府财源建设中心，做好数据应用分析，对纳税人采取分类分级风险应对，切实降低涉税风险。

（二）数据交换，打通信息流动“快车道”。联合区发改、财政、住建等部门开展信息互通、征管互助和资源共享，按需提供、按季获取，有效破解“涉企信息获取途径单一”和“对企业实际生产经营了解不深”的难题。严格增量房“先税后证”制度，积极发挥房地产行业协会作用，引入工程中介咨询机构，积极推进跨协同监管，实现人员优势互补、资源融通共享、部门分工合作，突破行业造价困点难点。今年以来，累计与47家单位交换数据106次460余万条，有效提升涉税违法应对指向性。

（三）部门协作，跑出税收保障“加速度”。全力落实《山东省税收保障条例》，加大与财政、住建、公安、法院等部门的沟通协调，在土地增值税清算、打击骗取留抵退税等方面深化合作，构建“服务+监管+执法”三位一体税费共治格局。主动与市住建、财政等部门通力合作，成功办理“保利·和唐悦色”项目划转办证手续，破解困扰市政府近3年的“竞建公有房”过户难题，入库税费4亿元，达到“政府增加GDP、财政盘活资产、税务增加收入、城发获得资产”的多赢效果，为同类项目顺利推进提供了可资借鉴的经验；聚焦东兴寓城小区办证难题，积极与济南市不动产登记中心、区历史遗留办等部门沟通协调，根据法院判决书确认房屋销售主体，为337户业主解决困扰17年之久的办证问题，得到一致好评。

四、数据“破冰”、评估发力，重点解决“风险不明”的问题，变“被动应对”为“模型分析”

以房地产集中管理为依托，以经营性房产税等涉房税种为突破口，通过行为“画像”和数据“溯源”，将日常征管中的“经验性疑点”转换为“模型式分析”，有效提升风险识别和税收监管的精准性。

（一）行为“画像”，“全景式”解析风险特征。针对全区经营性房产税源基数大、增长速度快、产权结构复杂的情况，运用涉税数据痕迹开展行为“画像”，深入解析自用出租混淆导致税款缴纳“不足”、房产权属分离导致纳税主体“不明”、政策理解偏差导致计税依据“不准”等风险特征，为制订有针对性的风险应对举措奠定基础。

（二）数据“破冰”，“多维度”筛查风险疑点。以房屋租赁发票为源头，通过增值税发票数据，“串联”上下游企业经营数据，“并联”房产税、企业所得税和企业财务数据，“网联”不动产权属登记信息，多维度汇集数据，利用风险数据模型筛选疑点企业。目前，从全区 10 万户纳税人 300 余万条发票信息中筛选风险疑点企业 821 户。

（三）评估“发力”，“一揽子”排除风险隐患。根据风险纳税人特点，开展多维度链条式评估。“业态 + 规模”寻求典型突破，选取“商业综合体”“自建自持商务楼宇”等 5 大类典型业务 35 户重点企业，进行解剖式案头分析；“提醒 + 服务”共促征纳和谐，通过“点对点提醒”“说理式”执法等方式，指导风险企业自行纠偏改错，主动消除疑点，得到纳税人的高度认可；“约谈 + 核查”凸显执法刚性，对经提醒仍不补缴税款或有异议的，通过数据分析、第三方函询、调查约谈等方式核实疑点信息，开展纳税评估。“复盘 + 提升”打造管理模板，结合 5 大类典型业务，制定“开票申报差异”“租金面积占比”等指标模型，打造历城特色经营性房产税风险防控模板。

推进校地深度融合
共筑区域性人才集聚高地

中共济南市长清区委组织部

长清大学科技园是全国规模最大的大学城之一，有高校13所、师生20余万，200多个国家和省部级科研实验机构。为充分盘活大学城人才资源，长清区以校地融合发展为抓手，强化常态沟通联络，推进产学研协同创新，着力打造区域性人才高地，不断提升引育效能，推动校地人才共享共育共赢。2023年，长清区自主申报入选国家重点人才工程1人，实现历史上零的突破；推荐入选泰山产业领军人才1人、"海右计划"7人，青年人才引进数量从2021年的1000人左右增长至4000人以上，人才质量、数量实现"双跃升"，相关经验做法被《人民日报》报道。

一、政策支持、机制支撑，夯实校地深度融合发展基础

着力解决校地"融合难"问题，强化联系机制、完善支持政策，加速构建"资源共享、优势互补、互相促进、共同提高"的校地共建新格局。

一是构筑常态化联系对接机制。建立区级党政领导班子成员联系服务高校制度，由16位区领导联系服务13所驻区高校，开展实地考察、调查研究、走访座谈等活动50余场，现场解决问题80余项。建立校地组织部长联席会议制度，开展走访对接高校活动72场，校地常态化开展联系议事、信息互通、资源共享等工作，双方拿出"供给""需求"清单，"一事一议"推进事项落实，累计协调解决13所高校人才培养、设施配套等需求150余项。

二是构建全方位政策支持体系。出台《长清区支持校地融合发展若干措施》，强化对人才引进、成果转化、双创服务的支持保障，填补校地人才政策“历史空白”，形成市、区协同扶持大学城建设的政策体系，筑牢校地共建政策体系的“四梁八柱”。制定《关于加强校地共建、深化产才融合的二十条措施》，全力实施产才融合、载体共建、人才交流等 5 方面 18 项工作落实行动，系统整合区内资源，凝聚校地人才工作合力。

三是创新校地双向挂职模式。连续两年开展校地人才双向挂职，落实高校挂职人才“承担一项专题调研任务、联系一家区内重点企业、服务一个重点招引项目、引进一批产业亟需人才”“四个一”工作机制，39 名挂职人才累计组织各类校地对接活动 55 场，启动校企共建项目 19 项，协调引进高层次人才、技能人才 270 余人。

四是推进党建共建资源共享。开展校地企支部结对共建，19 个高校党支部与大学城管委会机关、区内重点企业党支部结对合作，以党建共建推动校地深度融合发展。整合区内和驻区高校 17 处红色资源，设计制作了《长清区红色文化地图》，校地联合打造党性教育等特色线路，实现校地文化资源优势互补、资源共享。

二、搭建平台、培育载体，拓宽校地人才引育留用渠道

盯紧人才引育留用各环节，创设成果转化赛事平台、创业指导服务平台、校地人才交流平台，支持高校建设高能级科技创新平台，打造高层次人才梯次引育模式。

一是创新以赛引才。举办“济南（长清）大学城科研成果转化大赛”，围绕大数据与新一代信息技术、智能制造与高端装备、生物医药与大健康等全市重点产业领域征集创新创业项目参赛，设置高层次人才、高校大学生“双赛道”，鼓励高校科研人员、毕业生依托科研成果转化项目、创新创业项目参赛，征集赛事项目 1034 个。梳理建立由 200 个人才科研成果项目组成的优质项目库，搭建产学研供需对接渠道，面向区内重点企业精准推介，20 余项高校人才创新成果与企业签订合作协议、32 个高校人才项目成功落地，直接吸引 140 余名高校优秀毕业生到长清区创新创业，实现“项目 + 人才”一体化引进。

济南大学城 2023 年度科研成果转化大赛决赛

二是校企联合育才。聚焦实习实训、就业创业等高校青年人才现实需求，推动驻区高校二级学院与区内重点用人单位联合建设大学生实习实训基地 149 家；梳理全区重点企业用工需求，“订单式”培养输送高技能人才 1500 余人，实现校企人才“双向奔赴”。连续两年举办“职引未来，逐梦长清”招才引智系列活动 30 余场，根据学校专业设置、毕业生规模等情况，组织区内企业进校宣讲，促进人岗精准匹配，吸引高校毕业生到长清就业安家，累计 380 余家企业参与，提供就业岗位 1.2 万余个。

三是专家智库用才。广泛汇聚高校高端智力资源，充分发挥高校专家决策咨询和实践指导作用，聘请省内 15 所重点高校的 105 名专家学者，组建

“长清经济社会发展高校专家智库”，制定出台《管理办法》，组织智库专家与全区 48 个部门、街镇建立合作关系，参与地方科技、人才、校地合作等方面活动，为地方发展提供决策参考、公益性服务。截至目前，累计开展校地座谈交流 41 场，确定校地产才共建事项 47 项，完成服务、咨询、指导活动 55 场，达成各项校地合作事宜 130 余项。

四是搭建载体留才。政府牵线搭桥，推动齐鲁工业大学与金强激光公司联建“智能装备研发中心”、山师与师创集团共建“工业技术与人才发展研究院”、齐鲁工业大学与山东中医药大学共建北方美谷研究院，建成齐鲁工大国家重点实验室成果转化孵化基地（长清）、交通学院产教融合协同创新中心，推动学校创新供给链与地方产业发展需求紧密对接，高层次人才承载力、支撑力加快提升。

三、真情服务、提升品质，营造校地人才发展最优生态

针对不同类型人才的不同发展需求，从阵地空间、服务内容、活动形式上推陈出新，持续优化提升校地人才发展环境，着力构建高水平人才服务体系。

一是建好人才服务阵地。全力推进“长清人才之家”建设，设置政策服务、对话交流、资源对接、研修培训、宣传推介“五大功能”，配备 7 名人才专职工作者，提供一站式空间载体和优质服务，让人才感受到“家”的温暖。按照“1+13”模式，建立大学城创业服务站和 13 个高校服务驿站，配备创业导师 72 人，制作《大学城毕业生创业服务手册》，定期梳理青年创业人才政策，构设大学生创业筑梦物理空间。大学城创业服务站累计到驻区高校开展“创业巡诊”等就业指导和创业服务活动 100 余场，直接服务高校毕业生 2400 余名。

二是办好特色服务活动。结合大学城人才发展需求设置精品活动，涵盖文旅服务、医疗康养、人才交流、惠才服务等方面，为人才提供成长乐业和

宜居乐游等全方位支持。举办“人才政策进校园”宣讲活动 25 场，“双创人才经验分享会”等特色活动 7 场，邀请创业精英、海右人才、金融专家，开展各类宣讲交流活动，讲解各级人才政策，分享双创经验、知识。创新举办“高校学子长清行”13 场，邀请驻区高校教职工、学生进企业、进园区、进景区，了解长清风土人情及经济社会发展情况，吸引更多青年人才走进长清、融入长清、留在长清。

三是解决好人才“关键小事”。聚焦配偶安置、子女就学、医疗服务等校地人才最为关注的热点问题，探索实行全周期的保障、跟踪式的服务机制，区委人才办定期召开区委人才工作领导小组办公室联席会，相关责任部门专题研究、专项办理。2023 年，组建工作专班，结合高校报送需求 + 人才意愿，协调安置高校人才随迁配偶 26 人；区内整合相关教育资源，设置 3 所优质定点学校，为 359 名高校高层次人才办理子女入学手续；定期汇总高校人才需求，解决个人就医、安居保障等事项 62 件，高校人才幸福感和获得感不断提升。

深化廉洁文化建设
以廉赋能乡村振兴

中共济南市长清区纪委监委

加强廉洁文化建设是一体推进不敢腐、不能腐、不想腐的基础性工程。长清区纪委监委坚决扛起廉洁文化建设的政治责任，聚焦全区打造“文化创新引领区”的工作思路，建章立制，深挖资源，拓展载体，打造品牌，将廉洁文化建设与清廉村居建设、村居管理规范化有机结合，以廉洁理念引领清正乡风，以科学规划赋能乡村振兴，持续为乡村振兴注入“廉动力”，走出了廉洁文化助力乡村振兴的新路径，相关经验做法被《中国纪检监察》杂志、《中国纪检监察报》等媒体报道。

一、以“廉”固本，助力乡村产业振兴

长清区纪委监委将廉洁文化建设与村级工作规范化相结合，深化运用“小切口”工作机制，探索开展农村“三资”管理“室地”联合专项监督检查，由“室”牵头抓总、把关定向，“地”攻坚突破、具体落实，进一步提高了监督检查工作的专业性和针对性，助力农村固本增收。一是部门联合，推动专项监督高效运行。组建 5 个监督检查组，重点关注百姓反映强烈的重点领域，运用“一台账、两清单、双责任、双问责”监督机制，梳理问题、汇总职责，建立监督检查总台账。确定两大类 34 个具体监督事项，重点核查“三资”底子不清、闲置资产管理不善、对集体资源资产违规发包等问题，进一步加强监督检查工作的专业性，实现查改并举、标本兼治的目的。二是对症下药，

推动专项监督检查精准发力。坚持具体问题具体分析，根据不同村庄类型，因地制宜，采取不同监管方式。对于资产资源体量较大的村（居），将合同管理作为重点。对经济基础相对薄弱的村（居），重点核查“三资”底子不清、台账不细等问题。对在外人口较多的村（居），以“码上监督”推广“三资”微信财务公开系统。对信访问题较多的村（居），建立约谈机制，起到威慑警醒作用。三是数字监督，推动“三资”管理专项透明。形成全流程、可追溯、云监督的监管新模式，建立“1+N”农村会计网格化管理信息系统。四是完善体制机制，推动“三资”管理长效运行。制定出台《农村集体“三资”管理办法》《加强规范公章使用管理的规定》《深入推进农村合同监管项目竞标工作的意见》等文件，在制度层面为农村“三资”保驾护航。

通过此次“室地”联合专项监督检查，全区各村居清理不规范合同共计399份，收回土地、荒山1500余亩，复垦盘活土地8791亩，实现农民直接增收1.17亿元，村集体收入增幅达28%，集体经济收入在10万元以下的村居实现全部清零，达50万元以上的村居增至218个。长清的农村“三资”管理更加透明，制度机制更加健全，干部廉洁意识更加坚定，农村根基更加稳固。2023年3月10日，全市推广室地联合专项监督助力乡村振兴现场会将长清归德沙河辛村设为现场观摩点，长清区作了典型发言。长清区针对当前农村存在的突出矛盾问题，深化运用“小切口”工作机制，既查处了问题，又保护了党员干部干事积极性，思路新颖，措施得力，成效显著，为全面推进乡村振兴、发展壮大集体经济、促进共同富裕提供了有力保障。

二、以“廉”育才，助力乡村人才振兴

乡村振兴，人才先行。长清区纪委监委充分发挥驻地13所省属高校资源集聚优势，联合高校创新廉洁文化“校地共建共享”机制，建立了“1458”工作模式。“1”就是一个目标，以打造村居“班子清廉、权力清源、村务清爽、民风清朗、监督清晰”为目标。“4”就是四项制度，建立联络员制度、联席

会议制度、信息交流制度和定期共建制度，将双方资源优势有机整合，打造“校村结对共建”模式。“5”就是五个强化，即强化村居干部廉政教育、强化农村“三资”专项监督、强化数字赋能基层监督、强化廉洁文化进村入户、强化执纪问责严查快处，系统施治打造清廉村居，将监督触角延伸至最基层，为乡村振兴增添“廉”动力。“8”就是八个一活动，开展举办一次廉洁主题党日活动，开展一次廉洁教育主题团日活动，创作一部廉洁微视频，聆听一场廉洁文化教育宣讲，举办一场廉洁人物故事分享会，创排一批廉洁题材小剧目，举办一次廉洁文化作品展，组织一次廉洁文艺汇演进社区、进村居活动，推动新时代廉洁文化建设走深走实。2023 年 5 月，长清区纪委监委与山东工艺美术学院在神秀谷联合举办“廉洁文化助力乡村振兴设计作品展”，为盘活乡村文化资源、激活乡村发展的内生动力提供智力支持。还联合驻区高校，从校地双方现有的党性教育基地、爱国主义教育基地、廉洁教育场馆、历史文化展馆中精选出 50 处，精心绘制《长清清廉地图》，将廉洁文化建设融入地方文旅发展和教育研学活动，为村居带来实实在在的收益。

廉洁文化助力乡村振兴设计作品展

三、以“廉”养德，助力乡村文化振兴

长清北临黄河南依泰山，处在一山一水一圣人的关键节点，秦汉文化、黄河文化、泰山文化、长城文化、红色文化、慈孝文化、宗教文化和中医文化等在这里交流、碰撞、融合，文化资源丰富厚重。长清区纪委监委充分挖掘利用丰富文化资源，在加强新时代廉洁文化建设上进行了积极有效的实践和探索。一是结合村居自身特点，积极打造廉洁文化建设示范阵地。在归德街道沙河辛村建设廉洁文化广场和廉洁故事墙绘，在平安街道中楼子村村史展览馆中有机融入廉洁元素，在文昌街道西苏村建设“清莲池”等，浓厚的清廉民风让村里的廉洁文化“热”起来，乡风文明好起来。二是创新传播载体手段和内容表达方式，开展丰富多彩的廉洁文化活动。与区妇联联合评选“最美廉洁家庭”，在“三八”妇女节印发“清风长清　巾帼助廉”倡议书，在各街镇举办“开展廉洁教育，弘扬清廉家风”宣讲会；与孝里街道依托“孝堂山”郭氏墓石祠建设孝廉文化之乡；与区委党史研究中心等部门联合编辑出版《峰山儿女的廉洁故事》《“清风长清”廉洁征文优秀作品集》等；在网站及微信公众号推出“节气话廉”等特色品牌。一系列丰富多彩的廉洁文化活动，让基层群众增强了对廉洁文化的价值认同，培育廉洁文化自觉，助力乡村文化振兴。

四、以“廉”护绿，助力乡村生态振兴

优良的生态环境是最大的发展优势和竞争优势。长清区纪委监委树立“绿水青山就是金山银山”的理念，立足职责定位，坚持问题导向，聚焦关键环节，用廉洁守护绿水青山，建设生态宜居美丽乡村。一是开展黄河流域生态保护和高质量发展专项监督。聚焦“国之大者”，把廉洁理念贯穿于监督保障黄河流域生态保护和高质量发展的全过程中，制定了《关于开展黄河流域生态保护和高质量发展专项监督工作方案》，聚焦 8 个方面，明确 36 项重点任务，紧盯 32 个职能部门重点工作精准跟进监督，查处黄河流域生态保护和

高质量发展专项监督问题40起，处置问题线索42件，处理处分36人。二是扎实推进水资源领域专项监督工作。注重在建章立制、堵塞漏洞、源头治理上下功夫，构建“发现问题、严明纪法、整改纠偏、深化治理”的闭环机制，截至2023年底，共发现水资源领域问题308个，督促整改258个，建章立制4项，严肃处置了涉及河道“四乱”整治进展缓慢、河长制执行不严、污水处理不及时、水利工程招投标、工程监管不到位等有关问题线索41件，组织处理36人，通报批评1次，立案3人，提出纪检监察建议3份。三是扎实开展山石领域专项监督检查。采取“联动合作全覆盖”“细化台账全链条”的方式，进一步突出监督重点。全面梳理2019年以来涉及山石资源的问题线索，建立总台账，并一一核查落实，同时以群众反映强烈的问题为切入点，严肃查处违法超采越界、监管失责等问题，处置问题线索55件，立案26人，依法留置4人，移送司法机关2人，督促追缴非法所得1亿余元。同时，以查促改，督促出台、修订山石资源管理、保护文件2份，促进完善规章制度2项，进一步建立健全山石资源管理长效机制。特别是严肃查处了区自然资源局原党组书记、局长王某某，区国土资源执法监察大队副大队长、区自然资源局地质矿产科原负责人高某等严重违纪违法案件，取得了良好的政治效果、纪法效果、社会效果。

五、以“廉”促治，助力乡村组织振兴

将廉洁文化融入基层全面从严治党，将廉洁教育从“事后警示”转为“提前预防”，为强化村级组织建设赋能加力，逐步形成风清气正的基层政治生态。一是开展村居干部警示教育。根据本地村干部案例拍摄《在拆迁安置中谋“商机”的村支部书记——崔科兴案警示录》专题教育片，发放《村居“两委”干部警示教育案例汇编》及村级“小微权力”清单流程图等3000余册。将《全面从严治党》《新时代共产党人的家风建设》等党纪、廉洁教育专题课程纳入村居干部培训班次必修课程，常态化开展村居干部廉政教育20

余次，覆盖2000余人次，引导村居干部尚廉、尚洁、尚善，筑牢思想防线。二是加强“清廉村居”建设。开展乡村振兴领域不正之风和腐败问题专项整治，紧盯乡村振兴领域政策、项目、资金落实情况，聚焦乡村振兴重点领域和关键环节，认真开展全面排查，严查速办问题线索，加大处置力度，共查处腐败和作风问题68起，处理处分89人。三是数字赋能乡村治理。探索建立基层监督“六个云”（即“云质询”“云商量”“云公章”“云公开”“云管理”“云教育”），着力构建起公开方式上“屏幕”，监督触角到“末梢”的立体监督网，确保小微权力在阳光下运行。

聚焦全域全景　推进提质增效
打造乡村振兴省会样板

中共济南市章丘区委政策研究室
济南市章丘区农业农村局

近年来，济南市章丘区始终牢记强农富民工作要求，立足实际，抢先抓早，深入探索具有章丘特色的乡村振兴之路，从“一枝独秀”到“百花齐放”，全力打造全域乡村振兴省会样板，先后荣获国家乡村振兴示范县、全省乡村振兴示范县、全省打好精准脱贫攻坚战先进县。

一、突出全景化打造，做亮乡村振兴底色

一是点上出彩。充分借鉴浙江“千村示范、万村整治”工程经验，深入开展人居环境整治提升五年行动和美丽乡村示范村创建工作。全区农村路中等以上比例达到93.1%，成功创建“四好农村路”全国示范县；62%的村庄完成生活污水治理，农村改厕“五化”管护模式在全国推广。已创建244个各级各类示范村庄，特别是习近平总书记亲临视察的三涧溪村，村集体资产从2018年的1.89亿元增长到目前的2.73亿元，村集体年收入从263万元增长到1223万元，农民人均收入达3.2万元。二是线上成景。打破行政区划界限，以示范区创建为重点，高起点打造三涧溪齐鲁样板示范、章丘大葱现代农业产业园、泉城百花园田园综合体3个省级示范片区，打造多彩农庄、东方商人、绣江风韵、名相故里4个市级示范片区，串联形成花样垛庄、水乡白云、诗画文祖、绣江古韵、缤纷绣惠、瓜果飘香6条示范线路。以农事节庆活动

为主轴，贯穿一年四季、不同时段。策划组织章丘大葱文化旅游节等各类农事节庆活动 20 余个，第一届全国越野山地自行车邀请赛成功举办，将章丘风采推向全国。三是片上开花。根据南北中三大片区不同资源禀赋，突出重点，系统谋划，积极推动乡村发展、乡村建设、乡村治理等重点工作落地见效。南部山区，出台“一村一业”“产业集群”发展《实施意见》，立足南部山区山、水、林、田、湖等丰富自然资源优势，大力发展观光经济、民宿经济、假日经济、“后备箱”经济，构建南部山区农文旅融合发展空间。北部滩区，以鲁供丰农为主体，打造全程服务鲁供丰农模式；以伟丽种苗、东方娇子为核心，打造种苗供应专业服务模式；以章丘大葱省级现代产业园为依托，打造章丘大葱产业三产融合新优势；以整县推进产地冷藏保鲜体系建设为契机，打造农产品冷链物流“加速带”，全力构建沿黄现代农业高质量发展片区。中部平原，以特有的泉水资源为核心和依托，全力把明水古城打造成国内乃至全国旅游目的地，打造省会城市群的中央会客厅。突出齐鲁科创大走廊、智能智造走廊带动，整合提升资源，完善配套体系，统筹项目布局，不断做大城市经济，走好以城哺乡、以城化乡的路子。

二、突出全要素提升，做强乡村振兴引擎

一是突出党建强动力。建立党委统一领导、政府负责、相关工作部门统筹协调的推进体制，形成区镇村三级书记抓引领、一级抓一级、层层抓落实的责任体系。创新“体系架构”，聚焦基层力量弱、人员沉不下、工作缺平台等现实问题，在全区成立 76 个乡村振兴“党建工作区”党委，明确抓思想、抓队伍、抓人才、抓发展、抓治理“五抓”核心职能，下沉 51 项服务，赋予 4 项职权，搭建 5 大平台，推动人员、业务、重心“三个下沉”和工作成果由虚向实、工作基础由弱到强“两个转变”。先后分两批，评选 50 名“领航书记”，选派驻村第一书记和工作队 122 人进驻帮扶村，建起 1800 余人的村级后备人才库，以队伍强度提升振兴力度。

二是突出产业壮实力。深挖农业发展潜力，坚持“一产为本、全链共建”，重构产业链、延伸价值链、完善利益链。上游，以“项目突破年”为契机，重点培育章丘大葱、现代种业、预制菜品、高效畜牧等十大优势产业；中游，创建省级现代农业强镇10个、市级以上农业品牌29个，打造智慧农业示范点17处，以流通端提升、品牌化塑造倒逼生产端升级；下游，用好4000多家新型农业经营主体，不断壮大乡村旅游、农村电商等新业态，形成以“泉水人家＋龙山农品＋镇域品牌”为轴心、48万亩“三品一标”为主体的农业品牌体系。三是突出铸魂添魅力。深入实施乡村文化引领工程，城乡公共文化服务设施、新时代文明实践站所实现全覆盖，文明村覆盖率达到96%。创建出彩人家示范村329个、示范户6.16万户，以“小庭院”扮靓“大环境”。注重挖掘乡村文化元素，赋予乡村更大魅力和吸引力。已建成10处乡村记忆馆，连续举办四届“石匣过半年乡村振兴戏剧节”，青野五音戏获第一批全国“一县一品”特色文化艺术典型案例，三德范芯子、范家铜响乐器等优秀传统文化在乡土盛情绽放。

三、突出全方位保障，做优乡村振兴体系

一是建立“一套机制”。坚持顶层设计，谋定而后动，统筹推进乡村建设行动、城乡融合发展试验区建设、脱贫攻坚成果同乡村振兴有效衔接等多项工作，形成了实用、好用、管用的“多规合一”规划体系，做到乡村振兴事事有规可循、层层有人负责。坚持“一张蓝图绘到底”，对规划刚性落实，不搞短期行为，一件事情接着一件事情办，一年接着一年干，逐步将“施工图”变为“实景图”。二是把握“两个重点”。即深化“三变改革”和优化监督质效，推进集体和农民收入“双增”，打通共同富裕道路。深化“三变改革”方面。在全市率先推动村、镇“三变”改革，选择双山、相公庄、文祖三个街道先行试点成立五大镇级合作联社，建立起“镇带村、村带户、党员干部带农户”的“众”字形发展架构。全区525个行政村均成立村集体经济、土地、置业、

劳务、旅游五大股份合作社，并成功探索出合同规范提升型、土地股份托管型、置业资产增收型等10种发展模式，有力推动村集体经济高质量发展。强化结对帮扶，开展百名干部驻村、百家企业结对、百村激励奖补“三个一百”工程，实施富民强村项目120个，带动村集体增收2000余万元。截至目前，“三变”改革已实现423个村庄股民分红，分红金额总计4.65亿元，受益群众31.7万人。525个行政村集体收入全部过30万元，50万元以上行政村达80.8%。优化监督质效方面。从以工代赈、合同清理、惠农资金三个“微切口”专项整治入手，清理不规范合同近5000份、收回承包费等款项2241万元，促进集体资产保值增值；实施以工代赈项目102个，占全市总量的80%，带动3万名群众增收3560万元；首创“阳光问廉”基层监督模式，开展“阳光问廉”活动的村，市民服务热线总量同比下降60.6%，信访总量同比下降68%。三是抓住“三个关键”。人才方面，建成市级乡村振兴专家服务基地4处，依托基地对接联系专家249人次，“龙山味道助力乡村振兴专家服务项目”入选2023年省级专家服务基层示范项目。全力推进《博士后集聚计划》《新动能工程师引进计划》《高层次人才生活和租房补贴支持计划》“人才服务30条”“人才发展环境30条”等人才政策落实，累计为3870人发放人才资金4800余万元。土地方面，建成农村产权市场交易体系，在全国率先完成农村承包地确权颁证和农村集体产权制度改革任务。资金方面，完善财政金融支持政策，整合涉农财政资金56.06亿元，撬动金融投资229.7亿元；落实各项减税政策，减免7000余家涉农小微企业税收1.6亿元。加大创业担保贷款、创业补贴政策落实力度，鼓励引导返乡创业、乡村能人就地创业，截至目前，共为6916名创业人才发放创业贷款9.5亿元，带动就业1.03万人。

章丘区创新打造新时代“文明有章”全域实践品牌

中共济南市章丘区委政策研究室

党的二十大报告强调，“物质富足、精神富有是社会主义现代化的根本要求”。济南市章丘区突出以人的现代化为核心，以社会主义核心价值观为引领，以“文明有章”全域实践十大行动为主要内容，以凝聚文明之魂、营造文明生态、推进文明实践、强化数字赋能为基本路径，着力推动新时代精神文明建设全域新实践，努力打造在全省乃至全国具有重要影响力的文明创建品牌。

一、坚持高点定位，强化系统性重塑

一是坚持整体推进。建立“1+3+5”体系：“1”即文明委牵头成立工作专班；“3”即融合推进文明城市创建、文明村镇创建、文明实践三项重点工作；“5”即相关部门制定农村、社区、学校、机关、企业五个专项工作方案，结合挂点联系制度形成党委政府主导、部门协同、社会联动、全民参与的工作格局。充分发挥社会组织、志愿服务团队、新闻媒体等作用，积极引导群众广泛参与，推动形成全区上下群策群力的良好氛围。制定《关于推进“文明有章”全域实践十大行动的实施意见》，确定2023—2025年度工作目标，培育“文明地标”“文明窗口”“为民项目”，进一步彰显章丘人精神面貌和文明风尚。二是压实工作责任。制定年度责任清单、任务清单，坚持项目化运作、机制化推进，建立定期督查通报机制，纳入年度工作目标责任制考核。建立典型案例评选机制，每年组织评选最佳实践案例，集中打造在全市、全省乃至全国范围内可学可用、可复制可推广的创新案例。结合全区数字化改革，开发“数智文明创建”等应用场景，强化“文明实践在章丘”志愿服务平台，不断完善集数据收集、分析和评估功能于一体的系统化、可视化评价体系，开展全区文明指数测评。三是试点梯次推开。坚持“机关先行、行业示范、区域展示、基层落地、人人代言”，重点培育一批“文明有章”全域实践展示带、示范街镇、示范单位、示范窗口等。以美德健康“文明有章”为指引，打造“善治明水”“礼悦双山”“匠心相公”“美德普集”等全域示范街道品牌，形成特色鲜明、各美其美的工作格局。区里确定 4 条文明实践展示带、7 个全域实践示范街道以及若干文明实践示范村、社区、单位、窗口、文明地标和示范项目，形成“4+7+N”试点推进体系。目前，全区南部“齐鲁古道”一廊五区展示带、中部“三泉溪暖”展示带、中部“清照故里　古城新韵”展示带和北部“名相故里　杏花河韵”展示带四条乡村振兴文化展示带已纳入省市重点建设计划。

二、聚焦群众有感，推动沁润式传播

一是出台“新十条”，形成传播声势。成立 120 人的美德健康生活方式宣讲团，线上线下宣讲 173 场次；组织开展全民大讨论，制定爱党爱国、崇德明礼、重信守诺、移风易俗、家风家教、奉献社会、科学防疫、文明出行、清朗网络、全民学习等“美德健康　文明有章”新十条，倡导市民一体遵行、落地践行。强化全媒体、矩阵式，开设“提升城市软实力·大家谈”“文明有章我践行”等专题专栏，推出一批高质量融媒产品，推动“美德健康　文明有章”广泛传播、形成声势。在城区重点公共场所设立“美德健康　文明有章”主题景观公益广告 22 处，城乡张贴宣传海报 3.2 万余张，社会媒介常态投放公益广告；制作《章丘造》《章丘美》等主题音乐、城市歌曲等群众喜爱、刷屏热传的文艺精品力作，让正能量、好声音成为最强音。二是注重“可视化”，做强形象推介。区属新闻媒体及所属新媒体常态化设立“文明有章”全域实践专题专栏，常态化开展典型做法、特色品牌、文明故事、感人瞬间等宣传。各文艺团体、文创企业、广大文艺工作者等编排创作主题文艺节目、主题歌曲、纪录片、微电影等文艺作品。开展“文明有章”品牌可视计划，在对外宣传中统一使用推介，在城市景观、交通节点、公共交通工具、主要公共场所广泛使用。实施“文明地标”打造计划，在公园广场、窗口单位、新时代文明实践阵地等因地制宜打造一批有代表性的文明地标。三是开展“十心”行动，推动有感沁润。深入开展“文明有章”全域实践立心、入心、润心、放心、舒心、爱心、同心、连心、暖心、清心十大行动，着力在丰富内涵上提质量，在入脑入心上下功夫，在推动市民群众文明实践养成上更具传播力、感染力、渗透力。各街镇和省级以上文明单位组织开展“六个一”宣传宣讲活动（一个“文明有章”宣讲团、一批“文明形象大使”、一个文明形象短视频、一封文明形象倡议书、一堂文明实践宣讲课、一系列文明实践“六个一”宣传宣讲活动），运用各类平台阵地，以群众喜闻乐见的形式，全面、立体、生动展示本单位文明形象，用心、用情、用力讲好“文明有章”精彩故事。举办“中国梦·新时代·新使命”“永远跟党走”百姓宣讲系列活动。2022 年以来，集中开展党的二十大精神宣讲 2000 场次，受众群众 10 万多人。以全国道德模范提名奖获得者高淑贞、“中国好人”霍中祥等为代表，开设“工作室”“直播间”，传播正能量，换来大流量；以“德润家庭　出彩人生”为主题，评选乐业创业、红色传承、仁孝和美等典型，弘扬家庭美德、传承优秀家风家训。

三、深化文明实践，强化项目化实施

一是建强工作队伍。推动机关企事业单位在职党员文明实践志愿服务参与率达到 100%，全区注册志愿者达 14.8 万人，全区志愿者每年从事志愿服务时间达到 20 小时。加强区新时代文明实践志愿服务总队、18 个街镇和 24 个区直部门分队建设，组建理论政策宣讲、文化文艺服务、社科普及惠民、

助学支教、医疗健身等 17 支志愿服务专业队伍。二是织密服务圈层。在居民聚集区、公共服务设施、窗口单位及农村集市、劳务市场等重点公共场所，广泛设置文明实践志愿服务站（点、岗），构建点多面广、功能完备、便民利民的 15 分钟文明实践服务圈。统筹推进电影、图书、表演、宣讲、人气“五聚”工作，打造 15 分钟公共文化圈。推动公共文化云平台“文化 e 点通”建设，推进“互联网＋群众文化活动”，培育“云上公益培训”数字文化服务品牌。三是搭建服务平台。建好建活“章丘文明实践云”平台，畅通市民群众—实践站—实践所—实践中心和社会治理服务、12345 热线、网络舆情中心等渠道，广泛征集群众志愿服务需求。按照中心制单、群众点单、自愿领单、政府买单、社会评单、考核定单“六单”运行流程，实行闭环管理，确保项目落地见效。四是加强项目管理。连年举办“文明实践·爱在章丘”志愿服务项目大赛，2023 年探索面向社会爱心企业以志愿服务双认领模式推出项目 130 个，已认领项目 99 个。制定《关于深化“五为”文明实践志愿服务的实施方案》，深化“我为群众办实事”实践活动。开展老年人助餐、义诊、免费理发，儿童托管，免费为残疾人假肢取模、无障碍化改造，农村适龄妇女免费两癌筛查等志愿服务活动，打造“长者互助食堂”“希望假期学堂”“与爱童行”“婚姻‘家事通’”等特色志愿服务品牌项目。五是融入社会治理。健全中华优秀传统文化推进体系，开展“两创故事汇”“齐鲁古道非遗行”等活动，“儒学进乡村宣讲”实现“村村全覆盖”。扎实推进文艺“六百”工程，多形式开展文化进万家、欢乐下基层、“一年一村一场戏”、全民健身、科学普及、社科宣传、阅读推广等文化活动，每年开展惠民文明实践活动 3000 多场次。深入开展“反对浪费、文明办事”移风易俗行动，推进文明婚丧新礼仪更加深入民心。

坚持“三化联动”让城市治理有深度更有温度

中共济南市济阳区委组织部

近年来，济阳区认真落实济南市《关于全域提升省会城市基层党建工作质量的若干措施》文件要求，把党建引领作为推动城市基层治理的“动力引擎”，以“三化联动”工作法为抓手，有效将组织优势转化为城市基层治理效能优势。

一、坚持基础保障规范化，让治理根基“硬起来”

一是健全规范化组织体系。成立书记、区长任“双组长”的区委基层党建引领基层治理工作领导小组，健全“区委—街道党工委—社区大党委—小区党支部—楼栋党小组—党员中心户”组织链条，把党建引领城市基层治理纳入党委（党组）书记抓基层党建述职评议考核、高质量发展综合绩效考核、每月“大督查、大排名”，定期开展“比武打擂”，实行议题交办、工作提醒、明察暗访、约谈问责等推动落实机制，促进各项工作一级抓一级、层层抓落实。二是优化社区规模调整。一般来说，城市社区合理规模为 3000 户至 5000 户，原先济阳有 3 个社区超过 6000 户，个别社区人口甚至超过 8000 户，存在“小马拉大车”的情况，导致社区基层服务治理压力大。对此，济阳区集中人力、物力、财力对社区进行“瘦身”，把 16 个社区优化调整为 25 个，平均户数降到 4000 户以下，有效推动了社区资源供给与居民需求匹配，精细化治理水平得到明显提升。三是开展党群服务中心达标提升行动。以打造“15

分钟党群服务圈”为目标，按照“布局合理、功能完备、全域覆盖”的标准，通过扩建一批、提升一批、优化一批的方式，高标准建设25处党群服务中心（服务用房全部达到每百户30平方米以上），探索建设银山社区、新元社区等24小时“不打烊”党群活动阵地，在大型超市、居民小区建立“新新向阳·先锋驿站”“暖阳吧”等群众“家门口”党群服务站点55处（覆盖率达到98%），依托“新新向党”小程序，打造“红色地图”线上党群服务中心，有效解决了服务阵地面积小、功能缺、服务弱等问题，打通了服务群众“最后一米”。

二、坚持工作队伍专业化，让作用发挥“实起来”

一是配强社区工作力量。针对城市基层力量配备不足的实际，加大社区工作者招聘力度，从2017年城市社区成立之初68人增长到目前374人，每万城镇常住人口配备社区工作者超过20人。同时，优化网格设置，建立“2+1+N+X”网格力量配备机制（社区民警和社区党组织负责同志2名网格长、1名专职网格员、多名兼职网格员、多名派驻执法人员及社会工作力量），做到人手1套“民情台账”，常态化开展“敲门问需”活动，推动社会治理更加精细化，让“小网格”发挥“大能量”。二是加强职业体系建设。围绕“选配有制度、发展有空间、待遇有保障、评价有导向”的总体目标，创新实施“3岗20级”社区工作者职业体系，社区工作者最高可享受事业编正科级待遇，表现优秀的可担任社区党委书记，并且拿出专门名额定向招录公务员或事业编。2017年社区成立以来，有19名社区工作者被提拔为社区党委书记或副职，2023年有2名社区工作者在全区“面向本地优秀人才招录基层公务员”工作中考上了公务员，打破了职业发展“天花板”，有效激发了工作积极性。在此基础上，突出“岗、责、权、利”相统一，探索“全科社工+全科网格”服务模式，使社区工作者从“专岗专能”成长为“一专多能、一岗多责、全科全能”的多面手。三是狠抓素能提升。以网格学院、社工成长学院等为载体，开展社区工作者全员轮训，着力培育讲政治、懂城市、善治理、肯奉献的社区党建和治理人才。充分发挥市级“优秀社区书记工作室”、区级“先锋书记工作室”帮带培养作用，组织优秀社区工作者到先进地区挂职实训、跟班锻炼，建立“先锋书记论坛”，每月组织开展专题研讨、经验分享、观摩研学等活动，推动社区工作者队伍能力素质整体提升。

三、坚持服务群众精细化，让多元治理“活起来”

一是深入开展“一街一品、一社一特”行动。立足破除基层治理难题，着力打造社区“品牌矩阵”，其中济阳街道“1169”美好社区治理体系做法，被《济南日报》头版头条报道。大力加强智慧社区建设，在全市率先引入大数据附加事件算法，利用数据汇总、全域监控、事件识别、网格管理四个平台，实现电动车占道、非法闯入、浓烟扬尘等10余项问题主动发现、自动上报、及时处置，社区治理由“被动治理”升级为“智能感知”。二是探索打造“闻韶夜话”基层治理平台。针对群众“白天忙生产、走访难见面”的情况，探索打造“闻韶夜话”交流平台，推动党员干部利用8小时外时间，与群众、企业坐在一起、聊在一起，调查研究、集思广益、化解矛盾、破解难题，持续推动基层党建引领基层治理水平。活动开展以来，收集意见建议870余条，为群众、为企业办实事300余件。三是实行社区为民办实事项目。确定25个城市社区党组织书记抓党建促基层治理突破项目，每个社区每年至少确定10件为民办实事项目，广泛走访征集250余件社区暖心事，并通过媒体平台逐件刊登公示，帮助居民群众解决修补路面、疏通管道、大病救助等急难愁盼问题，将为民办实事的征集和解决变为凝聚、服务党员群众的过程。四是深化“泉城红色物业建设”。构建“党建+网格+物业+业委会”协调共治模式，成立多方参与的“同心桥”党支部，建立物业管理投诉纠纷直办、联办、转办制度和物业管理联席会议制度，构建起各方参与、齐抓共管的工作格局。创新打造“蜂鸟金管”数字化物业服务平台，设立社区党建、维修申报、投诉建议、账单管理等 21 个模块，努力实现群众诉求网上“一键办理”。五是探索开展“工业社区”治理模式。针对辖区工业园区数量众多、企业员工需求多样以及园区内生活性公共服务配套相对不足等治理短板，将居民社区治理理念嵌入工业园区，建成全市首个“工业社区”，设立党群服务中心、社区食堂、职工公寓、图书室、健身房等功能室，向园区内的企业和职工提供多元化服务。目前，已帮助园区企业和职工解决生产生活等问题 300 余项，该做法被新华社宣传报道。

以资源系统集成促民生改革出圈

——莱芜区建设“学生驿站”打造学生候车“安全岛”

中共济南市莱芜区委改革办

民生连着民心，民心凝聚民力。近年来，莱芜区坚持问题导向，持续深化民生领域改革，聚焦部门条块分割、资源力量分散等瓶颈制约，统筹推动资金整合、力量汇合、工作融合，创新推出“学生驿站”，彻底解决农村学生“候车无所”问题，既回应群众期盼“痛点”，又畅通民生建设“节点”，受到广大学生家长和社会各界一致好评，被誉为“放心驿站”“爱心小屋”。“学生驿站”志愿服务项目获评全省“五为”文明实践志愿服务项目大赛铜奖，相关做法被《光明日报》、央视《新闻直播间》、山东新闻联播、《大众日报》广泛宣传报道。

一、破解建设难题，“小切口”撬动“大民生”

推动“学生驿站”嵌入未成年人保护、农村教育提质、新时代文明实践等工作大局，统筹文明办、团委、妇联、教体、工会、统战等各方力量，以镇街为单位，制定全区学生驿站建设总体计划，累计建成369处，联结200多辆校车、382条线路、47所中小学校，服务学生8000余名，实现全区偏远农村全覆盖。一是科学选址“兼顾好”。教育、交通、国土、规划、公安等部门联合组建摸排小组，按照“安全第一、因地制宜、就近便利、按需配置”的原则，充分兼顾上下车安全、学生比例、覆盖范围、活动空间等因素，严格筛选点位，找准科学布局最优解。二是个性设计“颜值高”。实行“儿童友好”设计风格，驿站外观采用色彩鲜亮的橘色，顶部加挂“新时代文明实践学生驿站”铭牌，外部设置社会主义核心价值观、未成年人思想道德建设等公益广告。学生驿站不仅仅成为孩子求学路上的“避风港湾”，更是成为美丽乡村建设中的一道亮丽风景线。三是统一配备“功能实”。坚持“给孩子用的就是最好的”，按照“六位一体”模式打造，统一配备小方凳、饮水机、图书角、电子屏、空调、高清监控，保证候车学生“渴了能饮水、热了能乘凉、冷了能取暖、累了能休息”。

二、破解资金难题，“小驿站”产生“大流量”

坚持“大家的事情大家办、不用财政一分钱”，依托区慈善总会设立专项基金，采取众筹方式进行爱心募捐，推动学生驿站成为广泛参与的群众性公益活动，累计募集资金 402 万元，彻底摆脱“财政包办”的筹资路径。一是项目化运作。将“学生驿站”纳入“为小”志愿服务项目，立足公益属性，由区志愿服务联合会组织实施，招募“慈善合伙人”，对项目建设模式不搞“一刀切”，利用村级办公场所、租用路边民房、购置移动板房等多种方式，设置候车固定场所，做到因地制宜、一村一策。二是社会化引导。充分发挥“宣传也是生产力”的重要作用，通过“一件事影响一群人”，推动正能量产生大流量。累计密集式、多手段刊发各类报道 450 余篇，央媒和省媒发稿 16 篇，推动“学生驿站”火爆出圈。宣传片《学路漫漫，爱心相伴》点击量超过 20 万，短视频《莱芜，一座充满爱和温暖的城市》点击量超过 35 万。三是多元化激励。坚持专款专用、善款善用，每天公开发布捐款明细、资金使用方向、物资采购配备情况等，相关部门定期组织捐款单位、个人现场实地查看，确保全过程“公开、透明”，随时回应社会各界关切。同步建立完善激励荣誉体系，不搞硬性摊派，严格资金管理，采取冠名建设、颁发证书、社会公示等多种形式，让每一份爱心具体可感、每一分资金清晰合规。

三、破解管理难题，“小阵地”发挥“大作用”

突出学生驿站建设成效长久持续，出台《学生驿站建设管理办法》等，明确专人管理，激活阵地属性，丰富驿站集成利用功能，变“学生驿站”为“学习驿站”“地标驿站”。一是拓展功能形态。聚焦学生成长成才，依托“学生驿站”，开展“5个1分钟”项目，即“1分钟宣讲、1分钟科普、1分钟新闻、1分钟保健、1分钟阅读”，满足学生短时需要，助力全环境立德树人。二是拓宽服务边际。针对留守儿童假期无人照看、无人陪伴的问题，驿站提供公益性托管服务，由党员干部、教师志愿者和大学生志愿者，免费为孩子们开展作业辅导、兴趣培养、亲情陪护等服务活动，填补“关爱空白”。三是拓维品牌内涵。在保证学生候车正常使用的前提下，策划开展适宜乡村群众的理论宣讲、健康讲座、休闲聚会等各类文明实践活动，全面提高驿站使用率和群众满意度，完全实现“取之于民，更用之于民”。

抓实集体规模化种粮
筑牢粮食安全“责任田”
守好群众“粮袋子”

济南市平阴县

粮食安全是“国之大者”。为坚决守牢粮食安全底线，平阴县把“稳粮”作为发展壮大村集体经济、推动乡村振兴、实现共同富裕的重要内容和强力抓手，充分发挥党支部战斗堡垒作用，通过党支部领办合作社，推动土地向村集体集中，实行以种植粮食作物为主的土地规模化经营，初步实现了粮食高产、村集体增收、农民致富的多赢效果，探索出了以集体增收带动村民共同富裕的有效路径。相关经验做法被新华社、《瞭望》、《中国组织人事报》等媒体刊发。

一、强化组织引领，把牢正确方向

一是以坚持党支部领办为根本原则。始终把加强党的领导贯穿领办合作社全链条全过程，牢牢抓住党组织对村级集体经济的主导权。合作社由党支部发起，作为村党支部领导下的集体经济组织，理事长由党支部书记兼任，特殊情况下也可以由支部委员担任。可吸纳 1—2 名有管理经验的人员配合做好经营管理，合作社经营管理人员总数最多不超过 5 人。二是以明晰股权设置为发展基础。合作社由村集体出资，村民占股，由村民大会或村民代表会议研究持股比例，单个出资人持股不高于 20%，全体村民占股比例不低于 90%。在社会资本、企业等参与合作时，村集体和群众所占股份超过 50%，确保党组织领办的属性。三是以政策支持为兜底保障。积极引导政治素质好、致富带富能力强的经营管理人才、致富带头人加入党组织，符合条件的按程序进入村“两委”班子，组建强大经营管理团队。对合作社管理人员定期开展培训，注重发挥第一书记、乡村振兴工作专员等驻村力量作用，指导健全各项运行制度，确保合作社顺利开办、健康发展。强化镇（街道）和县直有关部门上下联动，对经营规模大、带动作用强的，在资金、项目、农机、农资等方面给予倾斜。四是以实现共同富裕为发展目标。把促进群众增收致富、实现共同富裕作为最终目标，坚持因地制宜、合理合规，积极引导鼓励各镇（街道）按照所在区域村庄具体情况，研究适合每个村的具体模式，坚决杜绝“一刀切”问题发生。充分考虑群众利益，适时调整土地流转费用，并通过分红、提供就业岗位等方式，多措并举确保农民获得实实在在的收益。

二、整合土地资源，守牢粮食安全底线

为破解农村劳动力大量外出、土地无人耕种等现实问题，平阴县坚持土地向集体整合，推动规模化集约化经营，切实提高土地的利用率、产出率和资源配置效率。一是凝聚思想共识，推动土地连片整合。坚持依法、自愿、有偿原则，通过党员大会、村民小组会以及“田间地头会”等方式，村“两委”干部向党员群众详细解读政策、分析发展前景，讲深讲透以集体土地规模化经营为主导的党支部领办合作社的优势，算好入社前后的经济账、民生账、长远账，消除群众的后顾之忧。二是盘活闲置边角地，唤醒沉睡土地资源。坚持以“入社自愿、退社自由”为原则，不搞“一刀切”，充分尊重农村土地确权登记颁证结果，对需要连块租用村民土地，村民有自己耕地需求的，通过协商形式适当调整好村民的自耕种地块。发展“边角经济”，将连片地块中的田埂、沟渠、道路等零星土地全部整合成连片土地，增加土地1200余亩，为土地规模经营、推广大型机械作业、有效降低生产成本打下良好基础。三是集约科学运营，提升土地收益。由党支部牵头，采取入股、流转、反租等方式，将村民分散承包地块集中起来，整合为适合集中耕作连片土地，开展连片大田化经营，推广大型机械作业，切实有效降低生产成本。持续稳步提升亩产效益，加强良种培育、病虫害防治、防灾减灾、测土施肥、墒情监测、机械作业、线上销售等一系列先进粮食增产增收技术应用，有效提升科学种田水平，实现提高产量、保证质量、增加收益。截至目前，全县已有 64 个村通过支部领办合作社推进土地规模化经营，发展粮食种植 13400 亩。以平阴县主要粮食作物玉米为例，现平均亩产量达 1200 斤以上，比常规种植方式每亩增产 100 余斤，增加收入近 150 元。

三、强化规范管理，提升专业化运转水平

合作社由党支部发起，作为村党支部领导下的集体经济组织，具体实施粮食连片规模化经营，村党支部负责农民权利维护和相关利益保障，严把项目、资金、资产和资源监管。一是严把关口避风险。村党支部在充分研究论证基础上，科学确定村级发展目标，将土地承包给合作社经营。各村采取“四议两公开”方式，对村级产业发展方向、未来前景充分征求意见，争取群众最大理解和支持。各镇（街道）对村级产业审核把关，提出明确要求。为切实守牢守住粮食安全底线，避免盲目种植新作物造成损失，对于无其他产业种植基础的，原则上以种植小麦、玉米等粮食作物为主，不在无资金技术情况下盲目推广其他种植项目。二是科学运营增效益。合作社坚持按照企业化运营、规范化管理为原则，针对规模化连片土地，推广大型机械作业，统一规划建设道路、排水和水肥系统，统一提供生产资料、统一耕作标准、统一销售加工，每亩土地可以节约生产成本 120 元，粮食亩均增产 8% 以上。截至目前，全县通过发展土地规模化经营，粮食增产 2680 吨，降低各类生产成本 160 余万元。三是建立平台优服务。在各镇（街道）成立合作社指导服务平台，邀请专家学者、农机农技等专业技术人员以及农业领域有关部门工作人员担任指导人员，负责指导合作社进行运营，协调帮助解决好镇域范围内的农资购买、金融支

持、农技指导、农机服务、农产品交易等问题，为村党组织领办合作社提供全方位、精细化服务。截至目前，全县各镇（街道）合作社指导服务平台累计提供指导服务 520 余次，帮助各村解决实际困难问题 350 余件。

四、完善利益分配机制，实现共富共享共赢

坚持把促进农民致富、推进乡村振兴、实现共同富裕作为工作的出发点和落脚点，进一步建立健全利益分配机制，按照“留够合作社—给足村民—交付村集体”的原则，对合作社所得利益进行合理分配，确保让改革红利更多更好地惠及广大农民群众。一是给足村民，保障农民收益。一方面，将土地租赁费作为村民流转土地的保底收入，党支部在参考市场价格基础上，结合群众诉求、土地质量等进行民主协商、科学研判，合理确定土地流转费用，每亩每年租赁价格在 1000 元左右，切实保障群众土地流转基础收益，由村民出资合作社运营的，产生收益后，按照利益分配机制，村民按约定持股比例进行分红；另一方面，村民还可以作为劳动力，参与到合作社耕种、管护过程中去，通过打工赚取务工收入，进一步增加群众收益，让群众尽享发展红利。以平阴县郭套村为例，农户土地流转费 1000 元 / 亩，在合作社每人每年务工收入为 1.6 万元，年底集体分红 110 万元，带动村民户均增收 2.2 万元。二是交付集体，发展壮大村集体经济。原则上，合作社提取不高于所得利益的 10% 作为公积金用于日常经营运转。除去合作社运营和村民收益，剩余部分作为村集体收入归集体所有。随着合作社收益提高，经村民大会或村民代表会议审议通过，可从集体收益中列支一定比例的资金，奖励参与经营管理的村“两委”成员。共带动村集体增收 1216 余万元、农民增收 800 余万元，形成了支部有作为、党员有作用、群众得实惠、集体有收益的共同富裕新局面。三是强化监管，保障长期运营。严明纪律，加强对合作社运营中的项目、资金监管力度，将合作社业务事项纳入村干部任期和离任经济责任审计范围，定期督查社务公开情况，确保合作社健康发展。

创新“四级”养老服务体系
建设“老有颐养”幸福平阴

济南市平阴县

养老事业是基本民生、底线民生。为满足城乡不同老年群体多样化、多层次养老需求，特别是解决农村地区养老难题，平阴县坚持以深化养老服务供给侧改革为抓手，不断扩大养老服务供给，全面提升服务质量，培育养老服务新业态，逐步构建起了“县、镇（街道）、村（社区）、居家”四级养老服务机构相协调、医养康养相结合的多层次养老服务体系，实现了养老服务从“有”到“优”、从“老有所养”到“老有颐养”的转变。全县已建成养老服务机构 8 家，社区日间照料中心 31 处、农村幸福院 210 处，平阴县获评全省县域养老服务创新示范县，东阿镇敬老院获评全国农村基层养老服务标准化试点单位。

一、加强统筹，精心谋划，县域养老服务供给优质高效

平阴县将养老服务体系建设作为党委政府的重点工作和民生保障的重要内容，完善配套政策支撑，提升制度供给能力，顶格推进，助推养老发展“强引擎”。一是强化协同推进。成立由县委、县政府主要领导任双组长的养老服务体系建设工作领导小组，将其纳入全县经济社会发展规划，纳入民生实事项目，纳入督查考核范围，压实工作责任、提升工作实效。建立由县政府主要领导牵头抓总，分管领导齐抓共管，19 个县直部门合力攻坚的养老服务联席会议制度，为推进养老服务高质量发展提供有力组织保障。二是强化规划

引领。制定出台关于加快建设社会养老服务体系和发展老年服务产业的实施意见、县域养老服务体系示范创建方案等制度办法，科学编制“十四五”养老服务发展规划和养老服务设施布局专项规划，实施住宅小区配套及家庭养老床位建设、城乡社区养老服务站点及农村特困人员供养服务设施提升转型等专项行动。三是强化辐射带动。围绕“县域10分钟居家养老服务圈”规划，与九如城集团合作打造建设总面积2.3万平方米的综合养老服务中心，整合原老年公寓养老资源，与县人民医院互为依托，连片建成集“养护、康复、颐养、失智”四大养老服务于一体的养老服务平台。充分发挥中心辐射带动作用，在全县范围内，形成以县养老服务中心为核心，街道综合养老服务中心和农村特困人员供养机构为基点，社区日间照料中心和农村幸福院为依托，居家养老服务为保障，覆盖城乡的养老服务设施体系，确保满足县域内及辐射周边社会老年人不同层次的养老需求。

二、示范引领，提升质量，镇域养老服务标准显著提升

坚持以提升敬老院兜底保障能力，打造区域性养老服务中心为目标，持续加大农村敬老院设施设备建设与提升改造力度，为农村地区特困老人营造更加舒适的生活环境。一是适老化改造优服务。结合各镇（街道）人口数量及年龄结构分布，投资1700万元，对全县8家养老服务机构实施适老化改造，健全老人如厕、洗浴、室外休闲场所等生活服务设施，增设电梯、床头呼叫器、监控设备等现代化管理设施以及无障碍环境建设，配备健身器材、文化娱乐设施等，满足老人生活、文化等多重需求。目前，全县8个敬老院适老化改造工作已全部完成，均已达到国家二级养老机构标准，总床位1060张，平均入住率达70%以上。二是示范化打造树标杆。以东阿镇敬老院入选全国农村基层养老服务标准化试点单位为契机，健全镇敬老院养老服务平台，整合县光荣院相关资源，扩大社会化养老需求。目前，该敬老院已入住农村特困人员135人、社会老人62人，入住率达98%，待县光荣院归并后可实现护理床位300余张。依托镇中心卫生院和县人民医院医疗资源，建设镇综合养老服务中心，建筑面积3000平方米，为生活自理、半自理、完全失能以及需要照顾的社会化老人，提供生活照料、专业医疗护理、临终关怀等全生命周期一站式养老服务，探索出了“两院一体”医养结合的特色服务康养模式，东阿镇敬老院获评济南市“五星级”综合养老服务中心。三是市场化运作促提升。强化“政府主导、市场配置”，通过委托管理、合作运营、购买服务等方式，推进社会化运营，提升敬老院管理水平和服务质量。目前，引进九如城集团，先后打造了东阿镇“千年古城，颐养福地”、玫瑰镇“荷玫家园”等养老服务品牌；招引上海合信健康集团，建设集老年大学、健康管理中心、中式康养合院等新兴业态于一体的山东泉城芳华康养小镇，实现平阴玫瑰、阿胶、温泉养生资源与大健康、大文旅、大康养深度融合。

三、立足实际，协同互助，农村养老服务体系日臻完善

按照“政府推动，村居主办，互助服务，社会参与，民政监管”原则，实施农村幸福院“百村工程”和社区日间照料中心建设，让有需求的老人“离家不离村，抱团养老，守望相助，就地享福”。一是搭载平台，提升农村养老服务保障能力。注重将“幸福家园”工程推进与农村幸福院建设有机结合，积极探索“双福助老”服务新模式。配套出台“幸福家园”村社互动工程试点推进实施方案，设立村社互动基金，将农村幸福院、社区日间照料设施改造提升纳入基金规划，搭建起了家门口具有助餐功能的养老服务平台，方便村（社区）老年人就近吃上“暖心饭”。通过村集体新建、改建、租赁及个人投资建设等多种方式，全县共有社区日间照料中心31处、农村幸福院199处。二是多方发力，构建互助养老长效机制。为保障农村幸福院助餐服务长期运营，采取“四个一点”的方式，即村集体投入一点、政府补贴一点、社会力量捐赠一点、村民自己承担一点。大力发展村级集体经济，增强自主“造血”功能，由村集体对村内老年人助餐进行费用补贴，老人每餐仅需要交2—

6 元，即可吃到可口的饭菜。政府部门通过农村幸福院提供服务人数和范围评定等级，发放相应的运营补助。借助社会力量，积极发动爱心企业和爱心人士共同参与幸福院建设。平阴县玫瑰镇张洼村幸福院借助村社互助幸福家园项目，与两家爱心企业建立长期合作关系，近两年累计投入资金 50 多万元，每天有 60 余名老人就餐，每人仅需交 3 元钱即可享受就餐服务。

四、深化改革，勇于创新，居家养老服务模式初步形成

随着老年人对健康养老服务需求的日益强烈，坚持以改革为动力，结合时代发展，进一步完善服务内容，创新服务形式，为老年人提供更加丰富精准的养老服务。一是健全养老服务评估体系精准养老。建立困难老年人养老服务需求评估制度，由县民政局、镇（街道）、村（社区）联合组织开展，委托县中医院老年人能力评估科对困难老年人进行能力评估，对经评估后符合条件、有居家照护需求的失能、半失能老年人，结合其实际需求，通过政府购买服务等方式开展助洁、助餐、助娱、助医等居家上门服务，每月服务时长 20 小时。二是完善居家养老设施安全养老。在全县范围内选定 300 户困难老人家庭进行适老化改造，由第三方适老化评估机构入户进行评估，调查老人的生活情况及实际需求，对墙体、居室、卫生间等关键区域安装防滑垫、蹲便座椅、增设安全扶手等，全方位地照顾到老人起居活动，增强老人日常行动的便利性、安全性，提高居家养老的幸福感、安全感和获得感。截至目前，累计投入 35 万元，完成家庭适老化改造 170 户。三是开展送医上门暖心养老。创新采取“志愿 + 医疗”的服务模式，组织各基层医疗机构广泛开展“家庭医生签约”等志愿服务活动。挑选基层医护骨干加入家庭医生志愿服务队，引导辖区老年人与家庭医生签约，重点开展健康教育、预防保健、疾病诊治、康复护理、安宁疗护为主，兼顾日常生活照料的医养结合服务，极大解决了老年人腿脚不便、缺少家人照顾陪伴等造成的就医难题。

积极打造“出彩工坊”点燃妇女就业致富“强引擎”

济南市商河县

商河县作为省会农业大县，现有农村人口 45 万人，约占全县总人口的 70.38%，其中农村女性 22.1 万人，约占农村总人口的 49.11%。近年来，商河县抢抓乡村振兴政策机遇，坚持农业农村优先发展、城乡妇女共同进步，创新采用“三三三”工作法，在全市率先推出“出彩工坊”建设项目，走出了一条帮助赋闲在家农村女性解决就近就业创业难题的增收致富之路。截至 2024 年 3 月，已建成“出彩工坊”51 家，带动农村女性就业创业 5200 余名，人均年增收 2 万余元。

一、“清单式”管理，稳定就业兜底线

一是“人员清单”力求全面。依托县、镇（街道）、村（社区）三级妇联组织力量，全方位、各层级详尽摸排赋闲在家农村女性，特别是有就近就业创业需要的困难女性实际情况，并根据其年龄、学历、健康状况、婚姻状况、技能水平等不同进行分门别类、登记造册。截至目前，已调研走访农村女性 2.6 万名，按照帮扶轻重缓急分成三个批次，其中第一批次 1 万人、第二批次 1 万人、第三批次 0.6 万人。二是“资源清单”力求精准。在“软件”方面，系统梳理现行有效的政策类文件，精心筛选涉及“出彩工坊”建设的土地、资本、技术、数据、人才等方面的 9 大类 32 项，以及农村女性关心关注的入股分红、就业收入、自主创业、亲子教育方面的 4 大类 9 项政策措施，并将以

上政策整理汇编，制定出台了简单易学、深受欢迎的《商河县“出彩工坊”建设指导手册》，确保“出彩工坊”建设外有政策扶持。在“硬件”方面，深入挖掘县域平台资源，确定“壹亩地瓜”、金宝华手工地毯、安琦布业等10家企业为“出彩工坊”样板间，调动大姐工坊、妇女之家、巾帼创业孵化基地等4个妇字号平台参与其中，汇聚乡村旅游、康养医疗、农村电商等5个新产业新业态融入发展，确保“出彩工坊”建设内有平台承载。三是“任务清单”力求科学。坚持统筹联动、因地制宜、分类指导、精准帮扶原则，研究制定2023—2025年商河县“出彩工坊”建设项目攻坚计划，并将任务目标分解到各个年份、相关单位。其中，2023—2025年全县共计划扶持打造“出彩工坊”100个、带动农村女性就业创业5000名，包括2023年扶持打造50个、带动农村女性就业创业3000名，2024年扶持打造30个、带动农村女性就业创业1200名，2025年扶持打造20个、带动农村女性就业创业800名。

二、“项目化”推进，发力关键促提升

一是实施“人才赋能”头雁行动。建立全县女性人才资源库，为女性成长成才创造条件、搭建平台、营造环境。深入实施“乡村振兴巾帼行动”，通过组织引领、培育带动、宣传打造等方式，不断强化巾帼“领头雁”队伍的凝聚力，选树一批女村党支部书记、巾帼致富带头人、最美出彩巾帼人等优秀妇女典型，发挥示范引领作用，为推动“出彩工坊”建设筛选储备一批敢为人先、可堪重任的“巾帼担当”。精心拍摄《回到商河挺好的》系列视频短片，鼓励吸引在外的女企业家、女乡贤、女农创客“雁归故里”，为家乡发展助力。二是实施“金融赋能”聚财行动。坚持兵马未动、粮草先行，积极搭建金融服务桥梁，抢抓“三八”“六一”等重大节日，组织开展形式多样、吸引力强、参与度高的银企对接活动2次，先后邀请4家银行、6家“出彩工坊”项目负责人现场沟通对接、答疑解惑，其中3家“出彩工坊”初步与银行达成贷款意向。同时，主动对接银行金融机构，在“巾帼信用贷”“出彩家庭贷”

等金融产品的基础上，创新开发出利率更优惠、操作更便捷、服务更有针对性的“出彩工坊贷”，有力推动“出彩工坊”建设成功翻越“融资的高山”。三是实施“数智赋能”成长行动。依托县、镇（街道）、村（社区）三级“出彩人家”建设群和大数据平台，打通返乡创业就业政策信息及“出彩工坊”招聘信息发布通道，动态更新、及时发布就业创业相关信息，今年以来，已发布创业就业信息 29 条，涉及人力资源、家政服务、电商主播等 11 个类别，提供岗位 136 个。立足“出彩工坊”建设进展、项目需求，围绕提升农村女性就业创业能力水平，选聘 3 名“出彩女生”创业领航员，打造 5 个“出彩女生成长基地”，建立健全涵盖家政服务、电商直播、短视频制作等 4 个领域的培训体系，产生了良好的“数智女性”出彩集群效应，今年以来，已组织开展线上、线下技能培训活动 8 场，参训农村女性 900 人次。

三、“保姆式”服务，注重细节暖人心

一是方式灵活更宜业。充分考虑农村女性实际需求，采取弹性工作制度和居家就业模式，工作日专门预留 1 小时用于员工接送孩子、照顾家庭，帮助妇女平衡好工作与家庭之间的关系。“出彩工坊”建设之初，广泛征求农村女性意见，创新打造儿童临时托育区、儿童游乐区、妇女休息区等特色功能区域，设计文化体验、绘本阅读、果蔬采摘等特色活动，让妇女工作更安心、照顾孩子更放心。二是精准便民更高效。成立由县妇联、司法、民政、残联等部门组成的工作小组，细致摸排全县农村地区困境妇女、残疾妇女等重点特殊人群，围绕政策解读、岗位适配、技能优化、权益维护、救护救助 5 个方面开展“一对一”点单式服务，帮助农村女性解决就业创业和日常生活中遇到的急难愁盼问题。邀请省市专业老师，深入基层一线为 1200 名妇女讲解法律知识，有效提高广大农村女性的法律素养和维权能力。三是内容丰富更贴心。在提供就业岗位、创业帮扶的同时，“出彩工坊”项目还配套开展心理咨询、婚姻家庭辅导、亲子教育等多项服务，旨在避免、缓解、化解就业创业

过程中容易滋生的家庭矛盾、职业焦虑等问题，切实提升农村女性的获得感、幸福感、安全感。今年以来，围绕“出彩工坊”子女教育，举办家庭教育专题讲座 12 场，策划开展经典故事诵读、亲子绘本共读会等亲子公益活动 16 次，真正让儿童感受到茁壮成长、幸福生活的美好乐趣。

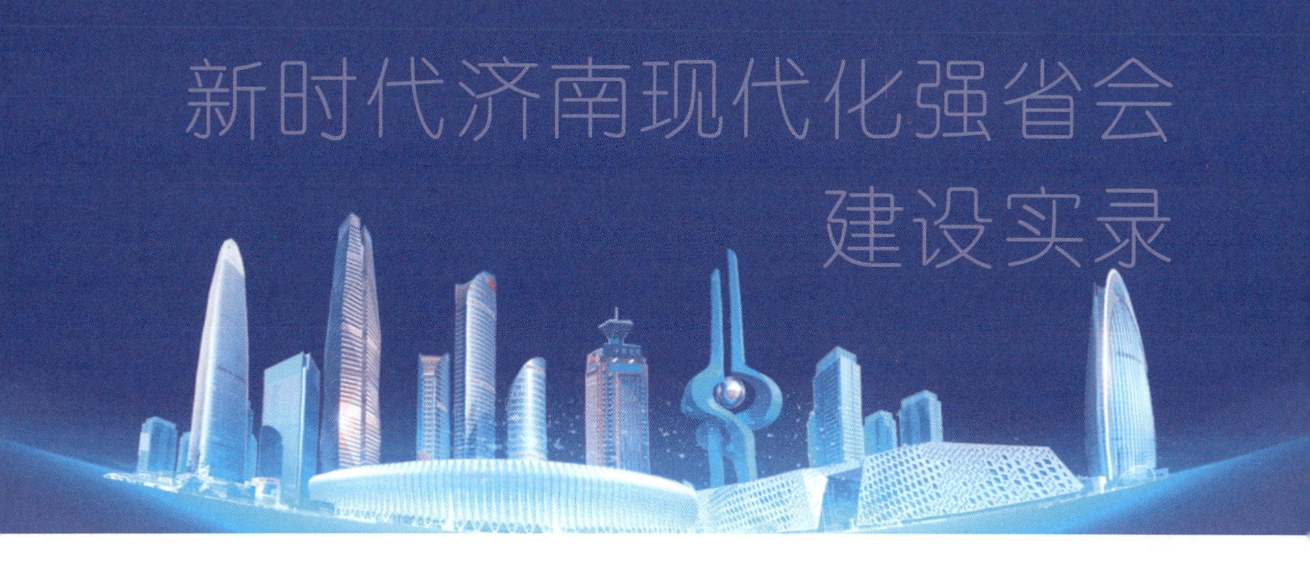

调查研究

关于检查全市《济南市名泉保护条例》实施情况的报告

济南市人大常委会

《济南市名泉保护条例》(以下简称《条例》)是一部具有泉城特色的地方性法规。为推进依法保泉护泉，保护泉水生态，做好泉水文章，2023年9月至10月，济南市人大常委开展了《济南市名泉保护条例》执法检查，对全市涉及名泉保护的9个区县及济南高新区、南部山区实施“全覆盖”检查，实地察看泥淤泉、淌豆泉、孝母泉、玉珠泉等名泉景观提升，玉符河、蟠龙水库等重点渗漏带和有关泉池泉渠保护情况，市发展改革委、财政局、自然资源和规划局等部门和涉及名泉保护的区县、功能区提供了自查情况报告，实现全方位执法检查，推动了地方立法有效实施。

一、《条例》实施情况

市政府对名泉保护工作高度重视，相关部门依法履职、协同配合，以“突出泉城特色，保持泉水持续喷涌”为目标，坚持依法保泉、科学保泉、生态保泉、精准保泉，名泉保护工作成效明显，泉城品牌影响力不断攀升。趵突泉自2003年9月3日复涌已达20年，刷新自20世纪70年代以来持续喷涌时间最长纪录。

(一)加强系统治理，推进生态保泉。严控生态红线。加强重点渗漏带生态保护，编制生态修复规划方案，严控泉域保护范围内建设项目，严格建设项目审查，增强雨水入渗补给能力，实施绿化涵养等生态修复工程，开展泉水区域环境影响评价。加强泉水源头保护。聚焦南部山区等重点水源涵养区，持续开展河湖水系综合治理，加强玉符河、兴济河、大辛河等重点泉水补给河流水系生态治理修复，系统实施荒山荒坡治理、植树造林和封山育林，提高水源涵养能力。保障水源补给。统筹黄河水、长江水、地表水、地下水、再生水等各类水资源，协同推进连通调水工程，积极构建“三轴四源连多点、五横十纵纳百川”的市级水网总体格局，提高水资源保障能力和泉水补给能力。强化节水保泉。落实农业节水增效、工业节水减排、城镇节水降损措施，提高水资源利用效率，积极推进自备井封停三年攻坚行动，今年年底实现建成区内自备井“应封尽封”，连续21年保持国家节水型城市称号。

（二）强化基础研究，推进科学保泉。加强保泉研究。完成了趵突泉泉域边界与水力联系研究，探测重点区域岩溶发育情况，明确了济南东西部地下水与市区主要泉群的水力联系，开展城区地下水开采试验，确定丰水期济南东、西部水源地的最大可开采量，启动济南市城区水资源优化配置试验，进一步研究保持泉水持续喷涌与地下水科学合理利用的关系。健全监测体系。建立趵突泉泉域、白泉泉域地下水监测平台，进一步完善泉水地下监测网络，及时预测预判泉水动态变化，为泉水保护管理提供数据支持和决策依据。摸清泉水家底。组织编制《名泉认定规范》地方标准，开展泉水普查，建立泉水电子档案。

（三）统筹保护利用，弘扬泉水文化。推进名泉景观提升。编制《济南市十大泉群名泉景观提升保护规划》，按照“打造亮点，连点成片”思路，因泉制宜、一泉一策，开展名泉环境整治，有计划分步骤推进166处历代七十二名泉景观提升，目前已经完成100余处。推进泉水直饮。围绕实现“泉城人喝泉水”的目标，持续推进市民泉水直饮工程，建成市民泉水直饮工程66处，20万市民实现了泉水直饮。推进泉水资源保护开发。结合A级景区提档升级和乡村旅游发展，将景区管理、乡村旅游工作与促进名泉保护和开发有机结合，打造泉道等精品旅游路线，举办泉水文化节，开发泉水文创产品，丰富泉水文旅内涵。推进泉水申遗。调整充实泉水申遗领导小组，编制完成中国世界文化遗产预备名单申报文本，开展遗产要素整治和展示系统设计工作，推进遗产要素点修复保护，加快“济南泉·城文化景观”申遗步伐。

（四）坚持多措并举，推进依法保泉。推动学习宣传实施。采取多种形式，结合“世界水日”“中国水周”“城市节约用水周”，以活动为载体，对《条例》进行宣传，凝聚全社会爱泉护泉共识。落实法规要求，有计划、有步骤、有重点地推动制定配套落实政策、实施细则，完善泉水保护配套政策制度体系。加快规划编制。编制完成《趵突泉泉域保护控制性规划》，积极推进《济南市名泉保护总体规划》修编及《十大泉群保护详细规划》编制工作，分级细化泉水生态功能分区，完善泉水保护管控要求。落实监管保护。市和有关县区每年安排名泉保护管理专项经费，对泉水保护工作提供资金保障。制定《关于加强名泉管护实施意见》，签订名泉日常维护责任书，开展常态化监督检查，落实区县、镇街名泉保护属地责任。利用济南名泉保护区遥感监测信息系统、卫片监测系统，定期核查泉域重点渗漏带等区域新增建筑物图斑，严厉打击违法违规建设行为。

二、存在的主要问题

济南是享誉世界的“天下泉城”，同时也是典型的资源性缺水城市，全市人均水资源占有量不足全国人均占有量的七分之一，水资源具有总量不足、年际变化大、年内分配不均和地域分布不均等特点，泉水直接受降水、灌溉等因素影响明显，泉水保护形势依然严峻。在肯定成绩的同时，对照《条例》要求还存在一些问题和不足。

（一）规划编制进度仍不够快。目前，《济南市名泉保护总体规划》修编及《十大泉群保护详细规划》编制工作正在推进，规划的引领作用尚未得到发挥。莱芜区、钢城区名泉保护工作起步晚，由于泉水保护总体规划还未完成，制约着两区名泉保护管理工作。

（二）重点渗漏带问题仍较突出。建筑物占压覆盖渗漏带问题仍然存在，影响泉域地下水自然补给，生态修复治理仍需进一步推进。泉域重点渗漏带历史上形成较多的村庄，面临危房改造、城市更新、旧村整合、美丽村居建设等实际情况，如何在依法依规的前提下开展城中村改造、城市更新等项目，需要进一步统筹研究考虑。

（三）泉文化软实力仍需增强。现有名泉景观存在城区泉群景观联结不畅通、名泉标识与文化产品单调、现代建筑挤压泉水空间、泉水景观与周边环境风貌不协调等问题，山泉湖河城统筹规划打造仍大有文章可做。泉城的品牌价值尚未得到深度开发，对泉水保护的认识一定程度上仍处于保护自然景观的浅层面，泉水作为自然与文化资源的双重价值仍未得到充分发掘利用。相关宣传推介工作缺乏现代语言、手法和特色，有待进一步拓展国际视野。"泉·城文化景观"申遗基础还比较薄弱，遗产申报、保护、修复、监测工作量还很大，在遗产要素综合保护、申报基础性工作、协同推进机制等方面还存在一些薄弱环节，济南泉水在世界维度的影响力仍显不足。

（四）名泉管护措施仍有不到位。有的区、县尚未落实专职泉水保护人员和工作经费，尤其是部分位置偏远的名泉日常管理缺失。受财政资金不足影响，有的名泉景观提升工作进展不快，有的名泉缺乏规范泉名标识，少数泉眼周边环境状况不理想，还处于原始未整理阶段，未形成景观效应。名泉保护工作联动机制未完全形成，市政府各部门与各区县及功能区保泉护泉支撑保障协调不够得力，还没有形成保泉护泉合力。泉水管护手段单一，泉水水位主要受降水影响，从长期来看面临水资源和泉源补给不足双重压力，保泉工程措施发挥不充分，保泉难度仍然较大。名泉保护工作的宣传力度、广度、深度还需加强，群众爱泉护泉的责任意识有待进一步提高。

（五）生态补偿工作进展较慢。我市生态补偿机制的实施处于起始阶段，补偿主体是政府，形式以经济补偿为主，初步实现了“有名”，但离“有实”“有效”的目标还有一定差距，存在补偿机制散乱、补偿费用偏低、补偿标准单一等问题，难以产生制度设计效果，在综合运用行政和市场手段，采取多种补偿形式方面需要进一步拓展。

三、下一步工作意见与建议

名泉保护工作事关济南发展大局，事关人民群众民生福祉。各级各部门要切实把思想和行动统一到践行习近平生态文明思想和法治思想上来，正确处理好高质量发展和高水平保护、重点攻坚和协同治理、外部约束和内生动力的关系，将名泉保护放在推进生态文明建设、落实黄河流域生态保护和高质量发展战略、建设新时代社会主义现代化强省会的全局工作中，切实推进法规执行到位、落到实处，展现泉城特色，实现泉、城共生共荣。

（一）加强协同联动，进一步落实名泉保护主体责任。名泉保护涉及方方面面，要按照《条例》设定的名泉保护管理体制和运行机制，扎实推动名泉保护主体责任的落实。完善名泉管护体系，压实各级管护责任，统筹各部门保泉力量，做到左右协同、上下联动，形成齐心协力推进名泉保护的良好局面。健全落实保泉长效机制，列支专项资金，加强专业人员配备，保障名泉日常管护及时到位。适应新时期生态环境保护任务的迫切要求，加大力度推进名泉保护生态补偿机制落实，完善生态保护投入机制，健全生态补偿标准体系，规范资金来源、补偿方式和保障体系，拓展补偿渠道，探索建立市场补偿机制，为泉水保护和生态保护提供有力支撑。

（二）坚持科学精准，进一步推进名泉保护规划管理。聚焦名泉保护规划的全局性、综合性和战略性，加快推进《济南市名泉保护总体规划》和《十大泉群保护详细规划》的修编工作，坚持高起点定位、高水平规划、高标准实施，统筹协调泉水保护与城市建设发展，加强总体规划与详细规划的衔接，使名泉保护规划与城市总体规划以及土地、生态、水资源等专项规划相协调，将泉水功能分区和泉水生态控制线等要求一并纳入国土空间规划。按照《名泉认定规范》标准，充分运用泉水普查成果，对泉水的地理风貌、地质成因和历史文化信息进行系统采录，建立全面翔实准确的名泉档案，及时修订济南名泉名录，将名泉保护纳入规范化制度化轨道。进一步加强保泉基础工作，围绕泉水形成全过程扩展研究的深度和广度，关注补给区、渗漏带自然生态以及地下岩溶地质状况变化，对影响泉水的因素进行系统研究，深入分析保持泉水喷涌与地下水科学合理利用的关系，科学精准开展保泉。

（三）推进综合整治，进一步加强名泉保护的系统治理。坚持用系统观念推进名泉保护，从全局高度，统筹水资源、水环境、水生态治理，系统推进泉水保护工作。坚持城区一体化推进，上下一盘棋，立足泉水整体生态，注重泉水源头涵养，持续加强对泉水补给区、渗漏带、汇集出露区内以及保护范围内的山体、河流水系的整体保护。强化源头保泉措施，持续开展南部山区河流水系综合治理，增强地下水渗漏能力，提升水源涵养区入渗补给能力。严控保泉生态控制线，严格落实重点渗漏带保护范围动态调整机制，科学评估重点渗漏带实际补给效果，优化调整重点渗漏带保护范围，提高施划精准度，充分发挥重点渗漏带的泉水补给功能，严守生态控制红线，严格禁止建设区和限制建设区管控，统筹解决好城市建设发展与保泉护泉的关系。认真落实《条例》关于“合理利用泉水，弘扬泉水文化”的要求，进一步彰显泉城特色风貌，加快推进泉池景观提升，高度重视泉渠保护，特别是十大泉群的泉渠保护，深度开发泉文化价值，挖掘名泉的历史文化内涵。全面系统梳理名泉现状和文化渊源，依托自然禀赋，立足独特的泉水景观和丰厚的历史文化资源，做深泉水文化、讲好泉水故事，以优秀传统文化深化名泉内涵、通过泉水弘扬中华优秀传统文化，提升城市软实力。坚持还泉于民、还水于民，加快推进泉水博物馆建设，布局打造亲水空间，建设人泉相生相亲的生态共同体。持续推进“泉·城文化景观”申遗工作，在坚持自然生态原则的基础上，加强遗产价值研究，强化文化载体建设，开展泉文化活动，做大做强泉文化产业，将资源保护转化为发展优势。

（四）强化依法保泉，进一步严格名泉保护的监督检查。提高政治站位，强化责任担当，细化工作措施，严格名泉监督管理。持续强化依法保泉护泉，强化《条例》对泉水保护的刚性约束，加大监管执法力度，推动名泉保护禁止性规定落实。切实提升名泉保护执法能力和水平，加大巡查检查力度，实现名泉保护的常态化、规范化。坚定依法保泉不打折扣，用好保泉执法抓手，严厉打击违法行为。深入宣传《条例》等法律法规，以活动为载体，普及水资源节约集约利用和保泉知识，增强全社会依法保泉意识，引导群众关注参与保泉工作，形成保泉合力。运用数字化等新技术新手段，加强执法监控和在线监测能力建设，强化大数据运用，提升泉水保护水平。

关于建设高品质绿色建筑示范区的调研报告

济南新旧动能转换起步区管委会

自设立以来，济南新旧动能转换起步区聚焦建设“绿色低碳新城”，以推广应用绿色建筑为抓手，系统构建“绿色技术＋绿色产业＋绿色城市”的全域应用场景，取得了积极成效，但同时也存在谋划推进不系统、示范成效不明显等不足。本次调研，通过查阅文件、考察走访、专家咨询、座谈交流等方式，在系统梳理绿色建筑领域的国际理念、国家要求、国内先进地市经验的基础上，对照省市部署要求，总结前期工作推进中的成效与不足，结合示范区全面启动建设需求，研究提出打造高品质绿色建筑示范区的措施建议。

一、谋划推进情况

2021 年 12 月，住建部与山东省政府签订《共同推动城乡建设绿色低碳发展合作框架协议》，支持起步区打造绿色生态示范城区、零碳先行区建设试点。市委、市政府配套支持措施，统筹谋划起步区绿色城市建设，系统指导绿色建筑推广应用。起步区立足“一张白纸好作画”的优势，超前谋划布局，通过搭建指标体系、编制专项规划、出台支持政策、搭建数字管理平台、布局建设示范项目等措施，基本形成了规划设计、建设管控、评估评价三大体系，在绿色建筑的推广应用方面取得了积极成效。

一是突出规划引领，搭建了一套顶层架构。规划领域，聘请国内外顶尖专家团队，高水平编制以绿色为引领的“1+4+16+N”规划体系，科学指引绿色低碳高质量发展。编制完成绿色城市专项规划，以绿色建筑、绿色能源、绿色交通、绿色市政、海绵城市为抓手，系统打造绿色智慧宜居幸福之城。研究领域，与住建部科技与产业化发展中心、北京康居认证中心等单位建立战略合作关系，指导起步区一体谋划、系统推进绿色城市建设。实施领域，集合瑞典 SWECO、西班牙 OSA、深圳建筑科学研究院等国内外顶尖绿建团队，深入开展绿色城市建设顶层设计，形成绿色生态建设总体规划发展纲要、绿色生态建设指标体系等规划成果。

二是强化政策激励，出台了一套支持措施。对照国家和省级支持政策和我市《关于促进建筑业高质量发展的实施意见》《关于推进智能建造的实施意见》《关于全面推进绿色建筑高质量发展的实施意见》等文件，结合起步区实际，研究制定落实举措，出台《关于推进建筑业高质量发展的若干政策措施》，鼓励绿色建筑示范，加快建筑领域绿色低碳发展，大力推广装配式、被动式、钢结构、增材制造等新型建筑形式，并制定激励措施，对获得“全国绿色建筑创新奖”的域内建设项目，给予一等奖 300 万元、二等奖 200 万元、三等奖 100 万元的资金奖励。

三是设置导则标准，制定了一套引导体系。制定绿色安置房设计导则与技术要求、绿色公共建筑设计导则、绿色居住建筑设计导则、绿色工业建筑设计导则等绿色建筑标准引导文件，规范引导各类绿色建筑应用推广。其中，安置区绿色建筑设计导则，提出“二星级绿色建筑 + 建设亮点”的起步区安置房住宅建设模式，重点在营造安全健康环境、提升室内舒适度、升级绿色生活配套等方面，进行技术应用规范，引导打造济南市安置房建设样板。

四是搭建数字平台，构建了一套智能系统。采用“一平台（CIM 平台）+ 四系统（规划一张蓝图、BIM+ 智能审查、绿色建设监管、数字仿真系统）”的基本架构，建设起步区数字城市平台，推动实现规、建、审、管全流程数字化集成管理和大数据应用，已完成 34 个试点项目的三维模型接入，实现了山大二院起步区新院、省实验中学鹊华校区等 5 个试点项目设计方案的 BIM 报建与自动辅助审批，并以示范区为试点，完成区域范围内地理信息、建筑物、地上地下市政基础设施等数据的应接尽接。

五是实施示范项目，形成了一定引领效应。确立“由点到面、示范带动”思路，聚焦重点开发建设区域，加快推动形成“绿色技术 + 绿色产业”的全域一体化应用场景示范。居住建筑领域，新建民用建筑全面执行绿色建筑标准，已开工安置房全面按照新国标绿建二星标准建设，并结合基础设施项目建设开展被动式超低能耗建筑试点。公共建筑领域，规划建设创新中心、城市展厅等公共服务绿色建筑示范项目，在钢结构装配式技术、被动式超低能耗技术、新材料与新能源应用等多个领域开展试点示范。工业建筑领域，济南绿色建设国际产业园部分标准厂房采用被动式技术，探索利用被动式技术降低能源消耗，打造低资源消耗绿色工业厂房。同时，积极开展碳中和项目试点示范，零碳智慧创新运营中心项目荣获“全球人居环境规划设计奖”。统筹谋划推进绿色建筑产业发展，“新城建”产业与应用示范基地入选住建部试点，绿建产业园新型建材行业集群入选全国第一批清洁生产审核创新试点项目。

二、存在问题不足

一是整体谋划的系统性有待加强。尚未出台绿色建筑应用推广的整体方案，在整体推进、系统谋划上距离国内先进地市有较大差距。比如，雄安新区聚焦高品质绿色建筑示范成效，研究出台了《雄安新区近零能耗建筑核心示范区建设实施方案》，系统开展近零能耗建筑、街坊、园区等示范建设，一体搭建绿色学校、绿色医院、绿色办公、绿色住宅、绿色工业建筑等示范场景，已形成了城乡管理服务中心、雄安高铁站、雄安商务服务中心等一批高质量的“绿色建筑 +”示范项目，全域高品质绿色建筑逐步成型。

二是整体示范效应不够突出。从分布情况看，起步区绿色建筑零星分散，多集中在安置区、园区，呈现全域推进的态势，尚未形成整体示范效果。从标识星级来看，三星级绿色建筑的数量偏少，目前只有5个，存在引领作用发挥不够充分的问题。同时，绿色建筑从设计到运行的转化过程存在一定梗阻，开发单位或者施工单位出于建设成本和施工难度等方面考虑，对原计划实行的绿色技术、绿色措施落实不到位，甚至在落地施工过程中出现了变更、取消的情况。

三是自主市场动力不强。当前起步区绿色建筑多由政府引导推动，缺少自主市场动力，这也是绿色建筑推广应用中各地普遍存在的现象。经对房地产开发公司调研了解，因普通购房者对住宅领域的绿色建筑缺少认知，对建筑品质的关注点多集中在室内装修、绿化园林、楼体外立面等容易感知的方面，对建筑节能环保的优势缺少直接体验，购买积极性不高。

四是与本土绿建企业联动不紧密。济南市建筑业产业规模持续壮大、市场主体持续做强，绿色建筑产业集群不断壮大，涌现出了一批行业领军企业。但本地绿色建筑企业在融入当地市场方面还不够充分。经对域内建筑企业参与本地建筑市场情况进行梳理，2021年在起步区注册的企业区内中标金额占开标总额的比例不足1%，2022年不足10%。

五是政策激励缺少引领性。国内在绿色建筑领域较为先进的地市，如北京、上海、浙江等，通过资金奖励、容积率奖励、支持商品房开发等多种方式，鼓励超低节能建筑的开发建设，形成了综合式、多样化的激励政策。但就起步区来说，目前激励政策仅侧重于认定结果奖励，形式较为单一，实际激励效果不明显，需要进一步研究加大含金量，提高惠及度。

六是数字平台作用发挥不充分。根据绿色数字城市搭建的设计愿景，平台覆盖绿色建筑规划管理、工程报建、施工图审查、竣工验收备案、工程监管等业务全流程，可通过线上推演，对绿色建筑数据进行查验补缺，确保系统数据的完整性、有效性、一致性、准确性，将着重发挥绿色建设监管方面的功能。但从目前实际运营情况看，平台的作用集中在整体建设管理和工地管理领域，绿色建筑方面的针对性不突出，还需加快推动落地。

三、下一步工作建议

一是统筹谋划推进。加强组织保障，成立起步区推进绿色建筑产业发展领导小组，统筹谋划绿色建筑、超低能耗建筑、装配式建筑、绿色工业建筑、绿色生态城区 / 城镇、绿色建筑品质管理等工作落实和政策推动工作。细化建设规模、建筑类型、节能环保等指标，确立建筑设计、建筑材料选用、施工工艺、节能环保等规范，配套落地方案，制定实施路径，加快推进建设。强化绿色建筑标识认定工作运行机制，建立绿色建筑标识管理信息系统，着力加强标识项目事后监管，并将绿色建筑发展目标与建筑工业化系列目标纳入评价考核体系。发挥起步区专家咨询委员会作用，整合政府与企业决策智库资源，指导研究制定城乡建设绿色发展的政策、措施、办法，做好智库支持与赋能服务。

二是健全政策体系。加快推进绿色建筑及产业发展方面的制度建设，编制出台示范区绿色低碳导则。在土地出让、项目规划和建设的全过程，严格把控落实绿色建筑及产业发展指标体系要求，特别在项目审批过程中，将绿色建筑及产业发展相关要求作为规划、建设设计审查内容和办理建设工程规划许可证和施工许可证的依据，确保项目建设达到设计要求。积极探索试点支持绿色低碳发展的激励性政策，激发建设高星级绿色建筑、装配式建筑、超低能耗建筑等项目的市场积极性，促进绿色建筑高质量发展。

三是分类推进实施。规模化推进绿色住宅，新建民用建筑全部落实绿色建筑标准基本级以上要求。2025 年前按照一星级及以上标准进行规划建设的面积比例达到 80% 以上，按二星级及以上标准进行规划建设的面积比例达到 60% 以上，按三星级标准进行规划建设的面积比例达到 8% 以上。强制性落实绿色公共建筑，政府投资或以政府投资为主的公共建筑、单体建筑面积大于 2 万平方米的大型公共建筑以及商品住宅建筑面积大于 20 万平方米的住宅小区，全面执行二星级以上绿色建筑标准。其他投资类公共建筑，按照一星级以上绿色建筑标准建设。大力度推动工业建筑绿色化，将工业建筑的绿色化明确为驻区生产企业的准入指标，2025 年前新建工业建筑中达到绿色工业建筑的面积比例达到 50%。

四是加强示范引领。装配式建筑方面，加大装配式建筑技术推广力度，确保装配式建筑占新建建筑比例达到 50%，装配式建筑单体装配率不低于 50%，打造一批装配式建筑产业示范基地。超低能耗建筑方面，以“集中连片示范”为推进原则，在大桥、崔寨组团打造超低能耗建筑示范区，2025 年前超低能耗建筑累计开工面积不低于 50 万平方米，力争达到 100 万平方米以上。生态城区和生态城镇方面，鼓励高星级绿色建筑在起步区成规模建设，在大桥街道和崔寨街道先行试点建设高品质绿色建筑集中示范区，在孙耿、太平街道谋划打造绿色建筑特色小镇。近零能耗 / 近零碳建筑方面，加大可再生能源建筑应用，2025 年前近零能耗 / 近零碳建筑开工面积不低于 10 万平方米，争取达到 20 万平方米以上。

五是做好技术支撑。进一步整合上级支持资源和区域内绿色发展全链条资源，搭建技术咨询服务平台。确定一批专业、权威的培训机构，定期开展相关技术、技能的培训和交流，加强相关人员与专家队伍的建设，提升相关人员、部门、企业的技术水准。鼓励和支持企业、高等院校、研发机构研究开发绿色建筑及产业发展的新技术、新工艺、新材料和新设备，加快成果转化和推广使用。积极挖掘、组织社会资源和力量特别是本地企业，以组建产业联盟等形式，围绕促进绿色建筑产业发展和技术进步与创新，加强合作交流，综合提升绿色建筑及产业发展水准。

六是拓宽融资渠道。积极争取国家、省、市财政资金支持，研究制定、完善落实关于绿色建筑及产业发展领域各项工作开展的扶持和激励政策。重点将资金应用于绿色建筑技术、产品研发与推广、绿色建筑相关标准制定等项目示范，加强绿色建筑区域示范以及绿色建筑宣传培训和公共信息服务。引导金融机构推出相应的绿色信贷、绿色债券、绿色基金、绿色保险，推动金融机构向绿色建筑产业提供全生命周期金融服务。鼓励和支持社会资本参与到建筑绿色发展，探索建立政府和社会资本合作模式（PPP），通过适宜的金融手段，扶持绿色建筑、装配式建筑和超低能耗建筑等发展。

七是完善数字城市平台。建立起步区范围内绿色建筑项目的数字化台账，便捷掌握项目基本情况，为线上监管和服务做好基础数据支撑。推动建筑项目的绿色生态指标管理，实现指标与街区控规的数据融合，搭建指标智能提取、全流程服务的线上管理模式。实施绿色建筑全过程监管服务，按照建设项目土地阶段、方案设计阶段、施工图设计阶段、施工阶段、竣工阶段和运营阶段六个阶段，进行全流程绿色建筑监管服务。

八是加强宣传引导。持续加大绿色建筑相关标准、政策的宣传力度，开展多形式节能宣传教育，普及绿色发展理念，增强市民绿色意识。积极展示起步区绿色建筑建设成果，发挥示范引领作用，增强全社会对绿色建筑的认识及信心，助推绿色建筑建设发展供给侧升级。积极探索绿色社区的建设模式，增强市民对绿色建筑的认可度和绿色创建活动的参与感，引导社会公众自觉养成绿色低碳生活方式、消费模式和生活习惯。

关于济南古城（明府城片区）保护提升的调研报告

中共济南市历下区委书记　杨传军

济南古城（明府城片区）是泉城特色历史风貌的集中展示区，也是“泉·城”文化景观申遗的重要支撑，做好片区保护提升工作意义重大。近期，按照主题教育工作安排，围绕“济南古城（明府城片区）保护提升”，通过实地走访、座谈交流、查阅资料等方式开展调研，先后5次深入明府城古街老巷、历史建筑、泉城路商圈，到杭州西湖湖滨路商圈学习考察，并多次召集相关领域专家学者、政协委员、企业代表、有关部门负责同志座谈交流，分析研究明府城保护提升工作。经过调研，厘清了明府城基本情况，梳理出4个方面主要问题，研究提出6条对策建议，具体情况如下。

一、基本情况和初步成效

（一）明府城概况

济南古城有2700年历史，在明朝洪武四年（1371）建造了坚固的包砖城墙，包括护城河、大明湖围合区域，即明府城。片区面积3.2平方公里，现有居民8900余户，有珍珠泉、芙蓉泉等80余处泉水水系，其中入选历代72名泉的有19处，大部分分布在小巷民居之内；有府学文庙、寿康楼、陈冕状元府等19处省级文保建筑，督城隍庙、吴家公馆等25处市级文保建筑，鞠思敏、路大荒等近现代名人故居，江西会馆、浙闽会馆等营商文化遗存。其中，将军庙、芙蓉街—百花洲两个历史文化街区，包含了片区大部分历史建筑、泉水泉道和文化景观，较好地保留了明清时期的建筑特点及空间格局。

（二）明府城保护提升工作回顾

第一阶段：1986 年至 1999 年，历史文化名城保护正式启动。1986 年，济南被列入第二批国家级历史文化名城；1989 年，济南市出台《历史文化名城保护规划》，明确了明府城在历史文化名城保护规划中的核心地位。

第二阶段：2000 年至 2010 年，大规模普查基本完成。吴良镛、周干峙等专家主持完成了《济南市城市空间战略及新区发展研究》和《泉城特色风貌带规划》研究，并基本摸清了片区内文物、代表性建筑、传统民居等的分布情况。

第三阶段：2011 年至 2014 年，历史文化街区整治工程启动。2011 年“明府城—百花洲片区”整治工程正式开工，2014 年济南市历史文化名城委员会成立。芙蓉街—百花洲和将军庙历史文化街区入选山东省第一批历史文化街区，百花洲一期工程建筑风貌延续了老济南特色并得到了各界认可。

第四阶段：2015 年至 2021 年，明府城保护进入科学轨道。2016 年市里成立明府城管理委员会，历下区设立了明府城管理中心，组建了专家库，建立了专家审查、咨询制度，为保护、开发老街巷资源提供智力支持。

第五阶段：2022 年至今，明府城保护提升上升为市级战略，各项工作全面提速。2022年10月，成立济南古城（明府城片区）保护提升工作领导小组，由省委常委、市委书记刘强同志和市委副书记、市长于海田同志任组长，市政协主席雷杰同志任常务副组长。领导小组下设指挥部，雷杰同志兼任总指挥，指挥部下设办公室、文保、产业等 8 个专项组，统筹抓好片区保护提升各项工作。

（三）明府城保护提升当前进展

1. 总体思路十分明确。一是坚持以人为本，注重对人居环境的改善，让古城居民得到更多实实在在的获得感、幸福感。二是坚持保护与利用并重，统筹做好保护与活化利用的文章，让文保建筑更“接地气”。三是坚持保护提升与申遗结合，以“泉·城”文化景观申遗为契机，有序推动片区内机关单位腾退，实现还泉于民，高标准做好各项具体工作。

2. 片区规划加快编制。分三个层面、五条主线开展规划编制。三个层面：宏观层面，强调统筹性和系统性，做好古城与商埠区特色资源联通；中观层面，强调指导性和可实施性，结合产业策划，明确正面清单和负面清单，为土地出让、建设实施等后续工作提供依据；微观层面，主要是编制详细规划和建筑设计方案，明确泉道、街巷、公共设施等空间内容，制定每处院落、每栋建筑的保护、修缮、改造设计方案，体现不同特色。五条主线：一是泉水泉道，做好泉道规划，突出泉水保护，设计泉水景观，体现泉水特色；二是街巷，突出重点，分清层次，通过规划体现街巷的空间特色和文化传统；三是建筑和院落，加大对文保建筑和名人故居的保护利用，结合产业和项目落位体现不同特色；四是文化，深度挖掘泉城文化脉络和文化名人，编好《济南古城》丛书，为古城保护提升提供借鉴；五是产业，结合不同人群需求，做好产业策划。

3. 房屋征收扎实开展。2022 年 9 月，正式启动了片区居民房屋征收腾退工作。在充分考虑泉道恢复、断头路打通、文保修缮和居民意愿的基础上，将 1839 户（312 个院落和独立房屋、15 栋住宅楼）作为征收范围。目前，征收工作进入收尾阶段，累计完成征收 1748 户，完成率 95% 以上；腾空整院 201 个、居民楼 9 栋。

4. 产业策划稳步推进。第一太平戴维斯已编制完成片区产业策划方案，初步划定泉商、泉学、泉创、泉游四大板块，策划了文化演绎、产业业态、全景消费等相关内容，推动文旅商融合发展。

二、存在的主要问题

1. 文化底蕴未能凸显。对于明府城集中体现的历史典故、文化传承、民风民俗等，社会知晓率还不够高。相对于浙江绍兴、苏州平江等其他国内著名古城，明府城文化底蕴缺少丰富展示手段，博物馆、文艺展馆、演艺剧院、公共艺术空间等数量较少，没有充分展现这座千年古城的独特魅力。

2. 泉水价值仍需挖掘。明府城地处城市中心位置，由于多年来人口的增长和发展的需要，城市更新活动频繁，导致在这一过程中遍布在古城里的一些泉水、泉眼、泉道被遮盖、掩埋，留下了不少遗憾。同时，亲近泉水的方式相对较少，在以泉为媒延伸打造产业链条上还需持续用力。

3. 业态升级亟须破题。片区资源分散、业态结构失衡，依然处于低端业态和低层次消费阶段。芙蓉街等街巷以低端商品、小吃为主，缺乏本地特色。泉城路的特色化、高端化水平与国内著名商业街区差距较大，统筹推进泉城路改造提升已刻不容缓。

4. 民生改善迫在眉睫。明府城核心区域的居民住房年久失修、水电气暖等基础设施、公共服务设施配套不完善，部分建筑和民居破损严重，存在安全隐患，同时片区交通存在拥堵严重、停车难等种种问题，群众要求改造生活环境的愿望强烈。

三、对策建议

1. 进一步做好登高望远的文章。一方面，在整体规划上全盘考虑、统筹推进。将“一城、一湖、一环”4.3 平方公里作为规划范围，在整合优化前期各种规划的基础上，着眼于古城片区与老商埠等其他历史文化街区的差异化、联动化发展，整合形成要素全面、整体统筹的总控规划方案，彰显古城独具魅力的人文底蕴和“泉城共生”特色。另一方面，在活化利用上坚持评估先行、科学推进。根据文物和历史建筑的历史条件、建筑条件进行分级分类，尽早划分等级或者界定方向，再制定修缮方案。同时，坚持数字科技赋能古建筑活化利用，通过建设智慧文旅平台，VR 与古建筑场景搭建，延伸文创、影视作品等文旅产业，为古城古建筑注入现代活力。

2. 进一步做强文化守护的文章。一是让历史文化资源体现价值。深入挖掘古城的历史文化、街巷院落、文物古迹等蕴含的丰富历史内涵和时代价值，在保护好现有历史资源的基础上，加大对泉水文化、府学文化、名士文化、非遗民俗、商贸文化、红色文化等资源的整理挖掘力度。二是着力在宣传推介上下功夫。组织有关专家、学者、非遗传承人等，深度挖掘济南古城故事精髓，以建设文化博物馆、泉水博物馆、名人博物馆等形式，用心讲述古城故事，凸显“青年人眼中很时尚、中老年人眼中很怀旧、外国人眼中很中国、中国人眼中很济南”国际泉水会客厅的独特优势。三是全力延伸“文化 +”链条。在文商旅结合上拓宽思路、大胆创新，引入首店、展览、演艺等文化产业高端资源，推动区域提升品质、聚集人气。依托百花洲园区业态招商，推出涵养非遗文化、国潮文化的主题时尚手造产品。实施老字号、非遗保护发展工程，支持一批文化特色浓、品牌信誉高、有市场竞争力的老字号做精做强。紧跟时代消费潮流，积极引进新形式、新业态、新消费，让青年人在古城内休闲、消费等过程中感受到更多文化魅力。

3. 进一步做优泉水赋能的文章。一是要在“露泉”上求突破。尽快打通小王府池子至百花洲、西花墙子街至百花洲等重要泉道，将散落在片区的泉水串珠成链。进一步恢复和整治现有泉池，打造具有设计感、体验感的开放式泉水院落，再现“家家泉水、户户垂杨”的独特风貌。以曲水亭街为轴线，坚持“一泉一策”，以珍池、华笔池的治理为突破，推动整个古城片区内名泉纳入整治提升计划，保障泉水正常喷涌，拓展泉水生态功能，提升泉水生态品质。二是要在“亲泉”上求突破。全力做好片区内名泉景观提升工作，打造更多品泉、赏泉、嬉泉、听泉体验空间。通过策划举办泉水节、泉水美食节等让市民游客与泉水亲密接触，最大限度增强互动体验感。三是要在“用泉”上求突破。创新推动泉水“观、用、品”的综合开发，提质泉水民宿、泉水酒吧、泉水餐饮、泉水文创等产业业态，进一步提升泉水利用价值。同时，探索开展一系列文博类、研学类、体育类等泉水活动，有效增加泉水利用的广度和厚度。

4. 进一步做实以人为本的文章。一是全力打好基础设施完善攻坚战。积极推进市政、交通等专项规划编制，采用“微单元 + 街巷 + 整体”的方式，形成基础设施规划“一张图”。实施道路、交通、水电气、外立面等基础配套设施提升，切实改善驻留居民生活品质。对西城墙、寿康楼街、鞭指巷等入口进行全面整治，实现与“一湖一环”的有机连通，逐步将太平寺街、鞭指巷等关键通道改造为步行街区，推动历史文化街区与泉城路的空间互通、人流互动。二是着力探索驻留居民房屋改造新路径。充分尊重古城居民关于“走”与“留”的意见，采用“政府主导、企业承办、居民参加”的保护更新模式，优化提升驻留居民居住条件。对于驻留居民家中房屋，“一院一策”推进改造，驻留居民可以选择将房屋出租给运营平台，由平台进行改造，或者选择自主更新，则有相应的补助政策。三是聚力推动古城交通环境大提升。结合片区整体规划，借鉴杭州西湖周边交通组织模式，探索推进泉城路、大明湖路交通功能定位调整，使线路布局更加科学合理、运行流畅。整合优化停车场配置，采用“共享”方式，盘活闲置资源。强化静态秩序管控，加大机动车与非机动车停放管理力度，开展全天动态巡查管控，切实优化古城周边静态交通秩序。

5. 进一步做细业态运营的文章。一是狠抓关键，切实提高招商针对性。提前做好运营设想，精准定位发展方向。比如将古城片区划分为民俗文化展示区、休闲文化片区、高端商业片区等功能片区，制定有针对性的招商计划。充分听取泉城路商圈企业和经营业户的意见建议，集思广益厘清消费面精准发力点，不断创建新的消费场景，进一步提高招商引资的针对性、实效性。二是突出重点，注重引导业态发展。组织力量深入调研不同社会群体的消费偏好，有针对性地做好商家布局入场前的准备工作，在与业户签订协议时，就要求业户做好市场定位，确定产品主打方向，对主营业态和附属业态进行约定，避免片区产业无序化发展、同质化竞争。注重对业态的考核，综合销售额、人流量等指标，实行末位淘汰，促进产业迭代升级。结合轨交6号线与明府城片区周边相关站点建设，密切加强与市轨交集团的对接合作，超前布局TOD项目，以游客需求为驱动，把大明湖、明府城等自然景观、艺术氛围融入其中，打造富有独特魅力的“站城商居一体化”微城市。三是精准发力，对泉城路实施整体改造提升。将泉城路改造纳入全市重点工作体系，由明府城保护提升领导小组及指挥部统筹研究实施。在遵循古城片区规划和产业策划的前提下，统筹考虑泉城路商业策划和设计，采取竞标方式从多家高水平咨询设计机构中优中选优，最终确定设计方案，报指挥部和市领导小组研究后再行实施，确保设计质量，体现一流水平。

6. 进一步做足群策群力的文章。一是在有关政策支持上再倾斜。出台推动片区文旅产业发展的产业引导和资金扶持政策，对文旅融合类、新业态示范类、创新与转型升级类等项目给予重点支持。同时，积极培育新型文旅消费和夜经济集聚消费的产业生态，对地域文化品牌塑造给予一定政策和资金支持。二是增量税收反哺片区建设。项目从运营开始，到逐步成熟势必有一个过程，从外地片区开发经验看，税收支持也是其中重要的一方面。建议以2023年为基准，对今后片区内税收增量部分，全部留成区里，区财政每年按照新增留成数额，以注资形式拨付平台公司，用于片区改造和后续运营。三是全力争取明府城保护上升为省级战略。明府城片区省级单位众多，有的单位还在历史遗迹区域内办公，保护管理协调难度很大。建议在明府城保护提升过程中，坚持省市联动，积极争取省级有关部门的关心支持，形成省市共保工作格局。

高质量建设“济南西站枢纽经济商务区”着力打造省会对内对外开放新高地

中共济南市槐荫区委书记　孙常建

槐荫区坐拥京沪高铁五大枢纽站点之一的济南西站，济郑高铁接入济南西站通车运营，进一步巩固了槐荫区现代化交通枢纽地位。为充分释放“高铁红利”，在实地调研、征求意见、专家咨询基础上，槐荫区提出依托央企城核心区打造“济南西站枢纽经济商务区”（以下简称“商务区”），瞄准“大窗口、大交通、大文旅、大会展、大商务”五大功能组团培育，对进一步开创产城融合和绿色低碳高质量发展新格局，作了初步的研究和思考。

一、打造“济南西站枢纽经济商务区”的优势条件

（一）外联内通深化，综合立体交通体系更加完善

1. 高铁联通效应明显。济南西站作为京沪高铁五大枢纽站点之一，途经线路有京沪高速铁路、济郑高速铁路、石济客运专线和胶济客运专线，日常开行班次 400 趟，可直达 332 个城市，商务区与京津冀、长三角主要城市 1—2 小时通勤可达。

2. 长途客运条件优越。济南长途汽车西站紧邻高铁济南西站，截至目前开通 95 条线路，开通客车 500 余班次，辐射江苏、浙江、河南等省际线路及泰安、济宁、临沂等省内 7 个地市线路。

3. 公交线网分布密集。济南西公交枢纽是济南西部最大的市内交通枢纽，现有 8 条公交线路、1 条机场快速专线，日均发车 1500 余班，有效联通

商务区与遥墙机场、明府城、CBD 等片区。

4. 轨道交通发达便利。轨道交通 1 号线、2 号线、4 号线（在建）、6 号线（在建）线路在片区穿行而过，形成山东省首个实现地铁、高铁、长途客运、市内公交“零换乘”的交通枢纽，高效联通市政府、CBD、长清大学城等重点片区，推动人才流、资金流、信息流等聚集。

5. 济西货运站枢纽作用突出。济西货运站是华东地区铁路运输的重要枢纽，京沪、胶济铁路相连的“门户”和车流集散、列车编解基地，拥有 1.2 万平方米的货区货位、6 个货运站台，日均到达列车 320 列左右，办理辆数 1.7 万辆以上。

（二）楼宇载体富集，产业集聚发展态势更加显著

高铁济南西站片区已建成楼宇 61 个，面积 240 余万平方米，在建楼宇面积约 150 万平方米，楼宇总面积超过 400 万平方米。目前命名运营“京沪系”楼宇 7 座，西城大厦、西元大厦两座楼宇成为纳税“亿元楼”，济南报业大厦、西城汇金金融中心、绿地齐鲁之门、西进时代广场、润华乾泰大厦等楼宇聚势成峰，片区已入驻央企 20 家、世界 500 强企业 9 家、国内 500 强 8 家。预计还可再建设 270 万平方米商务商业楼宇，未来片区内商务楼宇面积可超过 600 万平方米，为提高产业链上下游吸附和供给能力提供充足保障。

（三）资源叠加整合，高质量发展配套支撑更加有力

1. 会展产业优势突出。山东国际会展中心是济南首个单体净展览面积 15 万平方米以上的大型展馆，总建筑面积约 35.2 万平方米，能够提供国际标准展位 5468 个，可承接国际化、国家级会议活动。周边酒店住宿等配套不断完善，引进美悦云玺、皇冠假日等高端酒店，着力构建会展生态圈。2023 年以来，会展中心共计举办各类展会、活动 82 场，累计展览面积 230 万平方米，吸引参展企业 4 万余家，参展人数超 370 万人次。

2. 优质医疗资源富集。商务区周边有山东省立医院、山东省第二人民医

院等10家三级医院、9家二级医院、13家一级医院，606家医疗卫生机构。济南国际医学中心和山东第一医科大学紧邻商务区西侧，国家健康医疗大数据中心（北方）等三大国家级平台初具规模，一批重量级医养健康产业项目落地建设，山东第一医科大学科技园成功落户，医疗康养产业发展优势明显。

3. 科创载体资源丰富。目前，商务区有各级孵化器、众创空间7家，其中，市级孵化器2家，国家级众创空间1家、省级1家、市级3家。山东科创（槐荫）基地、中开院（济南）山东高速创新孵化基地和绿地智慧港为核心的“双创”基地发展迅速，有效促进产学研融合和科技成果就地转化。

（四）城区面貌提升，宜居宜业城区名片更加彰显

1. 良好的消费环境。商务区内包含“经十西路汽车产业带”，2023年槐荫区在全省率先以政府名义组织策划“约惠槐荫·首届惠民车展”、汽车消费节等系列活动，限上汽车类销售额362.3亿元、零售额302亿元，约占全市汽车类零售额的46.7%，新能源汽车消费占全市的60%。印象济南被认定为“第三批国家级旅游休闲街区”，奥特莱斯、宜家、迪卡侬、远大购物广场正全力打造“高端消费公园”。

2. 优质的营商环境。高质量打造“京沪会客厅”，持续擦亮“槐小花”宜商品牌，在全省首先打造“宜商服务系统”，探索制定“宜商槐荫十八条”，创新建设“齐鲁之窗·省市区一体化宜商服务中心”，可为省会经济圈、京沪高铁沿线城市、黄河流域沿线城市130余个区县提供42项省市级、49项区级高频事项，800余项省市区三级公共服务事项“跨域通办”。

二、打造“济南西站枢纽经济商务区”的突出问题

（一）缺少高水准的规划设计

区级层面完整化、体系化的枢纽经济发展规划，交通区位优势向枢纽经济转化的体制机制尚不健全，楼宇之间缺少联动，楼宇品牌特色不够突出，难以对枢纽经济发展形成基础支撑。对原“央企城核心区”空间范围缺少较

为明确的界定，难以将片区作为独立单元进行相关经济数据统计和考核。

（二）管理权责不够清晰明确

商务区内缺少对产业发展、资源配置、设施建设进行统一规划、协调的机构，涉及的发改、商务、投促、统计、行政审批、文旅、科技、规划等多个部门还存在一定职能壁垒。

（三）楼宇整体效益不突出

央企城核心区内亿元楼宇仅有 2 栋，尚未得到市级特色楼宇认定，主要原因是片区商务楼宇运营管理整体水平不高，存在低效闲置问题；专业楼宇运营团队引进不足，服务事项不够丰富、服务能力不够过硬，产业规划、服务和指导不够精细。

（四）楼宇产权归属分散

片区内楼宇产权不集中，主要包括“齐鲁之门”等绿地集团代建的村民保障房，西城集团、西元大厦等市级平台自持楼宇，以及其他独立楼宇，管理模式多样，统一治理难度大。

（五）品牌特色效应不明显

对自身交通、文旅、医疗等特色挖掘不充分，产业链配套建设不足，承接“京沪系”产业转移面临与专家配套的科研技术团队不足、人才落户意愿低、片区发展特色不突出、上下游产业链搭建成本高等问题。

（六）配套设施不完善

基础教育资源仍然偏弱，人才公寓配建不足，机床二厂人才公寓、槐荫区高端人才公寓相关配套项目均为在建状态。地铁站点客流量目前相对偏低，地铁、高铁、公交和汽车客运之间的换乘服务功能需要提升。

三、打造“济南西站枢纽经济商务区”的几点思考

（一）总体发展目标

以习近平新时代中国特色社会主义思想为指导，全面贯彻党的二十大精

神，完整、准确、全面贯彻新发展理念，以打造公铁交通新门户、要素配置新通道、协同发展新引擎、枢纽经济新高地为目标，充分发挥槐荫区位交通优势，加快推进“流量”变“留量”，在人才、品牌、通道、产业、平台等方面改革创新突破，将商务区建设成为槐荫区提升城市能级和核心竞争力的重要增长极、落实黄河重大国家战略的重要承载区。

商务区以央企城核心区作为基本框架，东至二环西路，西至济西编组站，北至小清河，南到腊山分洪河，规划总面积约28平方公里，总建设规模约3500万平方米。着力打造“大窗口、大交通、大文旅、大会展、大商务”五大功能组团，促进物流、商流、信息流融通汇聚，枢纽经济效益显著增强，教育、文化、医疗卫生等公共服务水平达到全省一流。

——交通枢纽地位更加突出。综合交通在更大区域、更高层次、更多领域配置资源的基础性支撑作用增强，打造市区通勤出行“1小时通勤圈”、到邻近省会城市“2小时交通圈”、“3小时”全国主要城市通达的“123出行交通圈”，构建山东半岛城市群城市1天送达、全国主要城市2天送达、周边国家3天送达的“123快货物流圈”。

——枢纽经济能级更加跃升。构筑集群化的枢纽产业生态圈，建成一流特色产业基地和综合交通枢纽，商贸物流服务水平达到全国一流，科技创新高质量发展，医疗、文化、教育等公共服务水平跻身全国先进行列，成为具有广泛影响力和重要竞争力的全国一流枢纽经济商务区。

（二）总体功能发展方向

1.聚焦“大窗口”，打造高品质公共服务环境。着力构建布局合理、功能完备、优质高效的商务配套和生活服务体系，发挥“京沪会客厅”平台作用，统筹片区科研机构、会展中心、高端酒店等资源，积极承办国际性、全国性、区域性会议。推动企业办理事项跨区域“一网通办”，探索设立服务区域一体化发展的投资基金，支撑跨区域重大基础设施建设、科技创新产业发展、公共服务信息系统集成等。

2. 聚焦“大交通”，升级综合交通枢纽功能。积极协调打造 1 日通达全国 4 个直辖市、26 个省会城市，2 小时畅达京津冀、长三角城市群中心城市，30 分钟覆盖济南都市圈主要区域、30 分钟快速通行机场的综合交通枢纽。探索“空铁联运”“高铁货运”试点，大力培育航空服务业及其配套产业，打造“没有机场的航空服务圈”。完善商务区内部及周边城市路网，优化地铁、公交服务，推进济南西站周边公交场站、非机动车停车点等设施建设，支持中小运量接驳系统建设，满足公众多层次、多样化、个性化出行需求。

3. 聚焦“大文旅”，打造区域性文旅消费中心。重点开展“文旅 +”业态融合发展、旅游市场主体培育、旅游精品路线开发等行动，加强对华强方特、复星旅文、曲江文旅等文旅市场头部企业引育力度，与辖区“一院四馆”、方特东方神画、印象济南等业态有机融合、连片发展、良性互促，打造中央文化区和辐射全国的文商旅集散枢纽。

4. 聚焦“大会展”，构建现代化会展产业发展生态。加强与山东国际会展集团的沟通协作，加强对涉外论坛展会、技术成果转化交易会、贸易博览会等国内国际知名会展活动的申办力度，大力引进会展企业总部、国内专业组展机构、品牌重要展会活动以及上下游配套企业，提升专业人才、服务能力、管理体制、法规体系、会展技术等方面水平，支持打造云上会展新平台，打造国际化、前沿化、市场化“大会展”生态圈。

5. 聚焦“大商务”，提升外向型经济业态活力。着力发展高端消费、域外消费、时尚消费等商贸服务业态，推进交通与物流商贸、金融服务、科技研发等增值服务协调发展。大力发展经十路现代经济活力带，依托济南国际医学中心建设济西康养走廊。深度参与共建“一带一路”，依托济南中欧班列（齐鲁号），加强对生产型企业和内贸企业的政策扶持和指导，引导帮扶企业开展海外业务。积极筹备成立槐荫区二手车出口企业联盟，力争二手车出口业务实现国内国际双循环。

（三）几个具体问题解决

1. 加强枢纽经济商务区规划设计。主动对接“一带一路”建设、京津冀协同发展、长江经济带发展等战略，加强与高等级专家智库的沟通协作，邀请第一太平戴维斯等专业机构参与片区整体规划，积极争取枢纽经济发展的重大项目、重大政策纳入省市规划布局。

2. 建立有效统筹各方力量的片区管理机构。组建区级层面的工作专班，由政府牵头，发改、科技、商务、文旅、卫健、投促、央企城服务中心、属地街道等相关单位共同参与，统筹推进片区一体规划、一体开发、一体纳统、一体考核，加快推动项目建设、双招双引、京沪系列楼宇挂牌及运营等工作。

3. 分类分级发展济南西站周边楼宇。根据片区楼宇的产权归属科学分类，有针对性地做好服务发展措施，对村民保障房类，积极招引楼宇运营团队，出台各楼宇产业发展规划，“按图索骥”强化产业导入落地；对市级平台持有类，做好衔接服务，实现合作共赢；对个体掌握类，引导产权人积极参与片区整体规划，适时通过购买、租赁等方式取得楼宇运营资格。分类分级发展周边楼宇，对已建片区，做好跟进服务和产业支持扶持；对在建片区，做好企业引入、物业服务、产业规划等政策引导；对未开发利用土地，提前规划业态、做好产业引导衔接，打造产业集群和特色楼宇。

4. 提升楼宇运营服务水平。强化基础设施建设，推进济南西站等交通枢纽地上地下及周边区域空间开发，盘活楼宇资源，建设交通、商业、商务、会展等一体的开放式城市功能区，打造功能完善的休闲体验和“青年友好社区”品牌。积极引育优质楼宇运营团队，推动基础商务服务进化到产业服务、楼宇运营商进化到城市合伙人、市场行为进化到政企协同，提升招商服务质效。

5. 实施高质量“双招双引”行动。打造“京沪总部经济产业基地”“京沪康养产业基地”“京沪科创大厦”等“京沪系”楼宇，提供税收、租金、人才引进等扶持帮助，做优做强特色楼宇和特色园区，力争“京沪系”楼宇3—5年全部成为税收亿元楼。联合省市招商部门、各大平台开展招商推介活动，全面做好楼宇数字建模，梳理建立“一楼一名片”“京沪系”主题特色楼宇清单，实现载体资源高效共享、快速匹配。

关于增强济南国际陆港枢纽功能的调研报告

中共济南市历城区委书记　张军

国际陆港作为内陆地区发展外向型经济的重要平台，近年来持续飞速发展，尤其是在“一带一路”倡议、国内国际双循环的大背景下，逐步成为内陆地区对外开放的关键载体，成为各地新一轮竞争的焦点。随着陆港物流聚集地在各地开发建设，国际陆港以网状发展态势逐渐遍布全国，不断发挥其物流枢纽功能，加快内陆与沿海区域物流经济互通，促进物流以及内外贸易的高速发展。为进一步推动济南国际陆港加快发展，持续提升完善陆港功能，在广泛调研基础上，形成如下调研报告。

一、济南国际陆港基本情况

济南国际陆港位于全市“四港三区”核心位置，规划面积 35 平方公里，片区 10 公里半径范围内可以覆盖空港、水港、铁路场站、客运场站以及自贸区，交通体系发达，区位优势明显，发展空间广阔，是全市外向型经济发展的重要节点，也是历城区“一核一港两翼多联”区域性综合贸易枢纽的重要组成部分。重点规划 13 平方公里的中央高端物流集聚区，功能定位以贸易、物流、仓储、加工为核心要素，着力打造高端物流商务集聚区和国家多式联运示范工程基地。其中，高端物流商务集聚区占地 4560 亩，具备 100 万平方米的冷库和 200 万平方米仓储资源，已落地中国北方生活消费品（济南）分

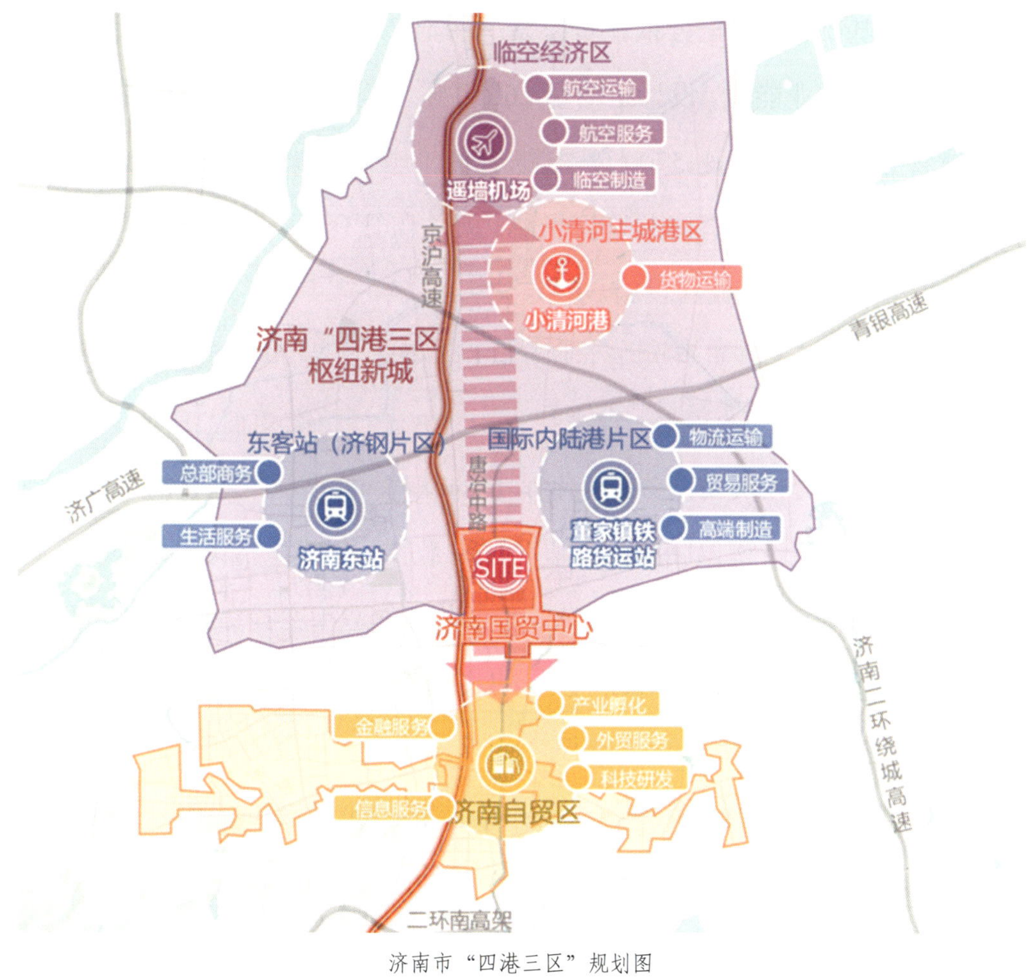

济南市“四港三区”规划图

拨中心、齐鲁号欧亚班列（济南）集结中心、加州通达国际冷链物流中心等十余个项目，部分项目已竣工投运。在过去2年的时间里，济南国际陆港整体运营取得了明显成效。

1. 明确发展定位。主动服务融入新发展格局，将济南国际陆港战略定位于打造国内一流的国家级陆港型物流枢纽，助力济南打造国家综合型物流枢纽城市，以打造成为济南对外开放高地的重要平台、黄河流域贸易中心的核心载体为目标，重点开展园区运营、枢纽运营、班列运营、大宗商品贸易、物流服务等主要业务。济南国际陆港未来将成为联动片区的服务纽带，与东站片区及自贸片区、国贸片区等联动发展，激发区域经贸发展活力。

2. 建强基础设施。充分依托董家货运中心枢纽优势，设置货物线四条，具备四列同时作业能力，设计运输量 260 万吨。货运中心内具有带有外墙保温的货物仓库 4 座（每座 5700 ㎡），综合楼 1 座（3200 ㎡），商品小汽车停放区一处（2 万㎡）。设有海关监管场所，海关监管仓库一座，海关作业房屋一处，并配备了相应的配套设施。

3. 加速产业布局。重点关注产业互联网、国际贸易、国际物流发展方向，加快国际陆港片区产业集聚，全力招大引强，进行精准招商、产业链招商、以商招商，从产业投资角度分享企业成长的红利，并从园区运营的维度实现资产的增值。依托济南国际陆港大厦为主要载体，招引包括山港陆海、鲁满欧、金隆生物等国际贸易标杆企业 116 家，共计创造年度贸易额约 110 亿元。同时，充分发挥大宗平台等资源优势，引进跨境电商龙头企业前海数贸落地并打造深圳前海数字贸易跨境电商产业园项目，逐步落地国联股份、厦门象屿、飞鸿跨境电商、伟禄新能源等企业，港科大产业基地、恒瑞医药等一大批新能源项目、数字经济项目、医药项目正在紧锣密鼓洽谈中，加速推进“产业集聚—产业生态”发展进程。

4. 畅通发展通道。一是打造服务平台。建设陆港大厦国际贸易综合服务中心，健全陆港外贸综合服务功能，打造融合政府、海关、海事服务、金融保险、多式联运等多种要素于一体的综合服务平台，推动陆港国际贸易、物流仓储功能升级。2023 年 7 月，陆港大厦获授权建设危险化学品集中交易市场，可为无储存场所经营（仅限票据贸易经营）企业统一办理危险化学品经营许可证，有利于吸引更多优质企业落户，加快形成优势产业集群。二是开展多式联运。开通海铁联运班列，拓宽国际陆港物流通道。2022 年 4 月 15 日，与山东港口陆海物流集团达成合作，携手运营济南—青岛海铁联运班列，完成签约客户 18 家，到发运量超 2.5 万标准箱，推进实现海铁联运班列常态化运营。为推进海铁联运班列发展和推介陆港片区产业，2022 年 8 月 26 日，成功举办济南贸易物流产业发展峰会暨海铁联运班列开通活动，促成“铁海E通”等一系列重要项目签约，海铁联运出口转关提前报关模式正式启用，陆港货物可在未运抵海关监管作业场所前进行申报，货物运抵海关监管作业场所后再办理转关手续，实现国际陆港港口功能前置工作。三是完善港口功能。联合加州通达申报设立冷链行业海关公用型保税仓库，为片区叠加保税功能。在董家货运场站设立集装箱暂时堆放点（尚不具备港口还箱点功能），促进陆港货物集结，实现从青岛港到董家货运场站的空箱调拨，目前已与6家行业龙头船公司签约。成功引入济钢新事业有限公司，开通运输钢材专列，年计划运输钢材120万吨。此外，还成立了保税物流中心申报工作专班，积极对接市委市政府和海关部门。10月24日，形成《关于增设济南国际陆港口岸和保税功能的请示》，申请批准在济南国际陆港片区设立海关指定监管场地以增加口岸功能，以及申请批准设立国际陆港保税物流中心以增加保税功能。

5. 拓展链式赋能。在搭建多式联运体系的同时，不断提升国内贸易、国际贸易规模，以济南陆港供应链公司为主要业务主体，积极布局能源化工、冷链进出口产业链。开展执行裕航、嘉泰华蒙、巨久能源、浙江杜萨、三星油脂、泰和嘉柏、内蒙古凯盛、裕康华贸、闵恒、中谷华丰等供应链业务，2022年全年实现自营供应链业务营业收入17.8亿元；2023年1—11月实现营业收入59.2亿元，同比增长263%；预计全年实现营业收入64亿元，同比增长260%。2022年，董家货运中心货物吞吐量突破100万吨，开行“齐鲁号”欧亚班列273列，运送货物11193车；开行海向班列90列，到发运11266标准箱。2023年1—11月，董家货运中心货物吞吐量已超140万吨，开行“齐鲁号”欧亚班列392列，运送货物16072车，同比大幅增长94.1%；开行海向班列151列，同比增长84%，到发运14268标准箱，同比增长43%，有力地推动了与丝绸之路沿线国家的全方位交流合作。

二、当前陆港建设中存在的问题

与西安陆港、郑州陆港等成熟港口相比，济南陆港不论是硬件还是软件都还存在不少不足。

（一）港口功能不完善，对企业吸引力差。①董家铁路货运场站所设海关监管作业场所，但针对原木、肉类等某些特定的需要检疫的货物，尚不具备海关指定监管场地，缺失检疫功能，无法完成全部通关手续。②缺少集装箱还箱点和集装箱堆场，无法提供集装箱集散、维修等服务，空箱调拨成本高，耗费时间长。③保税功能不完善，缺少B保场所，制约外贸企业在陆港开展进口业务。

（二）管理、运营机制不顺畅，缺少专业运营力量。西安、成都陆港在建设发展过程中，政府和实体公司分工成效明显，独立的管理机构负责港务管理，由一家或多家国有运营平台公司负责国际陆港经营。目前济南国际陆港没有市级的专门管理机构，董家铁路货运中心由铁路北环管理闸口及磅房、济铁陆港集团管理堆场、济南车务段管理计划及发运，运营主体分散，运行效率相对较低。

（三）货源不稳定，缺少大宗商品支撑。相比国内其他领先陆港，济南国际陆港周边缺少大型交易市场和大宗产品展示交易中心，货物聚集交易难度大，且适港货品种类少、货品附加值偏低。

（四）基础设施较为薄弱，配套亟待完善。小清河与董家货运中心的河铁联运等关键集运功能尚未打通，存在港口、铁路、公路“连而不畅、邻而不接”的现象，疏港公路仅为一条市政建设临时道路，承载能力有限，货物倒装次数过多，影响运输效率。

三、对策建议

合肥、郑州、苏州等地，在推动国际陆港建设方面，有很多值得学习借鉴的地方，综合分析先进地区陆港建设经验，并结合济南国际陆港发展实际，提出如下建议。

（一）在体制机制上，强化高位推动、整合要素资源，成立市级“大物流”平台。2023 年以来，合肥市委市政府作出了构建全市大物流体系的决策部署，明确提出“大物流体系要大手笔规划大统筹推进”，成立市大物流体系建设领导小组，按照统分结合、协同高效原则，市领导小组牵头抓总，专班办公室统筹调度，各成员单位分工负责，全市一盘棋推进大物流体系建设。2023 年 2 月，合肥整合地方铁路、合肥航投等国有物流资源，成立了综合性现代物流企业——合肥物流控股集团，统筹负责全市国有物流园区、保税物流中心、铁路场站、航空口岸、水运港口等产业项目的投资、建设、管理、运营。郑州、苏州、西安、重庆等地国际陆港，也均为市级以上平台运营管理。

从外地经验分析，在更高层级设立国际陆港运营管理公司，更有利于统筹协调推进建设。特别是随着小清河复航、机场二期加快建设，济南东部坐拥“遥墙国际机场、董家铁路货运枢纽、济南东站、小清河济南港”四大港口，集聚“临空经济区、东客站片区、董家铁路货运枢纽”三大片区，区位条件极为优越，多式联运体系完善，如何将“四港”的作用充分释放出来，高标准打造济南东部枢纽新城，构建内陆沿海双向开放枢纽、黄河流域对外开放门户，是当前该地区发展的核心任务。

建议参照合肥“大物流”概念和模式，从战略规划、体制机制、平台建设等多方面高点谋划、高位推动，以“物流 + 贸易”为核心产业，全面整合全市“空、铁、公、水”要素资源，成立“济南市商贸物流集团”，全市一盘棋推进物流体系、贸易通道建设，着力打造具有重要影响力的全国物流枢纽城市。

（二）在功能完善上，适度超前谋划、并联同步建设，推动综合保税中心加快落地。综合保税中心对于减少外贸企业物流运作成本，推动外向型经济高质量发展具有重要意义。合肥市坚持“边申报、边建设”的思路，按照现行申请和建设标准，已同步开展 144 亩场站的建设工作，商务、财政、规划、行政审批等单位密切配合，确保一旦获批、立即启用。在向合肥、郑州咨询保税中心申报有关事宜时，两地均反馈，综合保税中心虽由直属海关受理，上报海关总署审批，但实际决策中，海关总署更多考虑省级层面意见，一般会更多考虑省政府最优先支持的城市。

建议学习合肥建设、验收、运作并联推进的思路，科学预留用地空间，紧密衔接片区规划，提早研究运营模式，制定支持综合保税中心发展的政策措施，超前开展成本测算、业态规划等基础性工作。同时，成立市级领导小组，区级层面配套成立工作专班，协调市政府牵头向省政府及时做好汇报，确保济南国际陆港综合保税中心项目位于全省优先支持顺位，支持尽早申建成功，发挥有力作用。

（三）在集货能力上，拓宽推介渠道，保障货源供应，不断壮大国际陆港业务规模。2020 年，合肥国际陆港中欧班列发送本省货源仅占 10%。为加强对周边地区货物集结能力，合肥国际陆港通过大型展会、省级培训、高端论坛等，宣讲补贴政策，挖掘潜在客户。同时，大力推广“集拼集运”模式，对在合肥“过路”的阜阳、芜湖、黄山等地的零散班列进行“集结”，以合肥为“一级中心”，阜阳、芜湖、黄山等地为“二级中心”，集疏运费由各地方政府分段补贴。短短 2 年时间，合肥国际陆港的本省货源占比由 10% 增至 95% 以上。目前，济南国际陆港发送班列主要分为欧亚班列、海向班列、特色班列（内贸）三部分，本省货源占比约为七成左右。其中，山东高速集团负责统筹欧亚班列配额，发货量占比约为 35%；海向班列由山东港口集团与历城控股合作，发货量占比约为 20%；特色班列由多个物流公司自主运营，发货量占比约为 45%。

建议在巩固好与山东高速、山东港口合作成果的基础上，进一步拓宽集货渠道、丰富组织方式，借助省市口岸办、商务部门力量，利用好各类培训集会活动，大力宣传我区国际陆港优势和支持贸易业发展的优惠政策，与大型物流企业、贸易龙头企业建立紧密联系，招引企业落户发展。同时，以济南陆港为一级节点，在济南都市圈乃至全省范围内广泛开展二级节点布局，引导山东省各地货源在济南陆港集结分拨，推动由“在家等货”向“主动找货”“货找上门”转变，进一步提升平台造血能力。

（四）在产业生态上，放大枢纽经济能级，促进产业“建圈强链”。通道带物流，物流带贸易，贸易带产业，这是形成内陆开放型经济高质量发展的标准路径。郑州国际陆港的实践也证明，强大的物流汇聚功能将带来更多人流、商流、资金流、信息流，进而带动加工贸易、先进制造、保险物流、金融服务等产业兴起和集聚，上下游产业链跟进落户，最终不断壮大产业集群规模。历城区将贸易物流作为四大主导产业之一，规划打造“综合性贸易枢纽”，总体布局为“一核一港两翼多联”，其中，“一核”为济南国际贸易中心，“一港”为济南国际陆港。从区域位置分析看，“一核”“一港”紧密相连，“通道＋平台”优势明显，“贸易＋物流”产业联动水到渠成。

建议进一步深化“综合性贸易枢纽”建设，以物流为基础，以贸易为核心，通过高效率物流和高水平经贸推动供给侧结构性改革，实现枢纽功能与物流、商贸、加工、金融、数据等增值服务互促发展，进一步融入全球产业链、供应链、价值链，真正将通道优势转化为经贸优势，更好服务和融入双循环新发展格局。

发展济阳展会经济
助力打造区域性消费中心

——关于 2023 年济阳区春季房展会的分析与思考

中共济南市济阳区委政策研究室

2023 年 3 月 10—12 日，“大河之上　新城济阳”2023 年济阳区春季房展会成功举办。三天时间，共达成意向 2400 余组、现场成交 54 套，线上线下访问量超 13 万人次，基本达到了“政府搭台、企业唱戏、媒体助力、群众受益”的房展目的。在此基础上，对如何提炼总结房展会经验做法，进一步发展济阳区展会经济，助力打造黄河以北区域性消费中心进行了深入思考。

一、主要做法

（一）精心组织。区委、区政府高度重视此次房展会，专门成立了济阳区 2023 春季房展会领导小组，为展会提供了有力保障。区委、区政府主要领导对展会多次提出明确要求，并时刻关注房展会筹备进展情况。领导小组先后召开房展筹备工作调度会、现场推进会议，及时解决展会期间遇到的困难和问题。各相关部门积极靠上、主动作为，为此次房展的成功举办奠定了坚实基础。

（二）认真筹备。在前期调查摸底的基础上，区住建局多次组织全区的房地产企业、二手房企业，以及家具、家装企业、银行等部门召开座谈会，征求企业部门意见，取得积极支持。确定组织房展会后，区住建局、区融媒体中心共同协商、统筹谋划，对展会进行了前期的整体策划，在展馆位置、展会规模、展位设计等方面拿出了详细的设计方案，做足了筹备功夫。

（三）广泛发动。为确保展会取得良好效果，区融媒体中心与全区口碑好、无历史遗留问题的房地产企业、二手房企业及家具、家装企业一一取得联系。安排专人登门求意见、靠上做工作，动员企业积极参展。提前 10 天，利用广播、电视、报纸、微信公众号、视频号、抖音号等媒体平台发布展会信息，同时利用公交车、出租车电子屏、公交站牌、户外大屏以及社区、农村大喇叭等扩大宣传面，营造展会良好氛围，进一步激发了企业部门的参展积极性。

（四）统筹谋划。此次房展，采用“线下 + 线上”双向开花的方式。在线下，高规格组织开幕式，邀请省市主管部门领导到会助力、扩大影响。展会三天，每天安排户外大舞台，表演文艺节目，为展会暖场提温。展会期间，区住建局、融媒体中心基本全员到会，各职能部门安排得力人手，帮助维护秩序、现场解决问题，确保了展会热闹、和谐、圆满。在线上，区融媒体中心充分发挥媒体优势，利用济水之阳移动客户端、抖音号、视频号、微信号四个平台，每天上午、下午各两个小时，进行现场直播，通过一站式体验、线上直播带看、采访楼盘置业顾问、线上回答观众提问等方式，让群众在家就能直接参与到房展中来，取得了良好的效果。

二、取得的成效

一方面，三天的房展会，济阳区一手房企业共收获意向客户 2301 组，二手房企业达成意向客户 150 组，现场成交 54 套，为济阳区楼市赢得了“开门红”。另一方面，三天的房展会，绝不仅仅是表现在这些数据上的成效，还有更深层次的意义和收获，主要表现在：

（一）提振了信心。2023 年以来，房地产市场仍然相对低迷，企业和群众都存观望状态，既在跃跃欲试，又在犹豫徘徊。此次房展，把济阳的房地产开发商和主力楼盘汇聚一堂，让群众尽收眼底、货比三家，做到了心中有底、心中有数。此次房展，也把济阳的客户聚到了一起，让房地产企业看到了客源、看到了刚需，增强了信心、增加了底气。特别是此次房展会，通过到访人员的反映，通过意向客户、现场成交的数量，得出一个结论：济阳的房地产市场是健康的，是可持续的。

（二）留住了客源。本次房展有 13 家房企携各自旗下总共 15 个楼盘参展，同时还汇聚了部分二手房企业。展会覆盖整个济阳城区，房源类型涵盖高层住宅、洋房、合院、别墅、大平层、单身公寓等，足以满足各类自住型购房需求。展会期间，许多群众一再反映，不看不知道，济阳有好房子，济阳有合适的房子，济阳的房子很适合自己的需求，因而打消了到外地购房的想法。特别对一些改善型需求的客户来说，此次房展进一步坚定了他们的信心，帮助他们把选择留在了济阳。

（三）促进了消费。房展会上，参展企业通过发放购房大礼包、提供特价房抢购、现场抽奖等活动，进一步刺激了群众的消费热情。除房地产企业、二手房企业外，此次参展的家具、家装、卫浴等企业均有不同程度的收获。可以说，此次展会掀起了济阳区一次消费高潮。而且从后期调研情况看，这种消费高潮还在不断持续，房展红利还在慢慢释放。

三、经验启示

本次房展会举办得十分成功，多家房企表示希望能够继续举办这样的展会，广大市民对企业推出的优惠政策表示满意，社会各界也充分认可、高度评价了这次展会。此次展会之所以能够成功举办，有几点经验值得总结：

（一）时机得当是前提。良好的时机是展会能够取得成功的重要前提。当前，疫情防控政策全面放开，各类市场竞相开放，居民消费正在慢慢升温。“春江水暖鸭先知”，最先感受到这波暖意的就是低迷三年的房地产企业。多家房企反映，当前房地产市场正在慢慢回温，应该寻求时机加把火、催一催，避免“不温不火”持续下去，流失客源、流走市场，同时也能帮老百姓鼓起信心，坚定选择。对此，济阳区把房展定在了每年相对是旺季的3月中旬，时机选择还是比较得当的。事实证明：催一催，就上去了。

（二）政府主办是关键。政府是最具有公信力、权威性的，企业信任政府，才会积极主动参展；老百姓信任政府，才会放心大胆释放需求。政府主办，各相关部门通力配合，才能把展会办成“盛会”。事实证明：政府参与办展，是展会成功的关键。

（三）媒体参与是基础。信息时代，媒介资源、传播方式往往能够直接影响到一件事情的成功与否。房展会开幕前后，区融媒体中心利用各类媒体平台、采用各种传播方式，进行广泛宣传推介，提高群众知晓率。展会期间的直播，更是通过小屏幕，把企业和群众拉到一起，互动交流、现场咨询，不仅效果好，而且效率高。许多房地产企业认为，通过直播与客户交流、答疑解惑，是这次房展“最美的收获”。事实证明：媒体办展会，不仅能够宣传推介，而且能够搭建供、需桥梁，促成交易、合作。

（四）企业支持是保障。有实力的企业是不怕相互PK、现场拉练的，企业希望有一个真正展示实力的舞台。此次房展会，举办方设置了房企进展门槛，只让口碑好、无历史遗留问题的房企参加。因此，能够进房展大厅，就等于企业有“健康证明”。企业对政府的决定是高度支持的，报名十分踊跃，准备也十分充分。为了配合此次房展，许多房企都出台了诱人的“优惠政策”，让利于民，以实际行动声援、支持党委、政府的决策。事实证明：时时处处站在企业、站在群众角度考虑问题，就是打造最优的营商环境，就是最“润物无声”的惠民举措，企业反哺社会的力度就会更大，就会更实。

四、关于发展展会经济的几点建议

此次房展会的成功举办，增强了济阳区办好此类展会的信心，更提供了有益借鉴。下一步，应在总结此次展会经验的基础上，进一步拓宽展会领域，发展具有济阳特色的展会经济，为济阳区打造区域性消费中心提供有力支撑。

（一）要瞄准时机办展会。展会必须因时而动。经济形势复苏向好、消费需求日益扩大、各类市场慢慢升温，在这种情况下，把握时机、找准档口，搭建企业与群众、市场与需求之间的桥梁，至关重要。应在充分分析市场、充分把握需求、充分需要“烧一把火、催一催温”的关键时间节点，把企业聚起来、把客户拢起来，以展会促进消费、以展会提升人气、以展会推动业态良性发展。

（二）要瞄准需求办展会。展会必须因需而行。一是老百姓所需，先看老百姓需求什么，衣食住行、购房装修、家具卫浴，只要老百姓需要选择的，需要货比三家的，需要“一眼看尽市场布局”的，就都是展会的内容；二是企业所需，凡是业态明确、品牌多元、企业聚集的产业，都能搞展会。一般情况下，越是有实力的企业就越愿意参加这样的展会，因为既能够通过展会进行宣传推介，又能通过展会直接营销获利。

（三）要瞄准产业办展会。展会必须因业而办。根据不同行业特点，可以分门别类举办各类展会。如装修业展会、建筑材料业展会、卫浴企业展会、家具展、车展、啤酒会等。多个地方的实践证明，策划展会一定要讲求一个“专”字，通过这样一个点深挖下去，把与这个“点”相关的产品信息资源、人力资本资源、企业文化资源一条线整合利用起来，展会就一定能够大放光彩。

（四）要瞄准市场办展会。展会必须因城而兴。在区第一次党代会上，区委提出要全力打造“区域性消费中心”，对此，要瞄准这一定位，立足济阳的消费群体，逐步吸引周边的消费人群，通过举办各类展会，构建高端消费场景，增强城市吸引力，为打造“区域性消费中心”提供坚强支撑。工作中，瞄准食品饮料、智能制造、现代农业等产业，围绕产业链上中下游的头部企业和关键配套产业，举办食品饮料企业展会、液压升降平台企业展会、特色农产品展会等，从而实现展产联动、展城联动，助推实体经济快速发展。

展会的方向确定后，下一步就是组织实施。发展展会经济，必须要把握好以下几点：

（一）政府主导，部门联动。成立区领导牵头的展会经济发展领导小组，吸收市场监管、公安、行政执法、应急等相关职能部门参加，加强对展会经济的组织领导，对每年将要组织的展会工作进行统筹安排，展会过程中出现的困难问题统筹解决。

（二）充分调研，广泛动员。职能部门先期介入，掌握业态整体情况，了解企业各类需求，初步确定参展企业数量、展会规模档次。后期承办方积极跟进，动员企业积极参展，并视参展企业情况进行展会选址、展会设计、展会招商等。

（三）媒体助力、双向发力。借助区融媒体中心各个宣传平台，联合区内外知名媒体、自媒体，借助户外大屏、公交站牌、有线广播等社会资源，同时发声，形成攻势。有效利用线上展会、线下展会双向发力、同频共振的形式，增强吸引力、增加黏合度。

（四）固定场所，打造品牌。打造具有济阳特色的展会经济，必须要有一个相对固定的场所。位于城市中轴线的区文化艺术中心是济阳的地标性建筑，室内空间充裕、室外空间宽敞，举办中小型层次的展会十分适合，如装修业展会、建筑材料业展会、卫浴企业展会、家具展、车展等都可以在此举办。建议下一步要不断完善内部配套服务设施，合理规划布局内外空间，使其逐渐成为济阳展会的固定场所。

关于工业高质量发展助推黄河流域先进制造业中心建设的调查与思考

中共济南市莱芜区委书记　焦卫星

为进一步加快工业高质量发展、推动黄河流域先进制造业中心建设，结合主题教育，严格落实“四下基层”工作法，“四不两直”、直插现场，先后到40余家企业开展实地调研、“解剖麻雀”，多层面了解工业发展现状，进一步明晰建设黄河流域先进制造业中心思路举措，形成如下调研报告。

一、莱芜振兴工业经济的实践与探索

近年来，莱芜区委区政府大力实施“生态立区、工业强区、创新兴区”发展战略，抓项目、拼经济，2022年GDP首次破千亿，工业对GDP的贡献率达到65%以上。

（一）产业集聚效应显现。智能制造与高端装备产业，集聚相关企业150余家，涵盖整车智造、装备制造等4大领域，一批10亿级、20亿级先进制造企业群体加速形成。生物医药与大健康产业，集聚相关企业46家，特别是珅诺基药业研发的阿可拉定，实现济南市一类原创新药“零”的突破。精品钢与新材料产业，目前集聚相关产业链企业70余家，形成以不锈钢、特种钢材料为主，高分子材料、轻型化工材料为辅的新材料产业发展格局，其中不锈钢和超高分子聚乙烯纤维材料产业在全国居于领先地位。

（二）平台载体更加多样。三大功能区错位发展。规划建设莱芜高新区、雪野旅游区、莱芜农高区三大功能区，其中莱芜高新区作为工业承载地，建立各类创新平台76个、院士工作站4家，入库科技型中小企业238家，2022年在省级以上开发区中前进了107个位次，迈入第一方阵。三大产业阵地加速布局。山东重工绿色智造产业城布局的重卡、凯傲等3个项目放量生产，20余个项目签约建设，构建起“汽车零部件+整车+物流”的全产业链条。鲁中国际生物谷引入专业团队托管运营，建设工程实验室、技术研究中心5家，拥有各项专利和国家、省级荣誉200余项。不锈钢与新材料产业基地启动实施总投资132亿元的泰钢精品钢绿色转型及雅鹿山片区城市更新项目，建成后可打通城市向西发展的门户，实现“老工矿区”蝶变升级、主城区东西部“两翼齐飞”。

（三）市场主体加速壮大。头部企业方面。泰钢、九羊连续多年入选“中国企业500强”，合计产值、税收分别占全区61%、13.4%。万兴、泰丰作为国家级农业龙头企业，有效带动全区农产品出口创汇达到47.6亿元，占全市73.5%，生姜出口连续14年位居全国首位。创新企业方面。累计培育上云企业1204家，入库国家科技型中小企业411家，国家级高新技术企业306家，“小巨人”企业15家，省级“瞪羚”企业34家，“专精特新”企业134家，“单项冠军”企业22家，发展活力不断释放。市场主体方面。全区市场主体数量超过13万家，规上工业企业达到300家，上市挂牌企业47家，各项数据均创历史新高。

二、面临的困境与挑战

作为高度依赖资源型产业和重工业的莱芜，也面临后劲不足、增长乏力的困境。2020年至2022年，制造业占GDP比重从27.6%下降到23.5%。

（一）传统产业大而不强、粗而不精。一是政策约束趋严。2023年全区粗钢指标仅有636万吨，较上年减少63.3万吨，严重制约企业生产经营。二是行业市场下行。2023年以来，钢铁价格平均下滑10.8%，原料价格平均下滑1.6%，钢铁企业利润明显缩水。三是创新能力不强。全区建有科研机构的规上工业企业占比不到30%，全社会研发投入占GDP比重为2.6%，低于全市平均水平。

（二）新兴产业尚处于起步阶段。生物医药、先进材料等产业整体还处在起步阶段，“龙头”企业少、集群效应尚未显现。鲁中国际生物谷1—10月份产值仅有10.8亿元。不锈钢与新材料产业基地仅有1个项目试生产。

（三）优质产业价值未充分释放。很多企业已经形成一定规模，但是产业链价值尚未完全释放、品牌价值还未形成。比如，正泰电缆，2023年持续保持高速发展态势，1—10月份产值增长24.5%，预计“十四五”末产值可突破40亿元；比如，莱芜“三辣一麻、三黑一花”久负盛名，蔬菜及食用菌播种34万亩，姜蒜种植面积20余万亩，建成了一个集育种、栽培、加工、销售、康养、文化于一体、全球最大的姜蒜产业集群等，产业价值亟待进一步挖掘。

（四）要素保障供需失衡。主要表现为：土地效益低。很多企业占据大面积土地却无法形成效益。截至2023年10月，全区存在空闲低效用地173宗15820亩，批而未供土地3697亩，供而未用土地3宗337.5亩。企业融资难。天使投资、种子基金等金融工具目前基本“空白”，传统金融机构难以满足企业融资需要。比如，全区214家科技型中小企业，有45家有贷款意愿，与银行核对后，仅有14家具备贷款资格。人才吸引力弱。莱芜工资、福利待遇与主城区差距明显，对建设黄河流域先进制造业中心所需的科技金融、人才项目、研发机构等高端要素资源吸引力不够强。

三、推动工业高质量发展的方法与路径

立足全区基础条件，谋划提出莱芜工业经济高质量发展的路径，可以概括为“1644”工作思路。

“1”，即做强莱芜高新区这个“主阵地”。

一是持续争先进位。坚持向“高”而攀、向“新”而生，提升影响力和竞争力，力争5年内进入“全国50强”。二是强化资源倾斜。把高新区发展放

在突出位置，项目优先布局在高新区、要素优先供给高新区、政策优先支持高新区，人才优先安置高新区，集全区之力发展高新区。三是优化体制机制。深化管理体制改革，优化目标管理、岗位薪酬、绩效考核等制度，激发内在活力。

“6”，即实施“六个一工程”，围绕优势产业，向产业链终端加速延伸，提升市场竞争力。

1.“造好一辆车”：围绕“车前、车后”延链条、建集群。一是扩产能、抢市场。全力支持和推动三大整车抢订单、闯市场，用3—5年时间，推动重卡产能达到16万辆；凯傲叉车产能达到2万—4万台。二是早布局、快拓展。积极研发新能源电动重卡产品，布局“充电＋换电”供应伙伴，构建商用车电动化、网联化、智能化产业链。三是抓融合、育生态。规划好职业培训、教育医疗、人才社区等配套设施，布局新车测试、展销展览、竞赛体验等汽车文化服务行业，擦亮莱芜“汽车之城”新名片。

2.“制好一瓶药”：让“第一发力产业”成为“第一引擎”。一是做大中医药地域“IP”。在推动宏济堂、华涛等项目投产达产基础上，深挖莱芜白花丹参、艾草等特色药材价值，以济世药业“白花丹参—丹酚酸A片”、日本TBP株式会社“莱芜生姜—姜黄素研发生产”两条线为突破，打造百亿级中药生产加工产业集群。二是做优功能性健康食品。以莱芜“三辣一麻”特色产品为基础，在裕华源黑蒜、山楂之恋等功能性食品基础上，做大花生蛋白粉等食品规模。三是做特健康医美产业。在扶持壮大本土半亩花田、坦途科技等企业基础上，招引医美护肤品、医美器械企业，3—5年内培育5—10个本地医美品牌。

3.“精造一批料”：推动产业链向高价值领域延伸拓展。一是加快产品升级。深化与中国钢研等院所合作，积极与广东等地下游不锈钢制品企业联动，开展技术攻关、开发创新产品，提升产品技术含量和附加值。二是引进终端企业。围绕下游家电、餐厨等不锈钢终端企业，以及军事装备、海洋产业等超高分子量聚乙烯应用领域，以商招商、延链补链，形成集聚效应。三是推动产业联动。以汽车消费爆发对特种钢材的拉动为契机，将泰钢、九羊纳入本地汽车零部件生产供应库，鼓励莱威新材料聚焦 X 射线室屏蔽工作台、医疗安全包装等装备开展研发，实现相互补链、抱团发展。

4. “立起一张屏”：培育全区“第四主导产业”。以投资 52 亿元的半导体智能光电项目为龙头，以嬴城电子信息产业园为载体，积极对上争取支持政策、配套资金，策划专项招商活动，争取将同类产业项目、配套基础设施等优先布局莱芜，布局电子设备制造产业集群。同时，以“数字济南”“数字莱芜”建设为契机，将 LED 巨幕 +XR 虚拟技术融入智慧化、数字化社会与生活之中，着力打造属于 LED 技术的“元宇宙、扩展现实”应用的供应与创新链条。

5. “抢占一条道”：抢占新能源储能赛道。一是制定专业规划。依托莱芜储能电站、泰钢氢资源，开发拓展锂电子电池储能、氢能储能等新型技术，设立储能专业园区，搭建储能产业“四梁八柱”。二是补齐产业链条。聚焦“家庭储能消费、企业储能消费”两大应用场景，对本地电气装备制造、储能设备等制造业企业进行深度摸底、分类整合，招引一批“链主”、关键“链环”项目。三是做好回收储备。利用希格斯电池回收技术，建立新能源电池高效绿色回收再利用体系，打造北方地区储能电池回收利用中心。

6. “做好一桌菜”：抢抓预制菜产业风口。上游盯住“菜篮子”。发挥莱芜特色高品质农产品优势，打造“三辣一麻”“三黑一花”等 10 余个“菜篮子”保供园区，推动“土特产”进入“大市场”。中游聚焦“预制菜”。推动万兴、裕源等企业拓展速冻半成品、自热食品等新赛道，2—3 年左右形成 10 余家预制菜企业、50 亿元左右产值规模，打造“莱芜优品”公域品牌。下游做好“新零售”。建立线上线下现场结合的场景化、体验型营销模式，线上利用电商直播平台，加快“流量变现”；线下围绕实体门店和重点社区引流获客，做好品牌管理及传播推广，提升市场认知度。

"4"，即把握好"四个关键"。

1. 树牢"延链聚合"的产业思维。落实"链长制"。建立"一条产业链、一位区领导、一个工作专班、一套行动方案、一系列支持政策"模式，统筹负责产业链政策制定、招商引资、配套服务等各项工作。延伸"产业链"。持续抓好"产业链招商"，精准绘制招商图谱，做好"跑、抢、挖"三篇文章，逐步补齐产业生态断层、断点。构建"创新链"。持续推进教育、科技、人才"三位一体"协同融合发展，以产聚才、以才兴产，完善人才评价管理服务机制，营造人人参与创新、支持创新、推动创新良好局面。提升"价值链"。大力实施龙头企业培育、骨干企业培育工程，量身定制扶持政策，打造一批带动能力强、产业影响力大、掌握市场话语权的产业领头羊，让"莱芜品牌"走出全国、走向世界。

2. 用好"项目为王"的工作方法。准确贯彻落实"项目谋划法"，盯牢"五类项目"：实体经济项目、高水平项目、投资体量大的项目、央企和省属企业项目、四大主导产业延链补链强链项目。坚持"三个并重"：坚持国家所需、莱芜所能、未来所向并重，坚持立足现有和无中生有并重，坚持自上而下招引和自下而上策划并重。用好"四个力量"，即充分用好现有企业的力量、资本的力量、专业化的力量、政府部门的力量。按照"四个要求"，即突出重点、讲求细节、压实责任、形成闭环，提升科学谋划、精准招引、过程管控、服务保障能力，以项目化、清单化、工程化方式抓好推进落实。

3. 强化"创新驱动"的动力引擎。搭建创新平台。围绕企业创新需求，打造创新联合体、共建联合实验室，推动产业链上下游企业共享资源、共同研发、共同转化。培育创新主体。实施成长型企业"幼苗扶壮"工程，培育一批"专精特新"企业、"隐形冠军"企业、"小巨人"企业，力争到 2025 年，"特精高"产品比例达到 80% 以上。促进成果孵化。积极对接省会高校、科研院所创新资源，构建"济南研发 + 莱芜制造""济南孵化 + 莱芜转化"等孵化模式，让科技创新“关键变量”成为高质量发展“最大增量”。

4. 坚持“绿色低碳”的战略导向。持续淘汰落后产能。严控“两高一资”项目，实施“四减四增”行动，引导企业推进绿色低碳转型。支持企业绿色转型。积极推动钢铁、焦化等高耗能行业技改升级，积极推进废钢等工业资源循环利用，确保技改投资每年增长率不低于5%。大力发展循环经济。持续扩大光伏、风电、水电等可再生能源供给，鼓励具备条件的企业开展“光伏＋储能”等自备电厂、自备电源建设，加快布局再生资源回收利用项目，打造“无废城市”。

“4”，即抓好“四个保障”。

1. 规划先行，搭建“四梁八柱”。科学制定“建设黄河流域先进制造业中心的规划方案”，制定任务书、时间表、路线图，切实形成分工合理、特色鲜明、功能互补的产业集群发展格局。

2. 升级服务，打造“最优环境”。持续深化“放管服”改革，让“拿地即开工、建成即投产”成为常态。积极申请在区内设置全市行政审批副中心，减成本、提效率，辐射带动莱芜、钢城区县营商环境持续优化。

3. 供需精准，突破瓶颈制约。引进一批担保公司、融资公司等金融机构，全力解决企业融资难题。通过调整土地用途或规划条件、置换土地等多种方式解决地块闲置问题。

4. 实干苦干，铸造作风品牌。深化“作风建设年”“作风效能提升年”成效，不打“糊涂仗”、不搞“花架子”、不当“太平官”，雷厉风行、真抓实干，攻坚克难、分秒必争，奋力谱写莱芜高质量发展新篇章。

站在时代的风口浪尖，莱芜区只有加快培育智能制造、生物医药、新材料等产业集群，全面改造提升传统产业，形成具有较强竞争力的现代化产业体系，才能更好地建设黄河流域先进制造业中心，全面提升莱芜经济实力和综合竞争力。

关于加快城市更新、打造“鲁中会客厅”的调研报告

中共济南市钢城区委书记　郅颂

钢城区是济南的东南门户，地处省会、胶东、鲁南三大经济圈交会处，是济南都市圈辐射鲁中南的桥头堡。在济南都市圈建设中，钢城肩负历史使命。为此，提出了“鲁中会客厅”的区域发展定位，发挥背靠省会资源的优势，以全域城市更新为抓手，加快提升城市能级，建设鲁中地区的产业、教育、医疗、消费、文化、民生高地。围绕“加快城市更新、打造鲁中会客厅”，采取现场调研、座谈会等形式，系统梳理有关情况和存在问题，从功能更新、品质更新、服务更新、管理更新等方面，提出行之有效的办法措施。

一、加快推动城市更新的重要性紧迫性

（一）从战略维度看，城市更新就是抓机遇、促落实。围绕加快城市更新，国家和省、市都出台了一系列政策，2023 年 7 月份，国务院办公厅印发《关于在超大特大城市积极稳步推进城中村改造的指导意见》，出台了一系列真金白银的政策，拉开了集中有序进行城中村改造的大幕。市政府出台《济南市城市更新专项规划（2021—2023 年）》，对老旧小区改造、人居环境品质提升、民生福祉改善、产业转型升级等方面提出明确要求。开展城市更新行动，符合上级政策要求，符合城市发展现状，符合广大市民的期盼，必须牢牢把握城市发展的重要历史机遇，统一思想、凝聚共识、加快推进。

（二）从历史维度看，城市更新就是补短板、强弱项。钢城区城市建设起

步晚、欠账大，公共设施投入不足，服务功能缺失严重。主要表现在四个方面。①城市布局乱。钢城区作为莱钢驻地，建设之初因考虑备战等因素，厂区和村庄交错设置，厂中有村、城中有厂、城厂村交融，生产生活混杂、城市功能混乱。②老旧小区多。据统计，钢城区共有 154 个小区，存在水电暖问题的有 97 个，仅有 60 个小区有专业化物业服务，老旧小区设施薄弱，房屋年久失修，配套设施老旧缺失，人居环境问题突出。③城区绿点稀。城市绿地总量不足，公园绿地偏少，居住区绿地管理养护、人均公园绿地面积、公园绿地服务半径覆盖率等与群众需求有较大差距。④雨污管网堵。排水管、截污管等不畅通，雨污分流设备缺失，污水外溢等问题突出，给群众日常生活造成不便，影响城市整体形象。针对这些问题，必须加快补短板、强弱项，完善功能配套，改善城市形象品质，提升城市承载力、吸引力和人口集聚能力。

（三）从发展维度看，城市更新就是增动力、添活力。①城市更新是实现稳增长的必然举措。有统计数据显示，城镇化每提高 1 个百分点，可拉动 GDP 增长 1—1.5 个百分点；城市人口每增加 1 人，就能带动消费 2.5 万元；城建投入每增加 1 亿元，就能拉动建筑、建材、装饰和餐饮等行业增加收入 1.2 亿—2 亿元。随着城市更新各项重点建设工程的全面铺开，必将进一步拉动区域经济的快速发展。②城市更新是增强吸引力的必须之策。城市建设好了，人才、资金、技术等发展要素才会进得来、留得住、发展好。从金雷、山钢等重点企业招工来看，招不来人的问题在去年有了实质性变化，露营地、养老服务中心等新业态也吸引了青年人和专业人才回乡就业，这些都得益于城市环境面貌的改善提升。③城市更新是产业转型的必由之路。长期以来，钢城区存在一产占比小、二产“一业独大”、三产先天不足的结构性矛盾。只有把城市建设好，让城市的功能更加完善，才能最大程度地聚合吸纳优质要素，提升服务业水平。

（四）从民生维度看，城市更新就是办实事、解民忧。城市是现代化的重要载体，是人民幸福生活的美好家园。目前，钢城区像样的小区、商业街区、文体设施、高品质住宅等还很缺乏，水气暖供应、市容环境、环境保护、物业服务、道路改造等方面还有差距，难以满足人民群众对城市功能和品位的需求。这也是群众反映最强烈、意见最集中的突出问题。要通过实施城市更新行动，突出问题导向，及时回应群众关心，改变城市面貌，完善功能品质，提高管理服务水平，让群众生活得更方便、更舒心、更美好。

（五）从治理维度看，城市更新就是强韧性、除隐患。近几年，极端天气带来的城市内涝、暴雪、大风、火灾等一系列城市危机与灾害，是对城市治理与城市安全系统的大考。在应对新冠肺炎疫情方面暴露出我区在城市管理领域还存在不少短板和弱项。如何利用好更新改造的契机，为城市注入“韧性”，已成为各地政府在旧改行动中最看重的新指标之一。必须把握城市更新契机，把韧性城市建设要求融入城市规划、建设、管理之中，全面实施城市硬件设施的升级改造，做好地下设施“里子”，不断提升城市的空间韧性、经济韧性、工程韧性、管理韧性和社会韧性。

二、主要做法及成效

（一）坚持系统谋划，提高站位谋篇布局。一是定方位。把城市更新作为高质量发展的重要抓手，放在国家重大战略、区域发展布局、山东协同发展中进行定位，放眼鲁中南 8 个周边区县、1000 万人口，聚焦环境品质提升、功能设施完善、产业布局优化、安全韧性强化，建设鲁中地区教育、医疗、消费、物流、宜居“五个高地”，高质量打造省会城市辐射鲁中南的桥头堡和区域性产业发展高地、高品质生活宜居地。二是定规划。强化规划、政策的统筹引导作用，突出“补短板、保民生、引产业、促融资”规划定位，按照主城区“东拓、西改、南控、北融、中优”发展框架，将城市更新专项规划和街区控制性详细规划同时启动、同步研究、同步调整、同频推进。坚持区街一体、全域谋划，编制《全区城市更新专项规划》，划定艾山片区、高铁新城片区、南部新城片区等 7 个城市更新片区，总面积 30 平方公里，计划拆除面积 230 万平方米，规划建设面积 416 万平方米，总投资 298 亿元，全面构建产城融合、望山见水的城市格局。坚持高规格专班统筹，成立城市更新工作领导小组、城市更新攻坚领导小组、城市拆迁工作指挥部三级工作专班，设立 8 个专题工作组，实行决策集体研究、问题专项论证、难题集中突破“三项机制”，实现快速决策、迅速执行、及时销号。

（二）坚持综合治理，推动全域品质提升。城市更新是新发展理念下城市环境升级、生态升级、治理升级、产业升级、文化升级的城市综合能级提升，是城市问题的系统解决。钢城区坚决改变过去“碎片式、打补丁”“头疼医头、脚痛医脚”的城市建设模式，聚焦旧城改造、产业发展、社会治理、民生需求等问题，统一规划、综合施策、系统治理，由表及里打造现代化高品质美丽钢城。一是助推品质化升级。先行启动的艾山片区列入 2023 年省补短板项目，安置区、艾山学校、社区服务中心、保障性住房等 10 多个项目开工建设。符合政策的老旧小区在全市率先全面完成改造。采取“三个三分之一”资金共担模式，完成 28 个小区的供暖供水管线改造。实施大汶河水环境综合治理、10 条支流治理、水厂提升改造、城乡供水一体化工程、城区污水综合治理、农村生活污水治理等项目 10 多个，城镇集中式饮用水水源水质达标率 100%。改造提升道路 20 多条，启动 6 处城市内涝点整治和雨污分流改造，全面提升城区道路汛期排水能力。实施“低碳”余热清洁供暖项目，补上热源缺口，提升供热能力。改造提升栾家岭等 33 处公园游园，7.7 公里的环山绿道将大汶河、双凤山、艾山等公园连为一体，“推窗见绿、转角入景、出门进园”成为市民生活新常态。二是加快功能化提升。国内首条市内高铁济莱高铁开通运行，钢城进入高铁时代，直达济南市区的区际公交开通运行，济南籍小客车高速点对点免费通行，同城化、一体化发展更加深入。推进山东健康集团莱芜中心医院、市第八人民医院建设，与齐鲁医院合作共建区人民医院，与省立医院、千佛山医院等开展合作交流，让老百姓在钢城就能享受到省会优质医疗资源。全面改善教育教学条件，与市中区、历城区等品牌学校结成对子，成立市中·钢城新知学研共同体，首批 9 所学校与市中学校开展结对合作，教育教学质量显著提升。新建区图书馆，建成泉城书房 3 处。幸福食堂实现全覆盖，建成区养老服务中心。三是做实精细化管理。以绣花功夫加强城市管理，理顺了 33 处公园游园、277 个公交站亭、11 座公厕以及城区河道沿岸绿化带保洁机制，主城区 65 条道路、2 条国省道主路段机械化清扫率、洒水冲刷率 100%，主城区基本消除黑灯路段。新建改造两处公益便民市场、3 个便民疏导点，引导“退路入市”，既解决了占道经营问题，又满足了群众就业、消费需求，城市管理综合考评位次稳步提升。

（三）坚持高效融资，激活资金“一池春水”。融资是城市更新的源头活水。一是明确融资路径。项目启动前期，与央企施工企业和市级平台对接合作，探索“投资人 +EPC”等模式，解决项目启动资金，让实力强、信誉好的央企参与钢城城市更新项目的实施。运作过程中，在市城市更新制度框架下，明确区级平台公司作为项目实施和投融资主体，紧扣市住建局与国开行山东省分行确定的城市更新贷款支持政策和清单，进行前期调查评估和片区规划编制，搭建“开发性金融 + 联合信贷”（“1+N”）融资模式，实现了 38.5 亿元的银行融资。二是创新授信模式。按照“整体规划、一次授权、分步实施、滚动开发”基本思路，国家开发银行作为牵头行，协助对接市级政策，协调各商业银行，对项目提供“融智”服务，推动各类金融机构之间形成合力，打造一体化、市场化推进模式，实现项目整体立项、一次授信。三是拓宽还款渠道。在加强项目自身盈利的同时，紧扣政策导向，导入项目还款 10 个平衡地块，拓宽项目还款来源渠道，壮大区级投融资平台资产，为后续全区城市更新奠定基础。

（四）坚持产业支撑，科学布局复合业态。以产业导入、产城融合发展的思路，编制产业发展专项规划，通过城市更新带动招商引资，“筑巢引凤”，有效激发城市商业、产业发展活力，实现长远可持续发展。艾山片区城市更新建设体量188.5万平方米，其中产业体量64.7万平方米，产城比34.3%。一是健全社区功能。引入“完整社区”概念，在城市更新单元内策划“15分钟生活圈”社区建设思路，配套改造社区服务、治安、卫生、教育、娱乐、购物等要素，改善城市居民生活条件。目前，已签约入驻爱琴海购物公园、京东京造鲁中旗舰店、与省农科院共建的基因编辑中心、齐鲁医院鲁中分级诊疗医院项目。二是重塑产业结构。坚持产业导入、产城融合，制定“钢城区城市更新产业招商一张图”，在城市更新项目中导入新型产业，淘汰落后业态，规划建设邻里中心、商业商务办公、产业研发中心、企业家总部等内容，改善研发生产条件、补上钢城服务业短板，为更新后的城市片区发展注入活力。三是提前介入运营。提前策划项目运营，对新建商业、产业载体统一采用“大量自持出租、少量对外销售”的运营方式，与行业内运营实力强的企业提前进行洽谈，在“筑巢引凤”的前提下，谋划后续“虹吸效应”，优化片区内商业业态。

（五）坚持以人为本，全面做好群众工作。政策上让利于民，出台《钢城区城市更新项目前期准备工作流程》《钢城区城中村改造工作指引》，为城中村改造提供了基本政策依据。首次增加了“以人口作为安置依据”“保障房建设”等内容，明确了不同业态拆迁户补偿安置方式，比以往城中村改造政策更具灵活性和可操作性，既解决了原莱芜地区政策与济南市政策的衔接问题，也兼顾了钢城新老项目的有效衔接，充分体现了“让利于民”的思想。征迁上阳光操作，坚持依法征迁、阳光征迁、和谐征迁，实行“九个一线工作法”，在测量算账、认定事项、政策制定、协议签订、房屋拆迁等各个环节，充分尊重民意，分门别类找准征迁工作面临的问题症结，引导群众算好时代账、发展账、经济账、长远账，做到一把尺子量到底，一碗水端平，让群众拆得清楚、补得明白、迁得舒畅。目前，拆迁已经基本完成，共拆除 1499 户、36 万平方米，其中国有土地上 181 户、12 万平方米，集体土地上 1318 户、24 万平方米，并实现零上访。

三、存在问题及推进重点

（一）推进“功能更新”从弱到强。重点抓好四项提升。一是供水能力提升。针对供水水网体系不完善，对地下水的依赖性强等问题，重点加快管网改造提升，积极争取乔店水库整体划归钢城管理，新建乔店水库至圆溪水厂供水工程，提高生活用水保障能力。二是污水收集处理能力提升。针对配套管网建设滞后、雨污分流不到位等问题，深入开展城市雨污分流系统化治理，新建维修污水收集处理管网，增设污水收集处理设施。推动农村黑臭水体清零、农村污水治理率 100%，实现城乡污水治理全覆盖。三是供暖能力提升。针对供暖能力不足问题，重点加强与济南能源集团合作，完善集中供暖结构，提升供暖服务质量，满足企业生产、商业用暖、居民供暖等需求。四是保障性租赁住房能力提升。重点加快艾山片区、经济开发区保障性租赁住房建设，采取新建、改建、改造、盘活等方式，增加保障性租赁住房供给，确保“十四五”期间完成 1000 套，着力解决新市民、青年人、企业职工等群体的住房困难问题。

（二）推进“品质更新”从乱到治。重点抓好旧厂区、旧市场、旧住区（老旧小区、棚户区）、旧村庄（城中村、城边村）更新。其中，旧厂区重点探索 11 个旧厂区、1.19 平方公里的更新，盘活低效产业用地，实现新旧动能转换。旧市场，重点抓好低端批发、建材、集贸市场等 8 个旧市场、3.61 万平方米的搬迁改造，逐步实现转型升级。旧住区，主要是持续推动老旧小区改造，稳步推进棚户区改造，补齐城市配套设施和人居环境短板，完善社区治理和公服配套，提升居民环境和生活质量。旧村庄，分步有序推进高家庄、椁椤等村庄以及高铁片区的更新改造，增加公共服务功能，提升空间品质，改善人居环境。

（三）推进“服务更新”从有到优。按照打造“鲁中会客厅”的发展定位，重点在提升公共服务质量上下功夫。一是交通。加快外联通道建设，规划建设公铁综合换乘枢纽，推动济莱快速通道、国省道改造提升和至新泰市、沂源县通道建设，加强与中心城区、周边区县的互联互通，打通外部交通“大动脉”。优化区交通网络，抓好双泉路改造、背街小巷提升以及艾山片区路网、高铁站前广场配套道路建设，全面改善和优化路网结构，畅通内部交通“微循环”。二是教育。深化与市中区、历城区等知名学校、优质师资的对接合作，加强教师、校长队伍建设，统筹推进扩大学前教育供给、学校布局优化、高中教育品牌发展、职业教育突破等工作，努力把钢城教育办成老百姓想要的样子，争创全国义务教育优质均衡发展区。三是医疗。加大对接合作力度，推动医疗机构导入省会优质医疗和科研资源，通过专科合作、专家坐诊、技术帮扶、资源共享，快速提升医院学科建设能力。加快推进街道卫生院的新建、改扩建，改善就医环境，提升诊疗水平，有效满足广大居民看病就医需求。四是文体。争取承办省市举办的文体、商务、展销等活动，集聚人气商气，提高钢城的影响力和吸引力。五是养老。进一步完善养老服务体系，推动居家养老、社区养老、机构养老服务协同发展，擦亮幸福食堂等养老品牌。增加养老服务设施有效供给，实现城市社区养老服务设施、农村幸福院全覆盖。推动医养结合深度，大力开展社区日托、短托等专业服务，提升养老服务效能。六是商贸。大力发展城市经济，结合城市更新，积极盘活原馨百超市等闲置商业楼宇，合理布局大型商业综合体，吸引知名消费品牌以及网红业态、空白业态向大型综合体、重点片区集聚；聚焦市场主体，按照“引、转、合、育、扩”的思路，一体抓好各类业态的引进、培育和发展，更好地满足居民个性化、多元化需求，持续壮大规上服务业总量，聚集城市人气商气，实现消费和需求有效畅通。七是物业。加快提升物业管理水平，加快住宅小区业委会组建，推动小区物业管理实现全覆盖。探索党建引领物业新路径，强化街道属地主体责任，推进“小区党组织 + 业委会 + 物业公司”三方联动，提升物业服务水平。

（四）推进“管理更新”从粗到精。当前，城市管理还存在精细化程度不高、巡查监管不到位、管理不严格等问题。重点提升六个水平。一是环卫保洁水平。完善保洁作业标准和长效管理制度，提高环卫清扫保洁效率和精细化水平。加强城市环境秩序整治，深化治理违法占道经营、人行道违法停车等突出问题。二是公园管理水平。重点健全完善维护管理的长效机制，聚焦大汶河沿线及山体公园、游园等重点区域，以及地围挡破损、公益广告破损、店招破损、广告牌破损“四破”和公共设施维护、占道经营管理等重点领域，抓实抓细日常管理，加大执法力度，精心打造高品质宜居生活环境。三是停车管理水平。优化停车设施供给，因地制宜建设地面或立体社会公共停车场，配套建设门卫、公厕、智慧停车系统等基础设施，有效解决“乱停车”“停车难”问题。建立智慧停车平台，探索分时段、分建筑类型停车共享共用机制，推行差异化停车收费政策，提升停车设施利用效率。四是市容管理水平。完善城市管理基础网络，抓好违章建筑、后街背巷等领域的常态整治和管理，做到不留空白和盲区。五是绿化养护水平。科学制定绿化养护方案，规范市场准入标准，招引实力强、资历厚、具备相应绿化资质的绿化企业进行管理，提高养护管理水平。六是城市照明水平。持续推进“照亮回家的路”路灯安装工程，实现大街小巷照明全覆盖。打造重点节点、河湖水系两岸等景观照明，突出城市品位，提升城市档次。

推进现代高效农业做大做强促进三次产业协调联动发展

中共济南市商河县委

推进农业现代化是实现高质量发展的必然要求。商河是传统的农业大县，耕地面积114万亩，农业人口52万人，粮食产量占济南市的近1/3，先后获得国家生态文明建设示范县、国家农产品质量安全县，全国生猪调出大县、国家级出口农产品质量安全示范区、山东省畜牧业高质量发展先行县等荣誉称号，发展现代高效农业有资源、有基础、有优势。

一、商河发展现代高效农业的探索实践

近年来，商河县坚持以习近平新时代中国特色社会主义思想为指导，全面贯彻落实习近平总书记关于“三农”工作的重要论述，探索出“以新型工业化、城镇化带动农业农村现代化”的发展路径，构建品质原粮、温泉花卉、精致果蔬、优质大蒜、道地药材等“5+3”现代农业特色产业体系，深入推进乡村振兴，加快建设农业强县。

（一）粮食等重要农产品保障有力。抓好粮食生产安全。实施主要粮油作物大面积单产提升工程，打造3个万亩吨半粮优势区、两个吨粮田优势区，建设12个玉米高产攻关“百亩田”、10个玉米单产提升“千亩方”和5个玉米“万亩片”。2023年，全县小麦种植面积89.37万亩，玉米播种面积95.79万亩，农业保险实现全区域、全成本、全覆盖；小麦完全成本保险参保面积86.95万亩、参保率98.66%，连续11年保持在95%以上。推进设施蔬菜扩

面提质增效。建成 1 万亩商南彩椒和 1 万亩白桥大蒜优质生产示范区，许商街道张公村、白桥镇三董新村、沙河镇碱场王村 3 处千亩设施蔬菜标准化生产示范区顺利完成，高标准打造 37 处设施果蔬标准化园区。稳定畜禽产品供给。全县肉蛋奶总产量年稳定在 30 万吨左右，全县形成了资源丰富、产出高效、产品安全、调控有效的现代绿色畜牧业发展新格局。

（二）温泉花卉产业做大做强。商河花卉是济南市农业特色产业“十朵金花”之一，成立济南市花卉产业研究院，推动新品种、新技术、新装备、新成果在商河转化落地，由简单的种苗培育到现在既有前端组培又有后端展销的全产业链条，实现从无到有、从小到大，温泉花卉种植面积达到 153 万平方米，花卉苗木年产值突破 20 亿元，2022 年入选山东省特色农产品优势区。自 2016 年以来，商河已成功举办七届省市花博会、五届农博会，搭建了省会经济圈、黄河流域花卉产业交流合作平台和产销对接平台，吸引游客 270 万人次，拉动消费 4 亿余元；推出“温泉花卉”区域公用品牌，鼓励龙头企业参加国家级以上花卉园艺博览会，揽获世博会、世园会、全国花博会特等奖、金奖等 70 多个；成功开展“温泉花卉”进龙奥、进省府活动，商河花卉亮相“济南市特色林果花海旅游季暨公园景区花朝节”，提升了“温泉花卉”品牌知名度和美誉度。同时，探索带农增收，总结创新了联农带农发展模式，带动 6080 个农户从事花卉种植产业，户年均增收 2.2 万元。

（三）农业产业链条不断升级。农业经营主体不断壮大，全力推进农民合作社质量提升整县推进试点，抓好家庭农场高质量发展、龙头企业培育，强化农业社会化服务省级试点建设。全县注册家庭农场 1826 家，其中县级以上示范家庭农场 253 家；注册农民合作社 1800 家，其中县级以上示范合作社 497 家；市级以上农业龙头企业 66 家；县级以上社会化服务组织 59 家。2023 年上半年，全县规模以上农产品加工企业 47 家，实现营业收入 37.52 亿元、列全市第 3 位，同比增长 31.5%、列全市第 1 位。农村电商发展迅猛，全国电子商务进农村综合示范县顺利通过验收，全年网零额达到63.1亿元，增速持续保持高位势头，电商从业人员达5万余人，有效推动甘薯、大蒜、珍珠红西瓜等农产品走出商河、走向全国，以发展电商产业助推乡村振兴获省政府主要领导同志的肯定性批示。现代种业发展成效显著，依托中科院微生物研究所农业技术中心、国家农作物品种展示示范中心，支持乡村绿洲公司建设种质资源库，常态化开展粮食减损，常年繁育小麦良种5万余亩、蔬菜种苗1.7亿株，良种供应能力显著提高。农产品品牌美誉度大幅提升，累计认证“三品一标”农产品159个，其中无公害农产品134个、绿色食品18个、有机农产品3个、地理标志农产品登记保护4个，“点赞商河”“温泉花卉”区域公用品牌授权企业50家，品牌知名度持续提高。

二、存在的问题短板

（一）产业发展理念不够深，工作积极性不强。一是农民思维固化，调研发现，大多数农民对调整农业种植结构的重要性认识不深，自身创新能力不够，普遍认为农业种植就是满足自身基本口粮，自给自足、不求发展。二是农业干部发展意识不强，部分镇街的农业干部对辖区农业产业发展规划等问题缺乏系统深入的思考，主动谋划不够，习惯于凭经验办事，很少自觉主动学习相关新政策、新技术。三是经营主体依赖思想较强，经营主体在农业产业发展上依靠政策思想比较严重，由于自身专业能力不强，往往依赖政府出台农业扶持政策，来改善自身生产生活条件和抵御市场价格的冲击，“等靠要”的思想亟须转变。

（二）现代农业建设基础差，抵御自然灾害能力弱。2022年我县设施农业2.3万个，占地面积6.4万亩，设施结构主要以日光温室、塑料大棚为主，但仍存在老旧小改造不足、抵御自然风险能力弱的现象。

（三）农业劳动力技能低，现代科技投入不足。农村人口普遍文化基础薄弱，随着市场需求，农村青壮年劳动力外出务工，剩余劳动力以老弱妇幼为主，留守劳动力整体素质明显下降，且往往兼做零工，科技种田水平低，缺乏农技方面带头人。在农产品增产技术指导、集约化养殖、特色高效农业生产科技投入培训等方面不足，一定程度上影响了农业发展内生动力。

（四）产业链条不完善，龙头企业带动作用不强。2022 年度我县规模以上农产品加工业中国家级龙头企业仅有 1 家，多数企业规模不大，以小微企业为主，处于创业阶段，企业流动资金少，抵御风险的能力不足。企业与基地、农户之间关联度低，涉及行业分散，联动、带动作用不强，不能为周围村镇带来大量稳定的农产品原材料订单，并且企业所需人员少，带动就业能力弱。

（五）乡村振兴片区联动发展有差距。对比历城区港九片区、五朵金花片区，章丘区舜耕九州农业休闲观光项目、省级泉城百花园田园综合体项目，济阳区曲堤黄瓜交易市场，平阴县玉带玫香乡村振兴齐鲁样板省级示范区等，我县乡村振兴在串点成线、连线成片上做得还不够，缺少对外观摩、推介示范的片区。在市委通报的 2023 年各区县乡村振兴考核中期评估情况中，我县排名第五名，得分低于平阴县、莱芜区、济阳区、历城区。

三、推进现代高效农业做大做强、促进三次产业协调联动发展的思路措施

通过调研思考，初步确定了一个整体的思路，即立足于商河区位与资源优势，以农业农村“产业兴旺”为总体要求，以建链、补链、延链、强链为主线，以唱响一首歌（鼓子秧歌）、用好一瓢泉（地热温泉）、开好一朵花（温泉花卉）、共享一片绿（绿色生态）为切入点，促进农产品向后端延伸至第二、第三产业，产加销协调、农文旅结合、多重增值，将更多的资源要素引向农村。力争到 2025 年，基本建成农业基础好、产业体系优、生产体系强、经营体系活、乡村产业发展优势明显的现代农业强县体系，为基本实现农业现代化奠定良好基础。

（一）抓紧抓好粮食和重要农产品稳产保供。一是装满“粮袋子”，坚决扛起粮食安全和耕地保护政治责任，普及粮食减损技术，确保全县粮食产量稳定在 80 万吨水平，积极推进小麦、玉米精深加工，持续打造“粮安商河”名片。二是调优“果盘子”，做精珍珠红西瓜、彩椒、番茄、鲜食甘薯等特色产业，引导群众规模化种植、集群式发展，建设果品种植基地。三是丰富“菜篮子”，树立大食物观，加快构建多元化食物供给体系，完成市级蔬菜保供园区建设任务，力争到 2025 年蔬菜播种面积稳定在 21 万亩、设施蔬菜面积达到 8 万亩、年产量稳定在 120 万吨以上。

（二）高质量持续推进产业融合升级。一是做大产业融合文章。深化现代高效农业“5+3”特色产业体系建设，大力发展温泉花卉、现代种业等优势产业，充分发挥龙头带动作用，加快推进济南国家粮食储备物流、品质原粮省级现代农业产业园、金沙河高端食品加工、家家悦等重点项目建设，打造一批农产品加工园和食品创新产业园。同时，还要抓好经营主体的培育发展，鼓励新型农业经营主体拓宽产业发展领域，延伸产业链条，形成一产接二连三、二产前延后伸、三产接一带二的良好局面，切实提升产品品牌效应和产业发展效益。梯次打造精深加工等百亿级和温泉花卉、优质大蒜等十亿级优势特色产业集群，争创国家农业现代化示范区。二是做强以商促农文章。推进县域商业体系建设，探索农村电商发展新业态新模式，充分发挥电商直播基地示范带动作用，构建起“资源共聚、合作共赢”的发展新格局，促进农产品网络零售额持续稳定增长，积极争创全国县域商业“领跑县”；同时，要探索做大花卉出口基地和粮食进口基地，建设跨境电商产业园，发展外贸新业态。三是做优农旅结合文章。坚持突出特色、强化点位打造，以“一点”带“一域”，以“一域”谋“一城”，用更宽广的视野、更开放的心态，讲好商河故事，策划开展乡村一日游、两日游、全域游活动，进一步开发、拓展和提升农业的多种功能，赋予农业文旅价值，既保留独有的风土人情、特色资源和乡村风貌，也赋予更多新时代气息，让居民享受更好的精神及文化生活。四是做富集体经济文章。坚持党建引领基层治理，深化村党组织领办专业合作社，带动合作社形成规模、特色；用好全国农村集体经营性建设用地入市试点县契机，抓好“三变”改革试点村培育，激活“人、地、钱”资源要素，形成发展村集体经济的强大力量。

（三）推动乡村振兴示范区集中连片高质量发展。按照“一个主题（温泉鼓韵·和美商河）、四大片区（西部片区，温泉花乡·卉美粮安；南部片区，数字乡村·高效农业；北部片区，水韵沙河·休闲文旅；东部片区，乡韵传承·民俗风采）、一条路线（和美商河乡村振兴全域发展示范线）、五大振兴”的思路，规划建设产业集聚、特色鲜明、环境优越的乡村振兴四大片区。逐个打开分析，把各片区在全县“三农”工作、城乡建设、县域旅游等的位置、作用定好位，让每一个片区都有自己的特色产业、有良好的经济效益、有故事可讲、有文章可做。注重环境基础打造，抓好农村厕所后续管护、生活污水和黑臭水体治理，以及农村生活垃圾治理，加强乡村基础设施建设，推进“四好农村路”建设提质增效，完成新改建农村公路和养护工程任务，提升农村供水保障能力，打造宜居宜业和美乡村。突出片区整体特色，设计区域内道路串联方案、各节点各元素的相互呼应、重点项目的建设提升，协同推进硬化、绿化、亮化、美化、净化；产业、人才、文化、生态、组织各要素要统筹谋划好，争取每个片区都做到基础设施完善、乡村风貌宜人、公共服务健全、基层治理有序、产业融合发展、农民生活富裕。

（四）大力发展智慧农业和数字乡村。实施信息进村入户工程，促进云计算、大数据、物联网、人工智能等与农业经营管理深度融合，用数字化驱动新型农业经营主体和服务主体高质量发展；运用产业链延伸、产业功能转型等方式，形成新技术、新业态、新商业模式，带动资源、要素、技术、市场需求在农村整合集成，加快农村产业空间布局的调整，不断提高农业产业水平，推动产业结构转型升级。完善农产品市场监测预警体系，加大对农产品生产、流通和消费多环节数据的调研力度，及时掌握实际情况，通过数据分析研判，做出风险预警，提出管理与应急措施，将粮食安全和农产品稳产保供建立在可靠基础之上。以温泉花卉、粮食蔬菜种植、畜牧和农机装备等为重点，打造济南乡村绿洲农业科技开发有限公司、商河县绿康果树种植专业合作社等一批智慧农业应用示范基地，争创国家数字设施农业创新应用基地，建设数字农业创新应用先行区。

后　记

编写《新时代济南现代化强省会建设实录》(以下简称《实录》)是落实“一突出、两跟进”党史工作要求，充分展现济南市建设“强新优富美高”新时代现代化强省会生动实践的一项重点工作，市委领导十分重视，市委党的文献编审委员会以2020年1号文下发征编工作方案，每年编辑出版一辑。

《实录》编审工作组由史宏捷同志任组长，副院长任副组长，研究院其他班子成员及各区县委党史研究中心主任任成员，市委党史研究院研究一处具体承担组织协调、文稿编审等工作。在历年的编写工作中，编审工作组立足新时代强省会建设实际，围绕中心，服务大局，不断创新工作方法，逐步建立完善、简洁、高效的征稿、审稿、改稿和印发的征编工作机制，《实录》(第四辑)的征稿范围、稿件数量和质量再创新高，圆满完成各项编纂出版工作，真正达到了“及时记录、即时跟进”的党史研究要求。

本书由董殿勋、孟斌负责整体协调联络、总审稿和统稿；王琳负责“大事记”整理；孟斌、王月月负责“综述”“后记”撰写。

本书征编工作得到全市各级各部门和企事业单位的大力支持。15个区县和功能区、54个市直部门单位提供了稿件，共收到典型经验和调查研究稿件105篇，收入本书43篇，内容涵盖政治、经济、文化、社会、生态各个方面。受经验和能力所限，错漏之处在所难免，恳请广大读者批评指正。

2024年10月